李亨 著

Legal Guide to Recreation and Sports

民法典时代文体从业法务指南

法律出版社
LAW PRESS·CHINA
北京

图书在版编目(CIP)数据

民法典时代文体从业法务指南 / 李亨著. -- 北京 :
法律出版社, 2022
ISBN 978 - 7 - 5197 - 6596 - 5

Ⅰ. ①民… Ⅱ. ①李… Ⅲ. ①法律 - 中国 - 指南
Ⅳ. ①D92 - 62

中国版本图书馆 CIP 数据核字(2022)第 058523 号

民法典时代文体从业法务指南
MINFADIAN SHIDAI WENTI CONGYE
FAWU ZHINAN

李 亨 著

策划编辑 肖 越
责任编辑 肖 越
装帧设计 马 帅 汪奇峰

出版发行 法律出版社
编辑统筹 法商出版分社
责任校对 王晓萍 王语童
责任印制 胡晓雅
经 销 新华书店

开本 710 毫米 × 1000 毫米 1/16
印张 18.25 字数 277 千
版本 2022 年 7 月第 1 版
印次 2022 年 7 月第 1 次印刷
印刷 三河市兴达印务有限公司

地址:北京市丰台区莲花池西里 7 号(100073)
网址:www.lawpress.com.cn
投稿邮箱:info@lawpress.com.cn
举报盗版邮箱:jbwq@lawpress.com.cn

销售电话:010 - 83938349
客服电话:010 - 83938350
咨询电话:010 - 63939796

书号:ISBN 978 - 7 - 5197 - 6596 - 5
定价:76.00 元

凡购买本社图书,如有印装错误,我社负责退换。电话:010 - 83938349

序　　言

一

文化与体育，是人类历史发展至今、近乎永恒未变的生活主题。近年来，文体产业在我国迎来了迅猛、喜人的发展。2019 年，中国电影总票房超过 640 亿元，[①]演出市场（不含体育演出）票房突破 200 亿元，[②]音乐版权市场规模达到 240.6 亿元，[③]游戏市场实际销售收入达到 2308.8 亿元，[④]中国动漫产业总产值达到 1941 亿元[⑤]……2019 年，全国 5.8 万家规模以上文化及相关产业企业实现营业收入 86,624 亿元，[⑥]全国体育产业总规模（总产出）达到 29,483 亿元[⑦]……

在 2020 年，由于新冠肺炎疫情的突然暴发，中国文体产业曾一时迎来前所未有的"寒冬"，一时间，影院、剧场停业，赛事、演出取消，文体产业从业者甚至不得不转卖耗材、设备乃至临时改行"断臂求生"。但幸运的是，得益于党和国家的高瞻远瞩，各级政府的雷厉风行，医疗、生产、物流等各行各业专业人员的无私奉献，人民群众的充分理解、支持和配合，中国最早最快走出了疫情造成的

---

① 史竞男：《2019 中国电影亮出"成绩单"：642.66 亿元票房创新高》，载中华人民共和国中央人民政府网站，http://www.gov.cn/xinwen/2019-12/31/content_5465531.htm。

② 韩轩：《2019 年演出票房突破 200 亿元》，载新华网，http://www.xinhuanet.com/ent/2020-03/26/c_1125768719.htm。

③ 《音乐行业数据分析：预计 2020 年中国音乐版权市场规模为 281.4 亿元》，载艾媒网，https://www.iimedia.cn/c1061/72336.html，最后访问日期：2022 年 2 月 20 日。

④ 中国音数协游戏工委：《2019 年中国游戏产业报告》，载游戏产业网，http://www.cgigc.com.cn/gamedata/21649.html，最后访问日期：2022 年 2 月 20 日。

⑤ 万亚男：《2019 年中国动漫产业发展现状分析　中国动漫产值规模已接近两千亿　投融资日趋理性》，载前瞻研究院网站，https://www.qianzhan.com/analyst/detail/220/200225-1c0b7b3b.html。

⑥ 国家统计局：《2019 年全国规模以上文化及相关产业企业营业收入增长 7.0%》，载国家统计局网站，http://www.stats.gov.cn/tjsj/zxfb/202002/t20200214_1726365.html。

⑦ 国家统计局、国家体育总局：《2019 年全国体育产业总规模与增加值数据公告》，载国家统计局网站，http://www.stats.gov.cn/tjsj/zxfb/202012/t20201231_1811943.html。

泥潭，迅速恢复了生产，文体产业也因此受益。不仅如此，党和国家在疫情期间，亦出台了一系列法律法规及相关政策等，通过加强权利保护、减税减费等多种措施，保障并促进了文体产业的发展。2020 年 5 月 13 日，财政部、国家税务总局发布《关于电影等行业税费支持政策的公告》，宣布：2020 年 1 月 1 日至 12 月 31 日，对纳税人提供电影放映服务取得的收入免征增值税；对电影行业企业 2020 年度发生的亏损，最长结转年限由 5 年延长至 8 年；2020 年 1 月 1 日至 12 月 31 日，免征文化事业建设费。公告发布前已经征收的税费予以退还。同日，财政部、国家电影局发布《关于暂免征收国家电影事业发展专项资金政策的公告》，宣布湖北省 2020 年 1 月 1 日至 12 月 31 日免征国家电影事业发展专项资金；其他省、自治区、直辖市 2020 年 1 月 1 日至 8 月 31 日免征国家电影事业发展专项资金。2020 年 5 月 28 日，举国乃至举世瞩目的《民法典》颁布并于 2021 年 1 月 1 日实施，其不但划时代地设置了独立的人格权编，从而大大强化了对文体产业至关重要的肖像权、姓名权、个人信息等人格权的保护，还创造性地将知识产权保护引入民法典，规定"故意侵害他人知识产权，情节严重的，被侵权人有权请求相应的惩罚性赔偿"①。而 2020 年 11 月 11 日颁布并于 2021 年 6 月 1 日实施的《著作权法》则秉承了民法典的基本精神，大大提高了著作权侵权惩罚性赔偿的金额，并增加、修改了大量条款，强化了对诸多特殊著作权的保护；2020 年 11 月 29 日，国务院发布新的《营业性演出管理条例》，对外资开放了独资设立营业性演出经纪机构、演出场所经营单位的窗口，加大了文体产业对外资的引进力度……

正因如此，即使在 2020 年这个对全球文体产业都堪称"灾难"的年份，中国文体产业依然取得了可喜的成就，在这一年，中国电影《八佰》成为史上第一部

---

① 其他民法典国家，典例如除了德国之外的欧洲各国，包括但不限于比利时、法国、意大利、卢森堡和西班牙，并不认为民法典侵权编相关规定适用于知识产权保护，参见[德]克里斯蒂安·冯·巴尔：《欧洲比较侵权行为法》（上卷），张新宝译，法律出版社 2001 年版，第 47 页。而在《欧洲示范民法典草案》制定的过程中，作为主编的德国人克里斯蒂安·冯·巴尔教授也最终放弃了德国以民法典保护知识产权的原则，明确指出："该民法典草案针对损害赔偿的内容不适用于著作权法"，并指出"著作权应当由各国针对知识产权的特殊立法进行保护。"参见欧洲民法典研究组、欧盟现行私法研究组编：《欧洲私法的原则、定义与示范规则：欧洲示范民法典草案》（第 5 ~ 7 卷），王文胜等译，法律出版社 2014 年版，第 372 页。

非好莱坞出品的全球年度票房冠军电影,[①]打破了“好莱虎”不可战胜的“神话”;在这一年,中国游戏产业迎来了强劲的“逆势增长”,2020 年,国内游戏市场实际营销总额达到 2786.87 亿元,[②]比上年增加 478.1 亿元,同比增长 20.71%……

二

动辄数百亿乃至数万亿的产值、收入,使文体产业对各行各业的投资者、从业者都有巨大的吸引力。近年来,不但有老牌的文体产业公司们继续在市场上“开疆拓土”,新兴的互联网平台在资本的推动下开始“奋起直追”,连金融机构、地产巨头等传统的产业从业者也希望从文体产业市场上分一杯羹,纷纷成立、扩张旗下的文体板块业务。文体产业公司挂牌上市、文化融资租赁、创意风险投资、一掷千金大量收购版权、“文体大数据”……各方各界不断运用各种新型或老式的手法在文体产业中“呼风唤雨”,抢占最优质的资源,“你方唱罢我登场”,明争暗斗,不亦乐乎。

然而,当旁观者抛开这些明面的喧嚣,便可以发现,整个文体产业,数量最多,也是绝大多数文体产业创意成果的产出来源,仍然是那些最普通的演艺工作者、创意工作者,虽然其中的极少部分人可能最终实现“声名远扬”,在享受“明星”“知名作家”“知名摄影师”“知名漫画家”等美誉的同时,拥有“日进斗金”的创收业务,但绝大多数创作者,仍然在艰难地通过演艺的参与、作品的发表,取得微薄的报酬维持开支,不少人可能整个职业生涯都始终处于“新人”的状态,无法出演一部自己的名字署在“前排”的电影,或出版一本个人作品集,更不用说拓展产业、开发新平台等。“坎坷”,可能是大多数文体产业从业者工作生活的最真写照。

三

不仅如此,文体产业从业者,特别是文体产业新人,也是整个文体产业中,

① 数据统计参见 IMDB PRO 旗下 BOX OFFICE MOJO 网站“Worldwide Box Office”栏目(https://www.boxofficemojo.com/year/world/)的 2020 年数据,该统计自 1977 年开始。

② 中国音数协游戏工委:《2020 年中国游戏产业报告》,载游戏产业网,http://www.cgigc.com.cn/gamedata/22132.html,最后访问日期:2022 年 2 月 20 日。

合法利益最容易被侵犯的群体。

虽然国务院早在 1994 年就发布了《关于进一步加强知识产权保护工作的决定》，之后，中共中央办公厅、国务院办公厅等又多次出台各种法规（包括但不限于 2019 年 11 月 24 日，中共中央办公厅、国务院办公厅印发的《关于强化知识产权保护的意见》），严厉打击知识产权侵权行为，强化对知识产权的保护。但是，这些优秀的法规、政策的功能的实现，特别是其能提供的对每一个文体产业从业者合法权益的保护作用，需要党和政府、法律工作者及其提供的专业法律服务，以及文体产业从业者本人在内，共同努力，才可以最终落实到每一个文体产业从业者身上。

但作为整个"文体产业"中最为分散、力量也最为薄弱的群体，在所学专业大多与法律无关，本身对法律知之甚少，又没有额外的资金聘请律师的情况下，获得以风险防控和合同审核为代表的专业法律服务，往往成为一道文体产业从业者在实现合法权益保护的道路上，无法迈过去的"坎"。

在难以获得专业法律服务的情况下，一方面，受制于巨大的生存压力和法律意识有所缺欠，文体产业从业者的合理利益，常常会受到食物链中某些居心不良的"大鳄"们的侵害——在进行合作的过程中，面对居心不良的"大鳄"设计的合同条款，文体产业从业者经常会落入合同"陷阱"，签订诸如"霸王合同""阴阳合同"等种类繁多的损害自身利益的合同，最终，不但无法通过合同的签署获得更多的收益，反而白白丢掉了自己创作的作品的财产性著作权，连业务都无法开展。在最极端的情况下，文体产业从业者的作品甚至会直接被"偷"走、"抢"走，甚至连署名权、发表权这样最基本的人身性著作权都无法行使。

另一方面，在生存压力导致的"见钱眼开"和淡薄的法律意识导致的"肆无忌惮"的反向"双重作用"下，某些文体产业从业者又会成为"风险"的代名词——这些文体产业从业者时常会在合作过程中出现违约甚至是侵权行为。有的文体产业从业者刚与一家企业签订了许可使用或经纪合同，便抵挡不住其他企业开出的高额酬金或营销承诺等诱惑，违背前一合同规定与另一企业签约，导致违约行为出现；有的稍显"聪明"的文体产业从业者，在无理由增长酬劳要求被拒绝时，往往会使用恶意"断更""罢演"等合同明确禁止的手段，逼迫合作方就范；更有甚者，甚至会从已经在某一出版机构出版发行的作品中"抽取"大量内容，另行集合成一本"新书"在另一出版机构出版，从而直接侵犯前一本书出版机构的合法权利……

无论是因为对法律无知导致合理权利被侵害，还是因为对法律“无知”而导致文体产业从业者本人出现违约或侵权，这些普遍存在于文体产业从业者工作生活中的现实说明了一个问题——在知识产权法律立法愈加严谨、法律工作者参与文体产业运作日益频繁的今日，不知法，不懂法，不守法，这广泛存在于文体产业的“三不”现象，已经日渐成为扼制文体产业从业者，特别是新人进一步发展的枷锁。法律意识的淡薄，对行业法律的无知，不但会侵害文体产业从业者的合法权益，更有可能从整体上损害文体产业良性发展，对整个文体产业造成不可估量的消极影响。

四

或许是个人兴趣使然，抑或许是笔者经常会撰写论文、商业约稿等，同为“创意工作者”，更能理解文体产业从业者的心境，笔者自 2012 年通过司法考试之后，便开始为诸多在文体产业从业的亲友提供法律帮助，而自 2016 年硕士研究生毕业、进入律师行业后，则为更多的文体产业从业者提供过法律服务，也曾与不少文体产业从业者“交过手”。上述各类人群中，有部分是声名在外的文体产业巨头、新兴文体产业平台、知名文体产业从业人士及其公司，但更多地，仍然是上文所述的没有打响自身名气、尚在默默耕作中的普通文体产业从业者，包括但不限于运动员、歌手、演员、作家（虽然他们喜欢称自己为“写手”，但笔者更愿意称他们为作家）、漫画家（如前，虽然他们喜欢称自己为“漫画画手”，但笔者更愿意称他们为漫画家）。

在与之合作的过程中，笔者曾与某些凭借手中资源欺压文体产业从业者的“大鳄”针锋相对，曾为某些合法权益被侵害的文体产业从业者据理力争，也曾因某些曾经信任过的文体产业从业者隐瞒事实、欺骗合作方的事件触目伤怀，但共同的是，当这些名目繁多的冲突发生之前，没有法律知识根基的文体产业从业者，几乎没有任何合理的手段规避相关风险及冲突的产生；而冲突发生之后，文体产业从业者又会因为资源的匮乏陷入完全的被动，甚至有的文体产业从业者还会在冲突发生后“病急乱投医”，在无力支付高额律师费的情况下，盲目地向那些打着“维权”旗号的投机者求援，殊不知“免费的东西往往最贵”，最终在这些不负责的投机者的“帮助”下，损失更加惨重。

有的文体产业从业者可能会通过与工作室、企业签约，来获得这些合作方的法务或外聘律师提供的法律服务，从而解决一部分自身的法律问题。“为文体产业从业者提供免费的专业法律服务”，甚至成了不少合作方的卖点。这样的机制或许能解决该合作方之外的第三方对文体产业从业者的违约或侵权，但当文体产业从业者与合作方发生冲突时，彼时或许曾对文体产业从业者“笑意盈盈”的合作方法务或外聘律师（这当然也包括笔者在内），会站在谁一边？

五

以往的实务工作中，也有些接受过笔者服务的，或与笔者服务的客户有合作关系的文体产业从业者，向笔者咨询过如下的问题：“我该读哪些书，学习哪些法律知识，才能保护自己的利益？你能把你原来的课本借我看看吗？”

作为一名有着多年从业经验的法律职业者，笔者认为，文体产业从业者期望从专业的法学教材中学习与文体产业相关的法律知识，从而保护个人合法利益、避免个人出现违约等风险行为，是完全不现实的。首先，文体产业所涉及的法律相当复杂，即使对个人业务较为简单的文体产业从业者而言，其至少也要同时学习《民法典》、《著作权法》、《劳动法》、《劳动合同法》和《电影产业促进法》等法律法规（其中包括一些很难找到的部门规章），方才能满足自身需要，而要求文体产业从业者去“啃”那些连法学专业学生都可能感到佶屈聱牙的法学“大部头”教材，实在是强人所难；其次，专业的法学教材并不从实务使用的角度出发，相关知识又极少具备面向文体产业的针对性，就算文体产业从业者花费了巨大的时间成本学习了这些知识，最后也很有可能如那些没有经过实务学习的法学院学生一样，知其然而不知其所以然，往往只能取得事倍功半的结果。

对于文体产业从业者这样非专业学习者的普通人而言，其为了保护自身利益不受侵犯而急需的，是一部专门为文体产业从业者所写的、文字通俗易懂、同时又包含了必要的文体产业入行从业所涉法律知识的法律读物。而这也激发了笔者创作本书的想法。

六

笔者之前发表、出版过一些专业的法学学术论文，也为商业网站撰写过数十篇商业评论文，但此次的创作显然与以往的任何创作都不相同，或者说，此次的创作是以往创作的集合——本书既要有法学论文式的严谨，争取做到在任何法律知识上没有纰漏之处，又要有商业评论文式的循循善诱和通俗易懂，从而保证以文体产业从业者为代表的占绝大多数的非法学专业读者可以读懂以及运用。

据此，本书将根据以下几点要求进行写作。

1. 本书将从文体产业从业者可能涉猎的各项业务及相关业务所需之合作合同切入，在整体写作风格上，避免使用法学学术论文式的"法言法语"，争取用第二人称视角，即"你"展开写作。笔者希望让读者在阅读本书之时获得如下的感受——与一位法律专业的好朋友在进行对话，轻松自然地向他陈述自己的所有想法和顾虑，并在他循循善诱的语言中了解到自己需要的法律知识。

2. 对于本书涉及的所有作为理论依据的专业法律知识，笔者将尽可能援引那些你"耳熟能详"的知名文体产业从业者（包括但不限于知名的运动员、演员、歌手、作家、漫画家等）及知名作品（包括但不限于知名的电影、音乐、小说、漫画等）的相关事例，作为解释这些专业法律知识的例证，以加深你的印象和记忆，方便你的理解。

3. 在本书写作内容上，除了必要的法学知识和相关的实务操作以外，笔者还将从以往撰写、审核的超过一千篇的文体产业所涉合同中，甄选出部分兼具专业性和实用性的合同条文，为文体产业从业者开展相关业务提供参考。

本书内容均是笔者执业多年的经验总结，但仍有两点特别说明。

1. 在任何情况下，包括本书在内的、以通识法律知识为主要内容的文字作品，都不可替代针对具体情况具体分析提供的专业法律意见。本书中的部分或全部内容，均不构成且不应构成作者向本书读者提供的专业法律意见。

2. 本书尽可能地使用了通俗易懂的行文进行撰写，但作者不能排除本书读者在阅读过程中，可能对书中部分或全部内容产生错误、片面、歧义的理解。

七

本书面对的主要读者是"文体产业从业者"（及为其提供服务的法律工作者），主要包括两部分。

第一部分是演艺工作者，即通过提供个人的表演（含与表演具有相似性、通过展示个人形象和表现进行的体育竞技）与个人表演相关的姓名许可使用、肖像许可使用等,来获得表演报酬、使用许可费的文体产业从业者,包括但不限于各类演员(影视演员、综艺演员、曲艺演员、舞蹈演员等)、歌手、直播主播、运动员等。

第二部分是创意工作者,即通过个人的创意,创作出《著作权法》规定的各种作品(包括但不限于文字作品、美术作品、摄影作品、音乐作品等),通过对作品进行著作权许可使用获得许可使用费,并以作品及其元素作为基础,开发设计相应的衍生产品,用于赠予或销售的文体产业从业者,包括但不限于各类作家(小说家、散文家、诗人、评论家等)、美术家(画家、漫画家、雕塑家等)、音乐人、视频 UP 主等。

需要注意的是,有的文体产业从业者可能因为其工作内容,同时具有演艺工作者和创意工作者的双重身份。例如,创作型歌手既可能通过参加演出获得表演报酬,也可能通过将自己创作的音乐作品许可给音乐播放 APP 使用获取许可使用费;雕塑艺术家既可能许可某些展示平台展示自己的作品,也可能许可其展示自己进行创作的过程;而诸多创意工作者也不避讳在创作的同时打造自己的“明星”身份,会通过参加演出或影视制作(特别是电视综艺节目)、进行直播来提高自己的知名度,并通过接洽广告代言来提高自己的收入。

但请注意,希望独立拍摄自己的电影的青年电影人(无论其身份为导演、编剧、制片人,还是一人身兼多职),以及游戏制作者,可能无法从本书中找到你想要的答案。原因在于,拍摄可公映的电影,以及制作发布可合法运营的游戏,涉及极多的法律知识,其中不仅包括常规的法律,还包括大量的监管政策等,本书二十余万字的规模不足以完整地覆盖这些内容。在有机会的情况下,笔者将另行为青年电影人和游戏制作者撰写类似本书的法务指南。

当然,如果作为青年电影人或游戏制作者的你,也拥有上文所述的演艺工作者和创意工作者的工作内容/业务内容,那么你当然是适合阅读本书的读者之一。

笔者非常期望那些彼时是籍籍无名的文体产业从业者,现在已然成为文体产业巨头的企业家们也可以阅读本书,希望你们在功成名就之时,不要忘了彼时的初心,善待那些刚踏入文体行业的新人们。

八

不周之处在所难免,恳请读者朋友们不吝赐教。

CONTENTS 目 录

业务总则 / 第一篇

演艺工作 / 第二篇

创意工作 / 第三篇

第四篇 人事工作 /

附录

第一篇
业务总则

基本所有的学习都需要遵循"总—分"或"整体—部分"的基本原则,本书也不例外,在具体开始学习文体产业中的各项重要业务具体业务内容,及与业务相关的风险防控、合同审核之前,我们有必要先了解那些普遍适用于整个大文体产业的业务总则知识,这包括两部分内容,任何文体产业从业者均秉承的从业信条(你也可以称为"座右铭""准则"等,这无妨),以及不分业务、基本会出现在本书所谈到的所有合同(劳动合同除外)中的通用的合同条款。

所有文体产业从业者——无论是演艺工作者还是创意工作者,是准备"单打独斗"还是准备"一个好汉三个帮",都应当学习并牢记本篇的内容,当你学习本书之后的三个篇章——"演艺工作篇"、"创意工作篇"和"人事工作篇"时,仍然可以随时回忆起本篇的内容,并援引其在具体业务的风险防控、合同审核工作中使用。

第 一 章

不应被忘却的文体产业从业信条

当你捧起这本书并读完序言的时候,你对本书潜在的第一印象应该是"这是一本讲述如何依据《民法典》及相关法律法规,解决、处理文体产业从业中可能碰到的法务问题的书"。这些观点都没错,但是,在学习如何审核、修改合同之前,笔者希望在第一时间告诉你的,不是如何审核、修改合同,而是几个笔者亲历的故事,以及一些看起来极其浅白的"信条"。

相较于审核名目繁多、内容复杂的合同条款,以及与之相关的法律规定,下面这些大白话表述的、内容粗浅易懂的"信条",可能才是文体产业从业过程中真正的关键,如果不将这些信条牢记于心,那么哪怕学习再多法律知识,可能都不过只是"法律知识丰富的板上鱼肉"罢了。如果不想成为文体产业弱肉强食的"牺牲品",那么,笔者希望你以最认真、最严谨,甚至是比阅读其他任何一个章节都要用心的态度来阅读本章节,并以此作为自己最基本的从业准则。

信条一·"文体产业的寒冬"≠"自我保护的寒冬"

第一个故事比较长,发生在笔者大学还没毕业、刚过司考的时候。当时,一位笔者中学时代的同学在时隔数年后给笔者打来电话,咨询一些法律问题。当时这位同学似乎有志于进入动漫行业,也创作了一部剧情上算是完整的漫画,他向笔者介绍称,有一家离他工作所在地距离甚远的"动漫社"对他的漫画很感兴趣,希望做他的经纪方,运作这部漫画,并且给了他一份合同,希望笔者可以帮他看看这份合同。

笔者抱着审核经纪合同的初衷打开了这份合同,结果却大跌眼镜——合同的抬头白纸黑字写着“著作权转让合同”七个大字,而下文的内容则更是耸人听闻。由于这些合同条文在未开始本书所述的学习之前读起来颇为佶屈聱牙,所以笔者不再重复,在此,不妨用生活中谁都会接触的“卖菜”的例子打个大致的比方。

笔者的老同学辛辛苦苦,种了好几亩地的蔬菜,准备拿出去卖,老同学觉得在自己田间地头卖菜可能碰不到足够多的顾客,于是决定把蔬菜运到菜市场去卖,到了菜市场,一个租了摊位的人拦住了他,提出愿意帮他卖菜,但前提是老同学需要答应菜摊主如下的条件:

(1)菜摊主可以帮老同学卖菜,但首先,所有的菜老同学得先白送给菜摊主,也就是说,打这一刻起,这些菜就归菜摊主所有了,菜摊主可以把这些菜拿出去卖,也可以自己吃,一切由菜摊主自由独立地决定,老同学不得干涉。

(2)如果菜摊主把这些菜拿出去卖,那么,只有菜摊主把蔬菜以批发的形式卖给饭店的时候,老同学才有可能获得50%的“净利润”(菜摊主还会以各种名目扣掉所谓的“成本”),如果菜摊主把蔬菜卖给散客,卖给超市,那么卖菜的收益老同学一分钱也别想拿到,对了,别忘了第1条,这些菜怎么处理菜摊主说了算,菜摊主可以批发给饭店,也可以卖给散客,甚至可以卖给饲料加工厂,总之,菜摊主不向老同学保证卖菜一定会给老同学带来收入。

(3)不仅如此,就算菜摊主大发善心,真的把这些菜批发给了饭店,对不起,如果老同学想要获得分成,老同学要么通过注册一家公司开具发票(顺便替菜摊主纳了税),要么费时费力地攒下可报销的发票,甚至不合法地购买发票给菜摊主,才能拿到分成,否则,菜摊主可以名正言顺地把老同学的钱扣在手里存银行或放贷吃利息。

(4)老同学也许会想:“大不了我豁出去了,这菜我全送给菜摊主,只要菜摊主卖得好,打出了我种的菜的牌子和名气,以后我再出来自己卖菜岂不是生意火爆?”抱歉,合同说了,老同学不得以任何形式宣传自己是蔬菜的种植者,不得在外声称自己和这些蔬菜有关,不然,老同学就得“赔了蔬菜又折金”,向菜摊主支付数额不菲的违约金。自己一分钱还没赚到,先赔出去一大笔。

(5)老同学实在忍无可忍了,决定起诉对方——抱歉,起诉地已经约定好了,是人家菜摊子所在地的法院,老同学先得不辞辛苦坐十几个小时火车才行,要是一次审不完(新证据提交导致的多次开庭、二审、再审等),那就多坐几次火车。

上述“卖菜”的情景正是笔者同学拿到的合同的真实写照,笔者自然而然劝阻他不要签署这份合同,老同学当即向笔者表示,会慎重对待协议的签署问题。不知怎么,当他说出“慎重对待”这四个字后,他说话时畏畏缩缩的语气,怎么听怎么像《三国演义》中那个被司马懿“称病赚曹爽”的曹爽。

然而之后过了很久,老同学并没有给笔者回音,笔者最后实在担心便主动打电话问了下合同的情况,没想到老同学竟然告诉笔者:“那合同最后我还是签了,没改。”

当时笔者刚过21岁,还是相当年轻气盛,想想自己一分钱没收、辛苦折腾了几天,最后却是所有辛苦的结果全被人当垃圾扔垃圾堆里,心情难以平静,于是质问他到底为什么。结果,笔者的同学丢给笔者这样一句话:“你在这站着说话不腰疼,我有什么办法啊,我只是个刚出道的新人,我又没什么和对方谈判的资本。”

这句话当时听的笔者目瞪口呆,也让笔者如鲠在喉——“没有谈判的资本”,也就是没有议价权,最多也就让老同学少收点许可使用费罢了,什么时候变成对方对老同学任意宰割的借口了？自此,笔者再也没有向这位老同学提出过意见或建议,这位老同学也没再向笔者进行过咨询,当然,直到本书完稿,经常阅读漫画的笔者也从未在任何知名动漫平台上看到署着他的真名或笔名的作品。

后来笔者工作之后,这样的情况仍然发生了数次(幸运的是,笔者服务过的客户们从未发生过这样的情况,这样的情况一般发生在笔者亲友们强行“介绍”给笔者的那些“无偿援助”中)——笔者亲友的“亲友”递来一份合同,笔者熬了个通宵把合同修改完毕。“亲友”收到合同后对笔者言谢,转过头就和对方签了份没修改过的合同。那份没修改过的合同处处都以对立方的利益为先,“亲友”签了这种合同和没签差不了多少,甚至比起没签更加糟糕。当笔者小心翼翼地问“亲友”,为什么会签一份没修改过、对己方完全不利的合同时,“亲友”总会给笔者一个苦笑:“没有办法啊,人家是甲方啊,我们能怎么办？”

这样的回答虽充满了无奈,但本质上却是有问题的,不妨还用之前曾经举过的“卖菜”的例子作如下说明。

你提着自家种的菜在街边叫卖，这时一位客商迎面而来，如果他告诉你，你的菜颜色不太好看、你的菜是化肥菜不是有机肥菜、你的菜上泥土太多等，那你可能会便宜点把菜卖给他，这无可厚非。

但如果他告诉你：

（1）你的菜颜色不太好看、你的菜是化肥菜不是有机肥菜、你的菜上泥土太多，所以你应该把菜免费送给他，他拿走卖出去了会分你钱；

（2）你的菜颜色不太好看、你的菜是化肥菜不是有机肥菜、你的菜上泥土太多，所以你不但应该把菜廉价卖给他，以后你所有的菜，都应该按不高于现在的价钱廉价卖给他；

（3）你的菜颜色不太好看、你的菜是化肥菜不是有机肥菜、你的菜上泥土太多，所以你不但应该把菜廉价卖给他，还应该把身上穿的衣物脱下来送给他；

……

现在，请你把蔬菜换成自己创作的作品、提供的服务，把“卖菜”换成进行许可、参加演出等，是不是一下子通俗易懂了许多？如果你真的去卖菜，客商提出了后三项要求，你会老老实实地免费送菜、不但送菜还送衣服、签“终身卖菜令”吗？

自2020年始，随着新冠肺炎疫情的暴发，文体产业也进入了一个新的“寒冬”，赛事、演出长期停办，院线长期关门，即使恢复经营，也面临流量减少、因疫情“卷土重来”重新停业的风险。在此“寒冬”之际，可能会有更多的文体产业从业者在犹豫不决，考虑自己是否需要放低甚至放弃那些以往从业过程中坚守的底线，来求得一碗饭吃。

但如上文所述，双方商业地位暂时不平衡，对方具有优势地位，最多只能影响到处于劣势的文体产业从业者的议价权，文体产业从业者最多只能接受在提供的产品的价格上稍微“吃亏”。（请注意，这是底线，而非必然，不是说你没有议价权就必须低价卖出自己的产品，笔者也不会在任何时候建议你主动贱卖自己的劳动成果！）但这种不平衡给对方带来的优势，应当在“价格”这条红线上戛然而止，无论在任何时候，双方商业地位的不平衡都不会也不应该导致非优势地位方连基本的法律赋予的权利，包括但不限于知识产权归属、保密要求、可要求对方承担的违约责任、争议管辖地等，都无法维护，而需要你签署一系列极不平等的“卖身契”“白送条”才能推动交易进行——这样的交易即使做成，对你而言，又有何意义可言？辛苦创作的作品，用来仅仅“换一碗饭”吃已经相当吃亏，为何还要连其他合法的权利都要一并舍弃掉？

信条二·保证自己创作的作品“为己所有”

在继续阅读本信条前，请你先回答笔者一个问题，文体产业从业者在行业内从业的“立足之本”是什么？

对此问题，除非你身为运动员，会回答笔者自己需要“靠比赛成绩说话”，否则，对其他任何职业的文体产业从业者而言，正常情况下的答案都会是“作品”。

没错，作家的立身之本是自己的小说、散文、杂文，漫画家的立身之本是自己的漫画，视频 UP 主的立身之本是自己的视频，编剧的立身之本是自己的剧本……即使是那些根据相关法律法规，无法对自己参与创作的作品直接拥有财产性著作权的文体产业从业者（最典型的是电影中的演员），对该作品保有最基本的署名权，展示个人姓名的权利也是极其必要的。

对自己创作的作品进行许可使用，并收取相应的许可使用费用，是大量文体产业从业者，特别是创意工作者获得“第一桶金”的基本方式，而如果你是一名名气不大、“副业”未开，尚无法通过演出、网店、代言等获取收入的创意工作者，“创作—许可使用”甚至可能是你从业的唯一收入来源——实际上，文体产业从业者的任何收入，基本上都离不开自己的作品。视频 UP 主若想走上“开网店、卖零食”的“网红必由之路”，网店的地址和宣传一般都得剪辑好“挂”在视频里；漫画家若想定做加工点周边产品售卖，周边产品的包装乃至产品本体上必然得印刷自己创作的漫画形象；哪怕是对自己演绎的影视作品没有财产性著作权的演员，其想为品牌提供代言服务，代言收费最高的时候，也必然是在其刚出演过一部热门的影视作品或综艺“大红大紫”之时。

正因为作品对文体产业从业者是如此的重要，即使称为文体产业者或独善其身或兼济天下的根本也不为过，因此，当踏入文体产业之后，务必要将自己创作的所有作品掌握在自己的手里，保证其著作权归自己所有。事实上，包括但不限于著作权法在内的法律法规，也正是这样保护你的权利的，如《著作权法》第 11 条明确规定，除法律规定的例外情况外，“著作权属于作者”。只有如此，你才可以完整、自由、不受限制（法律法规规定的必要限制除外，对此你也必然理解）对自己的作品进行经营，推动自己事业的发展。

信条三·不要让任何人夺走你的作品！

保证自己创作的作品“为己所有”的对立面，自然是丢掉作品或作品被他人“窃夺”，即作者本人完全丧失了自己作品的全部著作权，不但财产性著作权将归他人所有，甚至连基本的人身性著作权都无法行使。读罢上文，想必你已经了解作品对自己从业的重要性，并在心中坚定了进一步保护自己作品的信念，绝不会让自己的作品被他人“抢走”。可是，并不是所有的文体产业从业者都会认识到将自己作品的著作权掌握在自己手里的重要性，有的文体产业从业者可能会“不以为然”，包括笔者那位再也没和笔者联系过的老同学可能也是这么想的：“一部作品丢了不算什么，大不了我之后再写/画/创作一部就是了。”

果真如此吗？当然不是！丢掉一部作品，特别是丢掉“处女作”，对于文体产业从业者，尤其是创意工作者而言，其危害非同一般！你丢掉的将绝不仅仅是一部作品，更可能会因为一部作品的丢失导致整个职业生涯因此黯淡，甚至直接被终结！

为了解释这一点，我们需要弄清楚三个问题：什么样的文体产业从业者会被窃夺作品？对方为什么要窃夺你的作品？作品被窃夺的后果是什么？

（一）什么样的文体产业从业者会被窃夺作品

实际上，作品被“窃夺”的情况，只可能发生在新人从业者身上，如果你是一名已经扬名立万的文体产业从业者，如同文学界的金庸、托尔金、斯蒂芬·金，漫画界的手冢治虫、藤子·F.不二雄、斯坦·李一般，那你根本就不用担心自己的作品会“丢”，出版方、被许可方等合作者巴不得把自己和你的鼎鼎大名捆在一辆战车上，永恒地行驶下去，他们为什么要放弃你的声誉可以给自己带来的巨大积极影响，费力不讨好地去窃夺你的作品呢？相反，你倒是需要像金庸先生当年那样，担心自己被那一大群“金庸X”之类搞不正当竞争，白白“偷”走你的名声。当年，三联版金庸小说刊印发售之时，金庸先生就曾在序言中写道：“还有人借用‘金庸’之名，撰写及出版武侠小说。写得好的，我不敢掠美；至于充满无聊打斗、色情描写之作，可不免令人不快了。也有些出版社翻印香港、台湾其他作家的作品而用我笔名出版发行。我收到过无数读者的来信揭露，大表愤慨。相信‘三联版’普遍发行之后，可以制止这种种不讲道义的行为。侠义小说的主旨是要讲是非、讲道义，可不能太过分吧。”①

（二）对方为什么要窃夺你的作品

完整地窃夺一部作品，即除了拿走作品的所有财产性著作权外，连人身性著作权都要阻碍原作者行使，这种行事方式并不多见，即使是那些最为贪婪的不良合作方，拿走你作品的所有财产性著作权，对其而言也就够了，阻碍你署名之类不但操作上非常困难，还容易留下话柄，且对增加自己的收益而言毫无裨益。

实际上，只有少数几种用心不良者会想要窃夺他人的作品。一种是希望窃夺他人的作品为同样作为创意工作者的自己代笔，另一种是合著作品中，希望一人独占所有作品带来的好处，因此想方设法“抹杀”掉共同合作者的一切信息。

1. 代笔

不知你是否看过日剧《代笔作家》或《刑警弓神》？在这些电视剧中，均有知名作家“创意”不足，雇请新人为其代笔创作，最终，知名作家与新人一起陷入“毁灭”的情节。

现实中的代笔现象当然不会这么极端或耸人听闻，但客观地说，“代笔”，在现实生活中确实是广为存在的。某些知名从业者功成名就，但思路和创意早已匮乏，在此情况下，为了维系自己因为不再有新作而摇摇欲坠的名声，选择铤而走险，寻觅刚入行者为自己创作作品，制造自己仍然创意无限的假象。在此情形下，被代笔的知名从业者当然要不惜一切代价，掩盖“自己的作品”实为他人创作的事实，所以，其必然会尽其所能，阻止或妨碍新人对作品行使人身性著作权，特别是署名权。

代笔是居心不良的知名从业者最常见的窃夺他人作品、为自身“输血”的手段，但绝不是唯一的，有些从业者的行为甚至比尚且需要沟通交流和双方同意的代笔更恶劣，他们会省略掉和“代笔”协商和交流的过程，直接对自己企业里的新人创作者的作品“坑蒙拐骗”乃至“强取豪夺”，这也导致劳动业务往往成为窃夺作品的重灾区。

---

① 金庸：《我写的只是人性的喜愁悲欢》，载腾讯新闻，https://new.qq.com/omn/20181031/20181031A1GTT1.html。

2.“抹杀”

不同于代笔是一人独占他人创作的、自己根本没有贡献的作品,“抹杀”指的是,在两人(及以上)共同创作完成一部作品的情况下,其中一人想要独自占有整部作品,于是便通过各种手段,阻止并妨碍其他创作者对作品行使著作权,最终让其他创作者对作品的创作贡献不为大众所知,并一人独享全部作品带来的利益的情形。

相对于“输血”,“抹杀”在现实生活中出现的频率要低一些,但是相关的案例却要“声名显赫”得多,毕竟这一案例中,受害者和加害者共同创作了可谓全世界著名的“蝙蝠侠”。①

1939年,“侦探漫画”(DETECTIVE COMICS,DC)旗下的漫画家鲍勃·凯恩趁彼时“超人”漫画大火之时,为DC创作了一个新的超级英雄形象——“蝙蝠侠”。这个“蝙蝠侠”与我们今日所见的蝙蝠侠形象大相径庭,其形象大致如下:

(1)红色的紧身衣(与超人类似);

(2)背后没有披风,而是两张蝙蝠一样的怪异翅膀;

(3)没有戴覆盖了上半张脸的头套,戴了一副只能遮住眼睛的面具;

(4)赤手空拳,未戴手套;

(5)没有背景故事。

对这个形象,同在DC工作的编剧比尔·芬格提出了自己的意见,包括给予这个角色更加阴郁的配色(灰黑等)、将怪异的翅膀改成披风、一个蝙蝠形态的头套以及其他合理的配饰使其更像蝙蝠而非“鸟人”……这些意见提供了我们熟悉的蝙蝠侠的全部核心元素,也被凯恩照单全收。不仅如此,芬格还独立创作了现在家喻户晓的蝙蝠侠起源故事,并与凯恩一起创作了那些名声不逊于蝙蝠侠的超级反派:小丑、猫女、双面人、企鹅人、谜语人……

---

① 本书提及的有关比尔·芬格和鲍勃·凯恩创作“蝙蝠侠”的经过,及之后二人因该作品截然不同的命运起伏的故事,整理自 Brian Cronin, *Who Was the Real Creator of Batman*?, *liveabout. com*(*March* 5,2019),https://www.liveabout.com/who-was-the-real-creator-of-batman-327114。对此故事的其他记载,还可参见 Marc Tyler Nobleman, *Bill the Boy Wonder*: *The Secret Co-Creator of Batman*, Charlesbridge, 2012。另外,长期对芬格的贡献闭口不谈的凯恩,也在其七十多岁高龄才出版的 *BATMAN & ME*(Eclipse Books,1989)中,承认了芬格对蝙蝠侠创作的贡献。

然而，作为编剧，乃至我们熟悉并喜爱的蝙蝠侠真正的“父亲”，芬格在生前没有享受到任何来自蝙蝠侠的利益和荣耀，凯恩通过各种手段攫取了蝙蝠侠唯一创作者的声名和作为创作者可以获得的全部利益，且通过各种方式阻止漫画商提及芬格对蝙蝠侠创作的贡献。最终，凯恩成为巨富，在 83 岁高龄方才寿终正寝，而芬格近 60 岁的高龄却还在以打工为生，并最终孤苦伶仃地死在了出租屋里。

直到近年来，包括 DC 及其母公司华纳，才终于认可了蝙蝠侠是比尔·芬格和鲍勃·凯恩共同创作的作品，并将“Batman created by Bill Finger and Bob Kane”的信息展示在了一切和蝙蝠侠有关的产品上。可这对早已看不到这一切的芬格而言，真的算是“迟来的正义”吗？

读罢这个故事，你是否正在对芬格的命运报以同情和感慨中？但想必，你绝不愿意做下一个芬格，因此，请切记，不要让任何人夺走你的作品，哪怕是共同创作者！

（三）作品被窃夺的后果是什么

即使看完上面的内容，有些文体产业从业者可能仍然不以为然，笔者在现实生活中也确实见过文体产业新人用如下的话语和笔者理论（简直感觉他们不是被别人抢作品，而是在抢别人作品一样）——“一部作品没了，我完全可以再写/画一部，有必要说的这么吓人，这么玄乎么？”

在这些新人的眼中，自己丢掉的“只是”一部作品而已，“大不了”再创作一部完事，他们完全不认为，自己创作的作品被抹掉自己的名字（并署上他人的名字）后，会对自己产生什么消极影响，而且认为影响职业生涯之类的话更是“耸人听闻”。

可是，作品真的可以像鸡蛋一样，丢掉前一个也不影响后一个，后一个也可以卖出一模一样的价钱吗？

那不妨请你设想一下：

如果你是漫画家并经常阅读漫画，那你觉得，如果《哆啦 A 梦》是他人的作品，即使藤子·F. 不二雄先生仍然可以在“他人”的《哆啦 A 梦》出版后，画出《宇宙小毛球》或《小超人帕门》，但他还可以像今天这样名垂青史吗？

如果你是创作歌手并经常听歌，那你觉得，如果约翰·列侬、鲍勃·迪伦写出的那么多经典之作，突然有一半变成了别人的作品，而约翰·列侬、鲍勃·迪伦等人也是在这些“别人的作品”问世后才写出自己的作品的，那他们的地位会和现在的地位一模一样吗？诺贝尔文学奖组委会还会把诺贝尔文学奖颁发给“模仿者”鲍勃·迪伦吗？

如果你是作家并经常阅读小说，那你觉得，如果《钱商》和《大饭店》是他人的作品，即使阿瑟·黑利之后还是写出了《新闻主播》和《侦探》，那他还会被称为“行业小说之王”吗？如果《魔戒》和《霍比特人》是他人的作品，那即使托尔金之后又写出了《贝奥武甫和批评家》《消逝的传说》等，他的历史地位又会被人如何评价呢，“英国的高鹗”？“北欧文学研究者”？“《魔戒》资深爱好者”？

……

想必你的答案都是“不会”“不能”，原因在于，在笔者设置的情境之中，这些传奇的漫画家、音乐人、作家都变成了“他人”的模仿者，而模仿者相对于拥有开创意义的创作“先行者”而言，其地位根本不可同日而语或“同价而语”。

常言道，画有画风，曲有曲风，文有文风，在文体产业从业的创作过程中，所谓的“某风”，是一项与个人创作事业极其密切联系的概念，其指的是创作者个人创作的整体风格和一系列特殊的技巧、要素的总和，创意工作者，都有其创作过程中不同的“风”，且“风”会随着作品数量的积累，得到越来越多读者的知悉、认同。例如，即使是从不知道《多罗罗》(どろろ)或《狼人传说》的漫画读者，也会凭借自己阅读过《铁臂阿童木》或《黑杰克》的经历，判断出《多罗罗》或《狼人传说》的作者是手冢治虫先生；而对于听着《恋曲1980》长大的音乐听众而言，哪怕不看歌曲信息，听出《恋曲1990》是罗大佑的作品，也并非难事，哪怕该作品是他人翻唱的；而笔者当年也在根本未看作者是谁的情况下，仅仅通过人物描写极其精巧的几段话，就判断出主角是一只老虎和它的“兄弟”的《老虎大福》和主角是一位清末宫女的《豆汁记》，都是出自作家叶广芩老师的手笔，而对前者的喜爱直接让笔者毫不犹豫地读完了后者，完全没有“这小说作者是谁，靠谱不靠谱”的迟疑。

而被窃夺作品导致的消极后果，首先正在于，经此“窃夺”之操作，根本无创作才华的被代笔者变成了原创者，真正的原创者反而在日后的创作中变成了模仿者，之后无论原创者如何努力，都无法改变自己在公众眼中所谓“模仿者”的不佳名声——要知道，很多创作完全合法合规的创作者，经常都会被迫活在“巨人的阴影下”(如《纳尼亚传奇：凯斯宾王子》仅仅是因为大量的设计造型和战斗场面，就被网友们戏称为《魔兽争霸3》真人版），而有的文体产业新人却为极少的酬劳，乃至更加虚无缥缈的“被名人信任”等，甘愿放弃自己的作品，让自己从光明磊落的原创者，最终变成被代笔之人的“模仿者”——生活中还有比这更为典型的“作茧自缚”吗？

对于创作者而言，当作品是系列作品的时候，任由他人窃夺自己的作品，由此导致的危害将会更大，因为你继续使用被窃夺的作品中的概念、人物乃至情节来创作系列作品的行为，将被视为不正当竞争或著作权侵权，因此，当你的系列作品中的一部被他人窃夺且在先发表时，你甚至都没有办法合法地发表自己的其他作品，并不得不放弃整个系列作品的创作（或者，继续为窃夺者当“枪手”）——没有属于自己的《霍比特人》，托尔金将无法创作《魔戒》和《中洲历史》；没有属于自己的《侏罗纪公园》，迈克尔·克莱顿将无法创作《失落的世界》；没有属于自己的《射雕英雄传》，金庸也将难以创作《神雕侠侣》……即使是那些题材相同但剧情彼此独立的作品，丢掉其中的一部作品，对作者造成的消极影响也不小，因为这会导致作者失去该作品对同题材作品积极的“辐射”。例如，因为有《教父》的名声在前，马里奥·普佐的《末代教父》才会在第一时间受到读者和书商的关注，可如果《教父》是别人的作品，那后者还会有现在这么大的影响力吗？

那么，好奇的你的问题大概又来了：“既然你说的都是‘模仿’的事，那我不让别人夺走我的处女作，或者系列作品中的‘前作’是不是就没事了？”

在最极端的情况下，有些文体产业新人甚至会和律师赌气。笔者在现实生活中就碰到过这样的例子（虽然是极其极端的个例，只有一次，怼笔者的正是笔者学习艺术的表弟），他非常豪气地告诉我：“我觉得自己天赋异禀，我创作的作品都能当传世之作，卖给别人一两部也没什么。”

以上想法或说法恐怕未必尽然。一个最简单的反问就可以破解这种自信：“你怎么确定，你署上别人名字的那部作品，就不会是自己作品中那部仅有的‘传世之作’呢？”

对于绝大多数创作者而言，除了那些世间少有的超级天才外，其能创作出的优秀作品，特别是那些“传世之作”的数量，都是极其有限的。而一般也只有这些“传世之作”，才能保持旺盛的生命力，其不但问世时声名远扬，而且在问世多年后，仍然会有其他创意工作者甘愿奉献自己的创意来为该传世之作的“生命火炉”补充燃料(当然,正常情况下这些创作者都会署名的),会有各电视台、电影公司等不厌其烦地更换演员、更换声优甚至更换时代背景来使其“经典永流传”,并给原作者带来源源不尽的收入……

但问题在于,绝大多数情况下,这样一部“传世之作”,未必就是(甚至大概率不是)作者本人的处女作,托尔金的《魔戒》、乔治·马丁的《冰与火之歌》、藤子·F. 不二雄的《哆啦 A 梦》、鸟山明的《龙珠》、臼井仪人的《蜡笔小新》都不是作者的处女作,如果上面这些作家把自己创作的上述非处女作但属于“传世之作”的作品打上别人的名字,那他们还能取得现实中的成就吗?

此外,对于自己的作品里,到底哪部最受公众欢迎、最可能变成“传世之作”,作者本人的判断可能并不那么准确。即使伟大如金庸先生,他对自己作品好坏的判断也与一般公众的想法不甚契合,例如,在接受专访的过程中,金庸先生认为,自己的小说“长篇的比短篇的好些,后期的比前期的好些”。如此看来,金庸先生自认为最好的小说,应当是《天龙八部》或《鹿鼎记》。

然而,金庸先生在专访中也指出:“不过很多读者不同意,我很喜欢他们的不同意。”①事实的确如此,而且不同意“天鹿”是最优秀、最受欢迎的金庸小说的读者,可能绝非“很多”,但也是“绝大多数”,毕竟,无论是作品被改编、翻拍的次数,还是诸多调查关于金庸读者最喜爱的角色的统计数据,都显示,金庸先生最受公众欢迎的作品,恐怕并非先生自称的“天鹿”,而是“两雕”,即《射雕英雄传》和《神雕侠侣》。②

连彼时已 90 岁高龄、历经世间沉浮、阅历之丰富难得有人可比的金庸先

---

① 两段针对金庸先生的专访均见宋元:《金庸谈创作、修订与出版:我在写一些自己做不到的事》,载澎湃新闻 2018 年 3 月 2 日,https://www.thepaper.cn/newsDetail_forward_2014758。

② 以影视改编次数(包括但不限于中国、新加坡、日本等以电影、电视剧、动画、布袋戏等进行的改编,但不含手游宣传等)统计,至本书截稿之日,《射雕英雄传》[至少 16 次,取决于我国台湾地区早古版电视电影的次数计算方式(全系列算一集,还是一部算一集,本文以全系列算一集),《神雕侠侣》统计方法相同]和《神雕侠侣》(至少 14 次)的影视改编次数均远超过《天龙八部》(8 次)和《鹿鼎记》(11 次),影视改编次数统计自豆瓣电影资料库(https://movie.douban.com/);根据山东大学新闻学院教授刘方政所做之调查(参见刘方政:《金庸武侠小说读者群调查》,载《中国现代文学研究丛刊》2012 年第 8 期),郭靖是受访读者最喜爱的金庸小说人物,杨过排名第二;而在《中国青年报》对“90 后”“00 后”金庸小说读者所做问卷调查中,金庸武侠人物中,“00 后”最想成为黄蓉、小龙女和令狐冲,而“90 后”最想成为郭靖、黄蓉和令狐冲,前三名中没有《鹿鼎记》或《天龙八部》中的人物,参见孙山:《调查显示 00 后仍然喜欢金庸 最想成为这仨人物》,载环球网 2018 年 11 月 6 日,https://china.huanqiu.com/article/9CaKrnKeuom。

生，对自己作品“好坏”的判断，都无法与其受众做到一致。那么，初出茅庐的文体产业新人，又何以自认为自己更能胜金庸先生一筹，对自己的作品做出如外科手术一般精细、准确的评价、估值呢？如果你卖出的那部在自己眼中不值一提的作品，恰恰就是唯一的传世之作呢？

至于那些毫无理由乃至赌气式地高估自己，动辄称自己“部部都是佳作”的说辞，更是对自身的不负责，拿自己的职业生涯“赌博”。要知道，像金庸、斯坦·李或迈克尔·克莱顿这样“部部都是传世之作”或“大部分作品都是传世之作”的超级天才毕竟是极少数（实际上，他们的作品彼此之间其实也有不少的联系，丢掉自己的一部或多部作品也会对创作造成极大的不利影响），即使伟大如藤子·F.不二雄先生，他真正称得上“传世之作”的作品，实际上也只有《哆啦A梦》一部，至今，只有《哆啦A梦》可以吸引无数的导演、编剧、漫画家们，怀抱着对先生的敬仰，和对《哆啦A梦》的喜爱，在先生设置的框架下，前赴后继地利用自己的创意创作出一部又一部新的《哆啦A梦》。然而，《小超人帕门》《超能力魔美》《宇宙小毛球》等也是藤子先生的作品，也都很优秀，但是，自从几十年前的连载和动画版结束后，这些作品有像《哆啦A梦》那样拥有旺盛的生命力，各种全新创作、改编等层出不穷，哪怕再过几十年，仍然会被大众铭记于心吗？

综上所述，如果你在他人的威胁、错误的判断、不足的经验等多方面因素的影响下，最终任由他人窃夺了自己最优秀的作品，这对你造成的影响将是难以估量的：你可能因此一辈子背上“模仿者”乃至“抄袭者”的恶名，可能无法继续创作自己本已构思完成的系列作品，甚至可能因为时时担忧自己对窃夺作品者侵权、不正当竞争等，在创作中畏首畏尾，导致创作被迫停滞，乃至整个职业生涯完全被毁。

笔者在此“絮叨”了这么多，引用了文学、漫画、音乐等各个方面的例子，只是为了说明，面对自己本来就可能足够坎坷的文体产业从业生涯，千万不要有任何侥幸、异想天开甚至是单纯赌气的心理，对于作为文体产业从业者，特别是创意工作者的你的整个从业生涯，作品就意味着一切，永远、永远不要让任何人夺走你的作品，即使在最严苛、最困苦、不得不转让作品财产性著作权的情况下（当然，我希望这种情况永远不会在你身上发生），也务必要保留作品的署名权等人身性著作权，并保留继续使用作品中的相关元素进行创作的权利！

当然，以我个人在现实中的所见所闻，绝大多数创意工作者，还是非常认同自己作品的价值，愿意尽最大努力“守护”自己的作品的，对于这样占绝大部分比例的创意工作者而言，你们实际上最需要担心的，是在劳动业务中，被自己的雇主——公司不明不白地“偷”走创意甚至作品（“窃”的成分要大于“占”的成分）。针对与“不要让任何人夺走你的作品”的相关专业知识，包括但不限于对方可能使用哪些手段窃夺你的作品、哪些情况和场合最容易被窃夺作品、如何防范被窃夺作品等，笔者将在本书“劳动”一章中进行更加详细和系统的说明。

信条四·签一份纸质合同，这很重要！

在笔者曾经接触的各行各业中，文体产业似乎是“不签合同”习惯最为浓厚的产业之一（当然，这也可能是因为个人“见少识寡”的缘故），特别是很多文体产业新人，除了不签合同对方会吃亏的劳动业务外，其在包括但不限于著作权许可使用、衍生品开发乃至经纪等诸多合作中（这三类合作中不签合同的情况最为常见。因此，在所涉章节中，笔者还会强调签署纸质合同的重要性），部分文体产业新人都不与合作方签署纸质合同，往往是口头约定或在对方给的电子链接上随便点个“确认”就自认为完事。而也确实有相当多的文体产业企业，不会向与其合作的文体产业新人提供纸质合同。而很多文体产业从业者，特别是新人从业者，似乎并不重视纸质合同的重要性，认为不签纸质合同也没什么大不了的——“好多作者都没签过纸质合同，那我还有什么可担心的呢？”

请不要忘了，“空口无凭”！如果你不和对方签署纸质合同，那么一旦双方发生争议，你可能连一份正常的证据都找不到，在没有证据且本身和对方力量不对等的情况下，你还如何指望自己可以在争议解决中取胜呢？

不签纸质合同的危害还不止于此。对于那些本身“无法可依”的合作（特别是经纪，针对经纪合作“无法可依”的特性，我们在本书“经纪”一章中还将详细叙述），在不签纸质合同的情况下，对方甚至可以在一个含糊其词的大框架下为所欲为，而你却很难证明对方各种“多拿少送”的行为属于违约。

你大概会反驳笔者：“这家合作方信誉很好，他们的老板非常讲诚信，肯定不会干这种有损作者利益的事的。”好吧，笔者不得不提醒你一下，人是会变的，但合同不会，将自己作品的安全寄托在一位你根本不了解的陌生人身上本身就是极大的冒险，即使这位老板的确如你所说的“非常讲诚信”，一定会“保护作者的利益”，而且海枯石烂永远不变，你又如何能确定他会一直在决策层的位置上干下去？投资方不会用某一位没那么讲诚信的新老板取代他？或者他会在某一天干脆把公司卖给别人大赚一笔后拍屁股走人呢？

切记，一份条款完整的纸质合同，是你开展绝大多数文体产业业务的核心和基础，要知道，你所有可以从合作方获得的权利，需要对其承担的义务，都需要在合同中约定。因此，绝不要在任何情况下，在没有合同的情况下和他人开展重要的合作，尤其是本书所述的所有、要求你务必签署合同的业务。合同和合同彼此不同，笔者希望你签署的，是根据本书内容，审核、修改后内容系统、完整的合同，可不是随随便便什么合同拿来签了就完事。即使你签了一份纸质合同，如果这份合同的内容不甚详细、缺少必要条款，最后的结果可能和没签纸质合同差不多，一旦对方还在合同中设置了陷阱的话，那结果可能比没签纸质合同还糟糕。

需要注意的是，为了顺应互联网产业高速发展的时代背景，《民法典》对合同的“书面形式”进行了扩张性的规定。以往我们理解的“书面形式的合同”，大抵指的是由纸张等实体物记载记录的合同。《民法典》第 469 条规定：“当事人订立合同，可以采用书面形式、口头形式或者其他形式……以电子数据交换、电子邮件等方式能够有形地表现所载内容，并可以随时调取查用的数据电文，视为书面形式。”

看到这，你是否长出一口气，觉得自己以后哪怕所有合同都用邮件签都无所谓了？请立刻打消这样的念头！虽然《民法典》已经认同了电子邮件等数据电文可以被视为“书面形式”，但这是有前提的，即其必须要“可以随时调取查用”，可电子邮件真的“可以随时调取查用”吗？

请你想想，当你使用电子邮件签合同时：

如果邮箱被盗了怎么办？

如果邮箱运营商突然在中国停服了怎么办？

如果邮件中的附件过大被删除了怎么办（如很多非会员邮箱不支持超过 50M 的邮件，超过 50M 的邮件会自动删除附件）？

如果之前没有注意，发送合同的邮箱是之前工作单位的企业邮箱，你已离职，邮箱已被注销该怎么办？

如果对方发送邮件的邮箱实际是一个个人邮箱怎么办？

……

相对于以上这些经常可能出现的风险，纸质文件虽然也可能丢失、因特殊原因损坏、被盖“萝卜章”，但概率相较而言真是低得不能再低了。无论是便携性，还是易于保存的程度,纸质的"实体文件"和电子邮件的孰优孰劣可谓不言则明。

因此,即使《民法典》认可了电子邮件的书面性质,笔者个人建议,在以后签署合同的过程中,你仍然应当能签署纸质合同就签署纸质合同,即使在第一时间无法签署纸质合同不得不签署电子合同的,在阻碍签署纸质合同的因素消除后,你也应当第一时间与对方补签纸质合同,切莫忘了,一份能拿在手里、随时展示的纸质合同,要比随时可能因各种外来因素"消失"的电子合同靠谱得多,"白纸黑字"的合同,仍然是最好的合同!

当然,如果说有什么文体产业中的业务是不需要非得签署一份纸质合同的,那大概就是注册并使用一个自媒体账号了。毕竟,要求那些服务人数极多、用户规模动辄上亿乃至数亿、具体合作方式为明示并为公众所知晓、且一旦这些为公众所知晓的合作方式发生改变必将引发"山呼海啸"般的舆论浪潮的互联网企业(最典型莫过于两大自媒体平台新浪微博和腾讯微信公众平台),给每一位用户都寄送一份纸质合同,实在是不太现实。这类面向最广大公众的平台,往往会提供电子数据形式的格式协议,由使用者决定同意与否。

不过,即使如此,在注册自媒体账号时,你也需要仔细地阅读其格式文本的用户服务协议,并确定其中是否有可能侵犯你合法权益的内容,如果有,则不要使用该平台。幸好,目前来看,至少仅就新浪微博和腾讯微信公众号两大自媒体平台而言,其用户服务协议内容比较合理,还不存在平台格式文本的用户服务协议侵犯用户合法利益特别是与文体产业从业者密切相关的知识产权的情况。①

① 新浪微博和腾讯微信公众平台都会要求,其可能为了实现平台的相应功能,使用部分你在平台上发布的信息,但这些使用既不改变你在平台上发布内容的权利归属(仍然归属于你),也不影响你进行授权。如新浪微博最新版《微博服务使用协议》第4.8条规定:"为了更好地促进信息分享及宣传推广,用户授权微博运营方可在微博及其关联产品和服务上使用微博内容,以及为宣传推广之目的将上述内容许可给第三方使用。用户对微博运营方及其关联公司的前述授权并不改变用户发布内容的所有权及知识产权归属,也并不影响用户行使其对发布内容的合法权利。"(该协议载于新浪微博官网:https://www.weibo.com/signup/v5/protocol)腾讯微信公众平台最新版《微信公众平台服务协议》第11.1条、第11.2条亦规定:"腾讯在本服务中提供的内容(包括但不限于网页、文字、图片、音频、视频、图表等)的知识产权归腾讯所有,用户在使用本服务中所产生的内容的知识产权归用户或相关权利人所有,订阅号及服务号的用户通过微信公众平台发布的群发信息(以下统称为'公开群发信息')一经发布即向公众传播和共享。""微信公众平台是一个获取、分享及传播信息的平台,为向所有用户提供更优质的服务,腾讯可能会对微信公众帐号的昵称、头像、认证信息、公开群发信息等公开非保密内容在法律允许的范围内进行使用,包括但不限于提供搜索、链接等服务。"(该协议载于微信公众号官网:https://mp.weixin.qq.com/cgi-bin/announce?action=getannouncement&key=1503979103&version=1&lang=zh_CN&platform=2&token=)

信条五·防君子而不防小人的合同

说完了签署书面合同的必要性，下面该谈的就是迷信合同的消极后果了。在笔者个人从业过程中，笔者也曾见过，有一部分文体产业新人会几人凑钱购买一份条款有利于自己的协议，然后与人签约时直接拿出来要对方画押签字且不接受任何修改，这些新人们认为，只要这样做，就可以保证自己的合作万无一失，不可能出任何的风险。这种做法，当然比上文所述的不签合同，或是对对方出具的合同"全盘接收"的做法好得多，但如果就此就认为合作可以万无一失的话，那可就太过草率了。

在笔者所在的业内流传着一个堪称是共识性的观点：合同防君子而不防小人。如果你的欲合作方一开始就是"小人"，那你无论在合同上准备得多精心，最终都无法挽救合作"搁浅"的命运，因为对方在签署合同前根本就没有履约的现实条件（也就遑论承担违约责任、缔约过失责任之类）。

"你设置了精密的违约金条款？不好意思我账户里一分钱都没有，赔什么给你。"

"我的产品出质量问题时你可以单方解除代言协议？不好意思我的产品事故已经天下皆知了，上面大大地印着你的肖像，这天底下谁不知道你和我的关系啊。"

"你要求我必须为你缴纳社保？没想到吧，我连公司都没办！"

……

因此，除了严格拟定合同条款外，你还需要对欲合作方本身，包括其是否诚信、是否获得了从事相关工作的必要的法律资质、有无被诉讼拖累等情况进行及时的查证，可不要只把眼睛盯在合同条款特别是高额的违约金上。"亡羊补牢"只对还有羊在羊圈有意义，如果羊圈里一只羊都没有了，再"补牢"又是补给谁呢？

一些政府部门的官方网站上会对企业的资质、资信情况、涉诉情况等进行公示，你可以在这些网站上搜索与欲合作方有关的信息：

（1）查找企业是否进行过工商注册、企业股权、企业是否有股权质押等：国家企业信用信息公示系统网站（http://www.gsxt.gov.cn/index.html）；

（2）查找企业是否曾被第三方起诉：最高人民法院"裁判文书网"（http://wenshu.court.gov.cn/）；

(3)查找企业是否曾遭受过行政处罚、是否曾上“黑名单”,是否是所谓的“老赖”:中国执行信息网(http://zxgk. court. gov. cn/)、“信用中国”网站(https://www. creditchina. gov. cn/xinyongfuwu/shixinheimingdan/);

(4)企业生产的产品质量、安全标准、生产资质、产品召回等产品质量问题:国家市场监督管理总局网站“我要查”栏目(http://samr. saic. gov. cn/fw/wyc/)、互联网“12315”网站(http://www. 12315. cn/);

(5)如果该企业拥有互联网网站的,且其网站对于和你的合作至关重要的,则请确认其是否获得了增值电信业务经营许可证,或至少请在工信部网站 ICP 备案信息系统查询平台上(https://beian. miit. gov. cn/#/Integrated/index),查询其互联网网站是否经过了 ICP 备案。另外,本书涉及的任何业务的合作方,其希望通过互联网经营其业务的,都需要获得网络文化经营许可证。

虽然使用上面这些网站对欲合作方进行检索、查证,也无法保障你准备开展的合作从此就万无一失(世界上本身也没有“万无一失”的风险查证方案,如果你想更进一步降低风险发生的可能,可以聘请律师和会计师进行尽职调查),但进行必要的检索、查证,可以帮助你多角度了解与欲合作方有关的情况,并有效地帮助你避免或减少损失。

此外,欲合作方自身可能带来的风险,可绝不是风险的全部,即使欲合作方本身是风险极小的政府机构或者巨头企业,你也不能排除一种可能,那就是来和你谈判合作的“欲合作方工作人员”是纯粹的假冒伪劣,根本和你想象中的欲合作方无关。

不知你是否记得发生在 2020 年 6 月底 7 月初的“腾讯—老干妈”纠纷?根据贵阳公安双龙分局通报,本案中,几名犯罪嫌疑人就通过捏造的“老干妈公司工作人员”身份及几枚“萝卜章”,骗取了腾讯公司的信任,同时给腾讯公司和贵阳南明老干妈风味食品有限责任公司造成了巨大的损失,而目的仅在于“获取腾讯公司在推广活动中配套赠送的网络游戏礼包码,之后通过互联网倒卖非法获取经济利益”。[①]

连制度森严、工作流程繁杂的巨头公司尚且境遇如此,你又怎么能确信,坐

① 参见孙远桃:《腾讯诉老干妈?贵阳警方:系有人冒充》,载人民网贵州频道,http://gz. people. com. cn/n2/2020/0701/c222152 -34125883. html。

在你对面的,不是骗子呢？随着现代商业的发展,各类公司特别是巨头公司的体系越发展越庞大,业务也愈加繁多,在此情况下,贝索斯、凯文·费奇这样的没法造假的巨头公司执舵者,恐怕没有可能亲自引你到亚马逊、漫威娱乐总部大楼的办公室内,并当着你的面在和你签署的合同上签字、盖章。在绝大多数的情况下,和你签署合同的都是作为公司代理人的公司员工,正因如此,骗子们的造假将变得更加容易。

为了防止被骗,除了查询欲合作方自身的各项资质、风险外,你还应当确认,坐在你面前的或者和你打电话交流联系的人,确实是代理欲合作方与你谈判、缔约的欲合作方授权代表人。对此,你可以通过拨打欲合作方官网提供的电话,或向欲合作方官网提供的邮箱发送邮件,来确认坐在对面的人所称身份是否属实,以及其到底有无代理权。

信条六·艺术家也需要学历

常言道"英雄莫问出处",这句话似乎也成了不少文体产业从业者的从业信条。在这些文体产业从业者眼里,没有优良的"出处",特别是学历,完全不是什么问题,他们认为,只要自己能创作或表演出好的作品,就可以在行业内立足乃至飞黄腾达。

对于创意工作者来说,这种想法有一定的道理,毕竟,最终决定创意工作者职业生涯"成败胜负"的关键,是其创作的作品,而非其本人,不过,优秀的学历对创意工作者而言仍然是非常重要的,除了接受良好的教育、获得丰富的知识和经验教训等有利于作品创作外,学历本身对创意工作者也是重要的宣传工具之一。

但对于演艺工作者而言,学历的意义可就不仅仅是一个宣传工具,或"锦上添花"的吉祥物那么简单了。对于演艺工作者来说,没有学历(或其他艺术表演能力证明)①者甚至无法正常参加营业性演出,这将直接影响其职业生涯的正常

---

① 根据《营业性演出管理条例实施细则》第7条规定:"依法登记的文艺表演团体申请从事营业性演出活动,应当向文化主管部门提交下列文件:(一)申请书;(二)营业执照和从事的艺术类型;(三)法定代表人或者主要负责人的身份证明;(四)演员的艺术表演能力证明;(五)与业务相适应的演出器材设备书面声明。前款第四项所称演员的艺术表演能力证明,可以是下列文件之一:(一)中专以上学校文艺表演类专业毕业证书;(二)职称证书;(三)演出行业协会颁发的演员资格证明;(四)其他有效证明。"无法提交演员的艺术表演能力证明的,可能导致演出无法正常获批、进行等。在规定所述的文件中,毕业证书实际上是最容易取得的。

发展。

此外,对于本书的另一大主要读者群体运动员而言,参加比赛、赚取奖金、获得代言等,正常情况下都不需要学历,但可别以为学历因此就对运动员百无一用。别忘了,运动员不可能吃参加比赛的“青春饭”一辈子,而非一线运动员恐怕很难在吃“青春饭”的时代挣够足够的养老金。如果运动员需要在退役后“另谋出路”,那么考取和体育产业有关的诸多证照,都需要必要的学历。例如,足球运动员退役后想要考取中国足协的教练员、体能师资格,需要提交“包含运动经历和教育经历在内的个人经历”(相较而言,这还不算特别硬性的要求)①;而如果想要考取中国足协的球员代理人资格(通说的“足球经纪人”),甚至需要申请者拥有大学本科以上学历②,否则连基本的申请资格都没有。

综上所述,一份真实、合格的学历对你进行文体产业从业有着莫大的裨益,其意义绝不下于一个“上头条”的机会或参加一场绝佳的演出。在读罢本书后,可不要张口闭口“英雄莫问出处”“学历不重要”了。切记,在文体产业内,“英雄也要看出处”,同样条件下“有出处”的“英雄”的事业发展亦要比“无出处”的“英雄”顺利得多,所以,好好学习,好好读书,在力所能及的范围内努力考取最好的学历吧!

信条七·努力打造个人姓名影响力

“姓名?姓名还会有问题?”当你看到这个小标题后,恐怕第一时间就会提出这样的疑问。的确,虽然《民法典》针对包括姓名权在内的人格权进行了划时代的规定,但其对日常工作生活中多以个人真名示人的大多数人来说,这些规定并不会产生特别显著的影响。然而,文体产业从业者正是其中最经典的“例外”。

关于姓名,笔者给你的建议非常简单,无论是真名,还是艺名,请你努力打造自己姓名的影响力,而不要指望“看谁火了,我取个和他/她名字差不多的艺名,沾沾他/她的光”。

在“名字”这件事上,文体产业从业者和其他行业的从业者有什么不同,想

① 参见《中国足球协会教练员培训管理规定》第8条至第14条。

② 参见《中国足球协会球员代理人管理规定》第11条。

必身为本行业从业者的你很快就能找出正确答案——相较于其他行业，文体产业从业者使用自造的、未登记的“假名”即艺名、笔名等的情况要多得多，公众只知其笔名、艺名而不知其真名的情况比比皆是。例如，藤子·F.不二雄先生的笔名可谓人尽皆知，但即使是《哆啦A梦》漫画的铁粉可能都不知道其真名为藤本弘；而市川海老藏（曾出演电影《寻访千利休》中的千利休，电视剧《女城主直虎》中的织田信长等）、市川猿之助（曾出演电视剧《风林火山》中的武田信玄，《半泽直树2》中的伊佐山部长等）等作为日本国宝级的歌舞伎演员，其艺名在中国的影响力，正随着其一系列作品的流行越来越大，可知道其真名堀越孝俊、喜熨斗孝彦的人仍然是极少数。

《民法典》相对于原来的民事单行法，在姓名及姓名权问题上最大的变化，便在于将笔名、艺名等“准姓名”纳入了姓名权保护的范畴。《民法典》第1017条规定：“具有一定社会知名度，被他人使用足以造成公众混淆的笔名、艺名、网名、译名、字号、姓名和名称的简称等，参照适用姓名权和名称权保护的有关规定。”而第1014条则规定：“任何组织或者个人不得以干涉、盗用、假冒等方式侵害他人的姓名权或者名称权。”这标志着，冒用他人姓名，包括但不限于有一定社会知名度的笔名、艺名、网名等的行为，将受到被侵权者援引《民法典》规定的严厉打击。

以往的法律法规中并非完全没有类似的规定，《反不正当竞争法》第6条中就规定：“经营者不得实施下列混淆行为，引人误认为是他人商品或者与他人存在特定联系：……（二）擅自使用他人有一定影响的企业名称（包括简称、字号等）、社会组织名称（包括简称等）、姓名（包括笔名、艺名、译名等）。”但显然，《反不正当竞争法》由于其过于“专业”的名称，导致一般公众对其认知程度不高，社会组织、企业等援引此条款保护自己的名称、字号等的情况比较常见，但一般人援引该条款保护自己的姓名以及准姓名的情况相较而言就要少得多，因此，在《民法典》出台前，自然人给自己取所谓的“笔名”“艺名”，冒用他人的笔名、艺名甚至真名，造成公众混淆的情况，并不鲜见。

但在《民法典》出台以及其作为“社会生活的百科全书”深入人心并发挥其应有的作用后，公民对姓名以及准姓名的保护意识必将逐渐深入人心，在这样的时代背景下，再去盗用、假冒行业内知名人士的姓名、“准姓名”等以求“蹭热度”等，显然是一件逆时代潮流、必将受到法律惩罚的恶举，因此，彻底丢掉冒用他人姓名、"准姓名"的不良念头吧。从进入文体产业的第一天起,请好好打造自己的姓名及独创的"准姓名"的影响力,并在包括但不限于合同签署、对外宣传等过程中,使用这些独一无二的个人"印记"!

信条八 · 紧握法律利剑保护个人信息

此次《民法典》出台,最亮眼的变化莫过于大大加强了对人格权的保护,其中,《民法典》针对个人信息保护的力度不是一般的强大,甚至可以说是超过了以往各单行民事法律的总和。《民法典》第 1034 条第 1 款规定:"自然人的个人信息受法律保护。个人信息是以电子或者其他方式记录的能够单独或者与其他信息结合识别特定自然人的各种信息,包括自然人的姓名、出生日期、身份证件号码、生物识别信息、住址、电话号码、电子邮箱、健康信息、行踪信息等。"

与以往的单行法律相比,《民法典》大大扩张了"个人信息"的范围,连"行踪信息"这样以往未出现在任何法律及行政法规中(仅出现在一些部门规章中,且设置目的是便于管理,如反兴奋剂工作要求,而非保护)的概念都被纳入了"个人信息"的范畴。而文化产业从业者,恰恰是各行各业中,最容易被侵犯个人信息的群体,而且文化产业从业者受到个人信息侵犯时,被侵犯的个人信息种类也会更多,后果也会更加严重——除了常见的姓名、身份证号、电话、邮箱、健康信息侵犯外,运动员还有可能会被侵犯生物识别信息,演艺工作者,特别是演员、歌手等,还有可能会被侵犯行踪信息。

因此,在日后从业的过程中,一旦你的个人信息遭到侵犯,千万不要像以往被泄露航班机次、酒店房间的同行们那样犹豫踟蹰,请立刻拿起法律的武器保护自己,别忘了,这是《民法典》赋予你的不可剥夺的权利!

信条九 · 不要害怕"对簿公堂"

如果在从业的过程中,你的合法利益遭受了合作方的侵犯,不要犹豫,直接用诉讼或仲裁处理问题!有一些文体产业新人会慑于各种原因,包括但不限于畏惧合作方的律师、害怕遭人议论、害怕在业界产生"不好的影响"等,不愿与合作方对簿公堂,宁可选择忍气吞声,任由自己的利益被对方戕害。这种想法是完全错误的,毕竟,"打官司不一定会赢",但"不打官司一定会输",你的忍气吞声,不但会导致自己的利益被侵害,如果所有人都在利益遭受侵害时忍气吞声,甚至还会导致业界的风气进一步变坏，让无良的合作方越来越有恃无恐，这无论是对你本人，还是对其他志在在文体产业从业者，都是最坏的结果。

信条十·公平公开公正地进行合作，以诚待人

任何一位文体产业从业者，想必都是为了在未来的从业生涯中不被合作方"算计"，才捧起本书的，这一点我当然理解。但是在不被别人算计的同时，我也建议你，开诚布公地与对方进行合作，保障自己的合法利益不被侵害即可，而不要尝试去算计对方，这不仅仅是出于"己所不欲，勿施于人"的古训，更重要的是，身单力薄的文体产业新人想要算计有多个法律、财会专业团队支持的合作企业，在技术上是一件太过困难的事。当你想要算计对方、从对方那里攫取本不应当由你享有的利益时，结果要么是落入了对方一开始就设置好的陷阱中，"赔了夫人又折兵"，要么遭到合作方全力的反击，最终影响到你在业内的声名，对此，笔者的建议永远都是一条：公平公开公正地进行合作，以诚待人，人必以诚而待我！

第 二 章

《民法典》视域下的合同基本知识和通用条款

在了解了《民法典》对整个文体产业从业的影响,以及那些即使不谙熟法律知识也务必牢记在心的文体产业从业基本信条后,我们可以开始学习本书的核心内容——合同及其审核、修改。

我们在中学学习哲学知识时都曾学过普遍性和特殊性的规律,合同也不例外。合同服务于业务,当然可能因为所涉及的业务的不同存在区别,即合同的"特殊性",但是,这不意味着不同业务中的合同不存在共性的东西——无论是存在于什么业务中的合同,其都拥有着整体上相同的架构,甚至是诸多可以通用的具体合同条款,即合同的"普遍性"。在本章节中,我们将首先学习这些本书所涉及的所有类型的合同的"普遍性"之处,而针对那些"特殊性"的规定,我们将根据业务的不同,放在本章之后的十个章节中分别学习和了解。需要注意的是,即使是相同或相似的合同条款,在不同类型的业务合同中得到当事方关注的程度也可能是不同的,因此在不同的业务合同中,某一特定的合同条款出现的先后顺序也可能不尽相同,笔者将根据个人在业务中形成的习惯对不同的合同条款进行前后的排列。

一、什么是合同

什么是合同?根据《民法典》第 464 条规定,所谓合同,指的是"设立、变更、终止民事法律关系的协议"。对于一般人来说,这寥寥几个字似乎太过难以理解——何为"民事法律关系","协议"和"合同"又有何区别?为了便于各位读者对"合同"这一概念的理解,笔者尝试用更加通俗易懂的语言,来解释什么是"合同"。请各位法学同仁注意,本书中对"合同"的解读为比喻式的解读,仅仅是对本书所涉的九种特殊合同共性的总结,且"口语化"色彩浓厚,绝非严格的法学学理中对"合同"详细、系统的解释,还望各位法学界同仁理解并见谅。

在生活中,你产生了一项需求,你希望自己可以得到一样"东西",这个东西可能是一种商品,也可能是一部作品,一项服务,甚至是一个机会,比如,你想租房子住,你想得到一台游戏机,你想赚钱。

经过研究后你发现,这项需求是不能靠你自己完成的(如果可以完成也就没有和他人订立合同的必要了),因为你没有房子(有房子也就遑论"租"给自己了),你自己也造不出游戏机,更遑论给自己印刷钞票"赚钱"了。

于是你希望通过舍去一些自己已有的"东西",去换得这项自己想要得到的"东西",你希望花钱去租房子,你希望花钱去买到一台游戏机,你希望卖出自己做的手工品来赚钱。

恰好,有另一个人或更多人有着和你彼此互补的想法——你想剪头发,他们恰恰会剪头发,而他们希望通过剪头发来赚钱;你想得到一台游戏机,他们恰恰就在生产游戏机,而且想把游戏机卖给你来赚钱;你想卖出自己做的手工品来赚钱,他们恰恰想购买你做的手工品……

于是你们彼此之间达成一致,"一手交钱一手交货",各自得到了自己想要的"东西",而这个多方当事人(这个"人"可不仅包括自然人,也包括企业、社团等)出于"各取所需"的达成的"一致",实际上就是广义的"合同"。你去便利店买饮料、你去电商网站网购、你买车票坐车回家……实际上都是你在和便利店、电商网站(或在此经营的卖方企业)、公交公司等订立合同。

你是否突然感觉"不对劲"——"合同难道不是需要签字的几张纸吗,我干上面这些事可没签过字啊!"这是理解的误区。你说的"合同",实际上是广义的合同中的一类——书面形式的合同(书面合同),即通过纸张等肉眼可见、可触的媒介订立的合同。书面合同只是把你和对方达成的一致以白纸黑字的形式记录了下来,本身并不影响"达成一致"的过程。实际上,当你去便利店买一瓶两块钱的纯净水时,你也可以要求和对方订立书面形式的合同,而非单纯口头订立合同了事,只不过你可能嫌麻烦不愿这么做罢了(可能还包括嫌贵,毕竟一瓶水只要两块,打印的合同一页就要一块钱)。

不过,虽然对于大多数的合同而言,书面形式并非必须,但是,在读罢了本书第一章的“信条四·签一份纸质合同,这很重要!”后,想必你已经了解了书面形式合同对于文体产业从业的重要性,在此笔者需要再次重申的是,本书所涉及的合同,无一例外,全部需要签署书面形式合同。

二、通用的合同条款

如上文所述,合同是多方出于“各取所需”的目的达成的“一致”,由于“需求”不尽相同,即合同相关方的权利义务不尽相同,合同的种类自然是分门别类,其中的具体内容可能五花八门,包括但不限于具体的文字表述、表达方式等都不尽相同,在此希望用几句话、几段话概括总结实属咬文嚼字式的卖弄,不但不利于我们在接下来的十个章节内以“具体问题,具体分析,具体表达”的方式所进行的学习,或抽象或具体的各种概念甚至还会影响你对具体合同的理解,因此,我们不在此做那些一概而论式的论述,而把不同业务中的主要业务合同的特殊合同条款,放在随后的十个章节中学习。在本章节中,我们只学习本书所述的任何合同中都应当设置的、通用的合同条款,而在随后的十个章节中,除了违约条款会因为业务的不同而需要设置不同的规定,需要我们相应进行解释外(但对于本章已经讲述的通用知识,我们亦不再赘述),我们不再对这些通用条款的基础知识、定义概念等再做另行说明。

这些通用的合同条款包括:当事人信息条款;独家合作/非独家合作条款;费用条款;通用的承诺条款;保密条款和反商业贿赂条款;合同的转让、变更及解除条款;违约条款;不可抗力条款;争议解决条款;合同生效条款。

(一)当事人信息条款

1. 对方是谁?

《民法典》第470条第1款中规定,合同应当规定“当事人的姓名或者名称和住所”,即合同需要写明到底是谁和谁签署的。显然,没有合同当事人即合同签署者,则合同既没有存在的现实基础,也没有存在的意义。而既然各当事人要缔结合同,当然得说明,当事人,特别是对方(你当然知道自己是谁)到底是谁。

当你和自然人签约时,搞清楚对方是谁很容易,只需要查看对方的身份证或护照即可;但问题在于,至少本书中提到的大多数业务及其业务合同,你都需要和非自然人——无论是企业、社会团体还是其他组织——签约,而搞清楚非自然人的对方是谁恐怕没那么容易,因为该合同当事方作为民事法律主体所登记的名字,和该合同当事方“声名在外”的称号,可能不是一回事,对于文体产业企业,特别是与互联网相关的文体产业企业而言更是如此。

比如,你是一名体育爱好者,很喜欢看 CBA 联赛,也听说过 CBA 联赛是由“CBA 公司”运营的;或者,你是一名短视频爱好者,很喜欢在“哔哩哔哩”或“抖音”上“刷视频”。那么,当你有机会与“CBA 公司”、“哔哩哔哩”或“抖音”签约的时候,你认为,在当事人信息条款中,这些合同对方的名称(及相应的盖章)应该是什么?是“CBA 公司”、“哔哩哔哩公司”或“抖音公司”吗?

当然不是,所谓的“CBA 公司”,实际上名称为“中篮联(北京)体育有限公司”,而“哔哩哔哩”和“抖音”自然也不是“哔哩哔哩公司”或“抖音公司”的产品,如果你浏览这两个网站,将其网站首页拉到最下端,你就可以看到其具体的运营公司:“哔哩哔哩”的运营公司是上海宽娱数码科技有限公司,而“抖音”的运营公司是北京微播视界科技有限公司。当你需要签约的时候,对方的署名应当是这两个公司,而不是“哔哩哔哩公司”或“抖音公司”。

当你需要查证企业、社会团体及其他组织的正确名称时,你可要求对方向你提供营业执照,营业执照上记录的名称即为其正确名称,即对方“究竟是谁”。

2. 需要登记什么信息?

《民法典》关于合同应当规定“当事人的姓名或者名称和住所”的内容有些简略,在现实生活中,仅仅写明姓名/名称和住所,远远无法满足各方的实际需要,最简单的例子,如果对方是外国人或定居在外国,你想联系对方,难道还要漂洋过海跑去对方在国外的住所吗?

所以,在当事人信息条款中需要登记的信息,不应是简单的“当事人的姓名或者名称和住所”,而应当是更加完整、系统的“当事人信息”,除了姓名和住所外,还包括但不限于:(1)如果合同当事人是个人的(也就是大多数情况下的本书读者你本人了),还应在合同中写明正在使用中的联系方式(包括但不限于手机号、电子邮箱等),如果经常收发邮件、快递的通信地址①和住所不一致的,还应填写。如果根据现行法律法规规定,当事人有提供身份证号等隐私信息的必要的(如当你签订《劳动合同》时,出于为你缴纳社会保险的现实需要,用人单位可以索要你的身份证号),你还可能需要提供身份证复印件等个人秘密信息②。(2)如果合同当事人是公司或其他社会组织的(绝大多数情况下你面对的"对方"),除了名称和住所外,还应在合同中写明法人代表姓名、正在使用中的通信地址和联系方式、授权代表人姓名(该授权代表人还要提供身份证、授权书等供你查验)、对方的统一社会信用代码,并提供对方的营业执照复印件。

对了,别忘了"信条五·防君子而不防小人的合同"!即使对方登记再详细的信息,这些信息也完全可能是捏造或盗用的,请务必打官方电话或发邮件核实,和你谈判、签约的个人身份是否真实,是否获得了你欲合作方授予的必要的代理权。

(二)独家合作/非独家合作条款

所谓独家合作条款,指的是对合同各方中的一合同当事方对另一合同当事方,就某一项或几项合同中规定的合作内容,仅有权与该合同当事方合作,而不得与除此之外的任何合同外第三方合作,并不得与该等合同外第三方缔结与本合同相同或相似的条款的规定。除了法律法规规定的必须独家合作的情形外(如劳动者仅有权在同一时间与一家用人单位订立《劳动合同》等),独家合作条款必须得明文规定在合同中才能生效。

如果合同中没有对独家合作条款的规定,那么除非法律另有规定,否则,正常情况下会默认合同各方为非独家合作关系,即双方缔结的合同中隐含了非独家合作条款。所谓非独家合作条款,当然指的是与独家合作条款相反的规定,

---

① 根据《民法典》第25条的规定:"自然人以户籍登记或者其他有效身份登记记载的居所为住所;经常居所与住所不一致的,经常居所视为住所。"第63条规定:"法人以其主要办事机构所在地为住所。依法需要办理法人登记的,应当将主要办事机构所在地登记为住所。"但在现实生活中,很多自然人的住所并不一定是其收发邮件、快递,并与合作方进行联系的"通信地址",很多自然人多以工作单位住所作为自己的通信地址,因此,请你注意,如果在现实生活中,你的通信地址与住所不一致的,则你在签署合同时,一般只填写通信地址即可,无须再填写住所。此外,当对方填写住所(法人的住所一般与通信地址一致)时,你应当要求对方填写精确至门牌号的地址,切莫只填写路口、方位等大而泛的地址。

② 请注意,当你必须要提供身份证复印件时,请务必在复印件上手写加注一句大大的"本复印件仅用于签署某某合同用",避免对方(或更大可能,对方旗下某些居心不良的员工)将你的身份证复印件另作他用。

即对于合同中规定的任何一项合作内容，合同任意一方都有权在与对方合作的情况下，与其他合同外第三方合作，并缔结与本合同相同或相似的条款。

举个例子，如果你和一家饭店签订了一份午饭供餐合同，合同中规定，在合同期限内，你只能从该饭店购买午饭，而不许从其他任何饭店、超市、便利店、外卖软件、小卖部等购买午饭，那么关于你“合同期限内，只能从该饭店购买午饭，不许从别家买午饭”的规定，就是一条独家合作条款。但反之，如果合同中规定的内容是，你除了需要从该饭店购买一定数量的午饭，也可以去别家买午饭，那么该条款就是非独家合作条款。

一些特殊的法律法规或业务合同中存在最极端的独家合作条款，这被称为绝对独家合作条款，即同意对方为某一合作领域的独家合作者的合同当事方，不但不得就相关业务与合同外第三方合作，也不得自行开展此类业务。例如，将要在本书中多次出现的著作权的专有使用权，就是一项绝对独家合作条款。

独家合作条款还分为法定的独家合作条款和约定的独家合作条款，前者指的是，已经有法律法规规定，此类合作必须由合同各方或合同一方向另一方独家进行合作，例如在劳动合同中，无论你以何种职业与一公司缔结劳动合同并由其为你缴纳社保，你都不能与其他公司再缔结劳动合同并由该公司同时为你缴纳社保。而后者指的是，法律法规并没有相应的规定，但合同各方出于利益的平衡，同意就合同规定的全部或部分合作事项进行独家合作。

根据所依据的法律法规条款的不同，独家合作/非独家合作条款在不同的业务合同中可能有不同的名字，例如专有使用权条款/非专有使用权条款、专有出版权条款、竞品条款等。但无论其名字如何变化，你都需要注意，不要在没有保底收入的情况下，和对方签署含有独家合作条款，特别是绝对的、连自营业务都不允许的独家合作条款的合同。

（三）费用条款

至少在本书中，我们要学习的所有业务及其业务合同，都是需要谈钱的，自然会涉及合同一方向另一方付款的问题。无论你是收钱的一方（收款方，本书大多数业务及业务合同中，你的身份都是收款方），还是付钱的一方，你都需要注意以下与费用相关的问题：（1）“多少钱”，即与合同有关的费用总额是多少钱；（2）“何时付”，即与合同有关的费用，应何时全部支付给收款方；（3）“怎么付”，即与合同有关的费用，应以怎样的方式支付给收款方，这包括但不限于付款的频率(一次付清,还是分期付清?分期付清的话,分几期,每一期付款最迟应在哪一天支付等)、付款的方式(是现金付款、银行转账,还是使用在线支付工具)等。

在不同的业务合同中,费用条款可能会有其他更加具体的名字。例如,在一般根据《民法典》制定的合同中,其可能会被称为“酬劳条款”(大多数)、“付款条款”(一般见于承揽合同)或“佣金条款”(一般常见于经纪合同);而在《劳动合同》中,费用条款常被称为“工资条款”或“劳动报酬条款”。在很多合同中,费用条款可能会被置于很靠后的位置,不过这一点也不影响其重要性。

(四)通用承诺条款

《民法典》第7条规定:“民事主体从事民事活动,应当遵循诚信原则,秉持诚实,恪守承诺。”①合同是多方当事人出于“各取所需”达成的“一致”,为达成一致,关于具体怎样履行合同、签署合同时及履行合同过程中各方的身份、状态等,合同各方都需要向对方进行一些承诺,若不完成此类承诺,或此类承诺的内容是虚假的,那么相应的合同当事方应承担违约责任。这些承诺写入合同后,即为承诺条款。

承诺条款分为两类:通用的承诺条款和特殊的承诺条款,前者一般适用于任何形式的合同,即在任何产业、业务的合同(仍然需要注意,《劳动合同》除外)中,这些承诺都是任意一方当事人对对方通用的、必然的需求;而后者是由特殊产业、特定业务的当事人(且可能仅限于一方)对对方因产业、业务特殊性产生的独特需求。在本章节中,我们只学习通用的承诺条款,因为除了具有特殊性的劳动合同外,在本书所涉的其他九种合同中,你都会用到这些条款。针

① (本批注仅建议律师、法务、法律专业学生等系统学习过民法的专业法学学习者阅读,未系统学习过民法的文体产业从业者请忽略本条)请注意,《民法典》第7条中出现的“承诺”,应从《民法典》总则编中的诚实信用原则(而非《民法典》合同编针对合同的技术规定)出发进行解释,其应被解释为通俗的“承诺”,即“遵守诺言”,“对某项事务答应照办”[该释义来自中国社会科学院语言研究所词典编辑室编:《现代汉语词典》(第7版),商务印书馆2016年版,“承诺”词条],被答应照办的事务既可能被动来自别人的要求,也可能由应允者主动提出。不可将《民法典》第7条规定的“承诺”理解为《民法典》第479条规定的“承诺”(《民法典》第479条规定的“受要约人同意要约的意思表示”)。事实上,在现实生活中,《民法典》第7条规定的“承诺”,很可能是以要约的方式提出的。《中华人民共和国民法典总则编理解与适用(上)》中,采用了与笔者类似的解释,有关本条款的全部解读未提到合同法中与“要约”相对的“承诺”的概念,参见最高人民法院民法典贯彻实施工作领导小组编:《中华人民共和国民法典总则编理解与适用》(上),人民法院出版社2020年版,第63页。

对特殊的承诺条款,在相关业务有所涉猎的情况下,我们将在本章之后的章节中分别予以解释说明和学习。

通用承诺条款主要包括以下几方面内容。

1. 真实性承诺。即合同任何一方均应承诺,诚实地回答对方提出的所有问题,并保证自己向对方提交的所有材料均是真实、合法的,且没有隐瞒任何对各方达成合作不利的情况。

简言之,大家都应该说真话。

2. 合法性承诺。即合同任何一方均应承诺,在合同期间,各方应始终遵守《宪法》,坚持维护中华人民共和国的主权统一和领土完整;任何一方对合同的签署和履行,不会违反任何合同签订时已生效的法律法规的规定。该方在签订、履行合同的任何时间点或阶段,也不会有任何违反届时已生效的法律法规的违法行为,并尽力避免因本方消极行为和消极声名[包括但不限于犯罪、丑闻、(运动员或食品厂商)涉兴奋剂、越轨行为等]给对方造成不良影响;各方应取得为履行合同所必要的法定资质,且此类资质应在合同有效期内始终有效;各方为履行合同生产或提供的用于履行合同的商品应符合国家相应产品质量标准的要求。

简言之,大家都应该做守法公民/守法法人。

3. 权利完整性承诺。即合同任何一方均应承诺,其有权完全独立自主地签署并履行本合同,其对本合同的履行不受合同外任何第三方或任何本方在本合同签订前已经签署的法律文书的制约和限制。当事人任何一方为履行本合同所提交、使用的任何形式的智慧成果,不存在任何权利瑕疵(以知识产权瑕疵为甚),也不会侵犯任何合同外第三方的合法权利。

简言之,大家签这个合同,不应该伤害别人。

4. 权利限制承诺。即合同任何一方均应承诺,其通过合同相对方所获得的权利,仅限于合同规定,任何一方均未在合同规定及现行有效的法律法规规定外,向对方提出其他任何有关收入、权利、酬劳等的承诺或保证,或以合同相对方的名义向合同外第三方提出任何承诺或保证。

简言之,大家之间“你来我往”的范围,应该限于合同范围内,不要在合同之外闹出什么“幺蛾子”。

5. 有效的存续承诺。即合同任何一方均应承诺,作为合同当事方的自然人应身体健康，意识清楚，拥有完全的民事行为能力（本书涉及的合同都是如此）；作为合同当事方的企业应在签署合同时有效存续，股本结构真实，且履行了签署本合同必须的决议、程序等。

6. 以法律手段解决争议承诺。即合同任何一方均应承诺，当各方就合同产生争议和纠纷时，应以协商、调解、诉讼或仲裁等法律手段解决争议，而不应以在社交媒体上对对方发布消极评论、进行舆论压制等方式取而代之。请注意，这一条为可选条款，仅在你确定自己有为你服务的法律工作者，可以和对方以纯粹的法律手段“真刀真枪”地解决争议的情况下方可添加。如果你没有这样的“后援”，那么千万不要把“微博求助”这棵最后的“救命稻草”丢掉。

（五）保密条款

所谓保密条款，指的是对各方签署、履行合同的过程中乃至合同终止后，保密信息的接收者需要向保密信息的发布者/所有者履行就相关信息保密的义务，并在违反该义务的情况下，需要承担违约责任的规定。保密条款来自《民法典》第501条规定：“当事人在订立合同过程中知悉的商业秘密或者其他应当保密的信息，无论合同是否成立，不得泄露或者不正当地使用；泄露、不正当地使用该商业秘密或者信息，造成对方损失的，应当承担赔偿责任。”

无论你和对方就怎样的“所需”达成了一致，你都不会希望自己的“所需”莫名其妙地为公众所知。即使仅仅买了一瓶纯净水，被对方拿着大喇叭宣传“某某样貌的客人买了一瓶纯净水”，恐怕也是极其令人不快的，更遑论那些高额或直接关涉个人敏感信息的交易，因此，保密信息的存在就有了十足的必要。

保密条款一般由如下几部分构成：(1)保密方的基本保密义务；(2)保密义务承担人的范围；(3)保密信息范围；(4)及时归还或销毁、删除保密资料的要求；(5)保密条款的长期有效性；(6)保密条款的双务性。请注意，有的时候，保密条款会以单独的保密协议的形式存在（而不是作为主合同条款的一部分），但这不影响保密条款的本质，下述的内容也无一例外不可或缺。

1. 保密方的基本保密义务，即为了履行保密义务，各方最起码做些什么

正常情况下，合同任意一方均应确认并同意，应当对合同的内容、因履行合同或在合同期间接触或知悉的来自对方的保密信息予以保密。未经保密信息披露方的书面许可，不得为合同以外的任何其他目的自行使用、向他人披露或者允许他人使用该保密信息的全部或部分。

2. 保密义务承担人的范围,即谁应当承担合同规定的保密义务

本书的绝大多数读者都会以本人身份对外签署合同,所以很多人也会“理所应当”地认为,保密义务只及于本人,这是不对的,实际上,任何与你作为“一方”、曾经了解合同相关内容的个人,理论上都应承担保密义务(或者换个说法,你应当保证这些人承担保密义务)。前述的需要承担保密义务的个人,既包括曾经为你提供专业服务的中介服务人员,如律师、会计师等,也包括在谈判时可能被你拉来当后盾的七大姑八大姨(笔者在从业过程中经常碰到这种事,即使当事人本人早已成年甚至工作多年),对前者,只要其证照齐全且来自正规的律所、会计师事务所等,你就不用担心其保密工作做不到位,但针对后者,你可就要当心了——在现实生活中,不少泄密事件,实际上都是在当事人眼中和自己绝对属于一方的“七大姑八大姨”们导致。因此,请非专业的自家亲戚给自己当谈判伙伴等未尝不可,但切记,你一定要督促其履行保密义务。

如果你成立了公司,并以公司的名义订立合同的话,那么保密义务承担人的范围会进一步扩大,所有参与合同履行相关的员工,都需要承担保密义务。在此,需要注意的是,你应当仅向确有知悉必要的员工披露对方提供的保密资料,但同时须指示员工遵守合同规定的保密义务。当然,这一要求对于对方来说,也是一样的,例如,当你和对方签署广告代言合同时,对方可以让其法务和财会等人员了解合同内容,但不能把这份合同的细节甩给自己的程序员或推销员。

此外还需要注意的是,保密条款是一条各方均应履行的条款,哪怕一方当事人在履行合同的过程中未从对方处获得任何保密信息,其至少也需要对合同内容进行保密,绝不存在所谓一份合同中只有一方当事人需要承担保密义务的情况。虽然在那些不了解“信条一·‘文体产业的寒冬’≠‘自我保护的寒冬’”的当事人签订的合同中,这种只有一方需要承担保密义务的情况非常常见,当然,这些不了解信条一的当事人无一例外,都成了唯一的保密义务承担人。

3. 保密信息范围,即各方应针对哪些信息等进行保密

正常情况下,任何一方为履行合同而提交给对方的,与本方事务、运作、活动、计划和决策等相关具有保密性质的信息、文件和资料,包括个人信息在内,都属于保密信息的范畴。请注意,保密信息一定是为了履行合同,且在履行合

同时确有必要提供的情况下,才可向对方提供的,千万不要认为“只要对方要信息我就得给”。

此外,对文体产业从业者,特别是创意工作者而言,尤其需要关注的是未采纳作品,即所谓“废稿”的保密问题。

所谓“废稿”,指的是创意工作者曾经在协商合作的过程中提供给合作方,但合作方最终没有采纳的各种作品,因为相关稿件被合作方视为“作废”,所以又被称为“废稿”。(实际上这是一个很不尊重创作方的概念,没有被采用就没有被采用,其原因很可能只是编辑的个人品位问题,为何稿件就被“废”了?)在现实生活中,恰恰是这个所谓的“废”字,真真正正地妨碍了不少创意工作者。创意工作者往往认为,因为稿件被“废”,所以被“废”的稿件就失去了存在的意义和价值,由此自然不会关注被“废”的稿件的保密问题,似乎无论“废稿”被别人拿走还是随意扔进垃圾箱都无所谓。

请注意,如果你真的因此“因人废稿”,可能会大大影响你的利益,别忘了,我们在“信条三 · 不要让任何人夺走你的作品”中早就说过,你创作的任何一部作品都有可能最终发光发亮,故将作品送给他人可谓极其不妥。可是,如果仅仅根据某位编辑等的一家之言将作品随意“废弃”,难道就妥了吗?要知道,在《星球大战:新希望》(1977 年上映的第一部《星球大战》)刚刚上映的时候,导演及总制片人乔治 · 卢卡斯恐怕想不到,自己为《星球大战》系列写的那薄薄几十页的前传故事,在几十年后会变成人气、票房、影响力都不输于最初三部曲的“前传三部曲”系列(《幽灵的威胁》、《克隆人的进攻》和《西斯的复仇》),可如果卢卡斯先生也像部分文体产业新人一样,因为编辑一句话,就认为自己辛苦创造的、没有被采用的作品是一部“废稿”,因此放弃了该作品的话,那我们还能看到和《星球大战》同样精彩的前传三部曲吗?

在此笔者再次重申一遍,任何你创作的作品,都是独一无二的,它们都可能像被埋在泥土里的金子一样,总有一天会发出自己应有的光芒!因此,从一开始,你就应该对它们进行无微不至的保护,这当然也包括保密方面的保护。在签署合同时,你应当明确告知对方,任何你向对方提交的作品,包括但不限于正传作品、故事大纲、角色形象设定集、你已经提交但合作方未采纳展示的作品等,都属于保密信息的范围,对方都需要对其承担保密责任!

有问必答

举报合作方的违法犯罪行为，是否意味着我违反了保密义务?

在现实生活中，有包括文体产业从业者在内的很多人都向笔者咨询过这样一个问题："我之前因为某合同与对方签署了保密条款，但后来我发现，合作方有违法犯罪的行为(包括但不限于造假、偷税漏税、不给签订了《劳动合同》的员工交社保等)，我想向有关部门举报，但这会不会导致我违反保密条款的规定，需要承担法律责任?"

当然不会！保密条款保护的，只可能是合法的信息、材料等，而违法犯罪的事实在任何情况下都不可能是合法的、需要被保守的秘密，因此，如果你发现合作方有任何违法犯罪的行为，不要顾虑合作方有关你违反了"涉密要求"的威胁，放心大胆地向公检法或工商管理机关举报吧。

4. 及时归还或销毁、删除保密资料的要求

没人会无缘无故地交给他人自己的秘密，所有的保密信息，必然是为履行合同而提交给对方的，一旦合同有效期届满或终止，接收方自然无理由继续保留对方的各项秘密信息。因此，一旦合同有效届满或终止的，保密信息的接收方应当立即归还所有其控制或持有的、由对方提供的(或其根据对方信息制作生成)含有保密信息的资料，如果相关资料受制于其客观属性，无法归还或归还无意义的，则保密信息的接收方应当删除或销毁这些信息。

5. 保密时限，即保密义务履行方应在何时履行保密义务

与绝大多数合同义务不同，保密义务是一项长期有效的义务，除非合同另有规定，否则即使合同期限届满或终止，合同当事方在正常情况下，仍然要承担保密义务，直到保密的事项被公开为止。

你需要注意的就是这个"合同另有规定"，因为《民法典》本身对保密时限的时长是没有明确规定的。《民法典》第 509 条规定，"当事人应当遵循诚信原则，根据合同的性质、目的和交易习惯履行通知、协助、保密等义务"；第 558 条亦规定，"债权债务终止后，当事人应当遵循诚信等原则，根据交易习惯履行通知、协助、保密、旧物回收等义务"。这些条款均没有对保密时限时长(或最低时长)具体的要求，因此，合同当事方可以对具体的保密时限进行约定。有的合同当事方正是利用了这一点，在合同中设置较短的保密时限(最常见的是

以合同有效期为限），来减少甚至直接规避本方应当履行的保密责任。而在本书所述的业务合同中，你都是合同中更需要对方来保护你的秘密的一方，而不是需要保护对方秘密的一方，或至少，你应当承当的保密义务不少于对方，所以针对保密时限，你务必要在合同中明确，各方应承担的保密义务不受合同届满、提前终止或本合同中其他条款的无效或履行完毕等情形的影响。

（六）反商业贿赂条款

反商业贿赂条款，指的是对合同各方在签署及履行合同过程中应遵守法律法规和合同规定，不在合同规定的利益之外，私下向对方特别是对方的员工、授权人等输送不正当利益的规定。理论上来说，反商业贿赂条款应当属于通用承诺条款中的合法性承诺条款的一部分，不过在现实生活中，由于不少人将“贿赂”的理解局限于针对国家工作人员的贿赂，不知晓或者忽视了针对非国家工作人员的贿赂也是《刑法》明确规定的犯罪行为，所以很多企业特别是大型企业，会在合法性承诺外，额外通过反商业贿赂条款向对方强调，不要搞“暗地里的交易”的重要性。

针对反商业贿赂条款，你需要注意的是，只要你不是“孑然一人”，那么，无论你是通过自己创办的公司，还是通过经纪人、律师等代理人签署合同，反商业贿赂都应当是合同各方均应承担的义务，对方也要承诺，不会通过私下贿赂你公司的员工或你的代理人来达成签约及合作的目的，而不应规定仅有你须承担反商业贿赂义务。当然，如果你真的是“孑然一人”，在整个合同的签署、履行都是你一人独立操办的情况下，合同中要求只有你来承担反商业贿赂业务也没什么不可，毕竟，如果干活收钱都是你一人负责，要对方或法院来区分哪些钱是正常给你的交易款，哪些是对你不正当的“贿赂”，那也实在太强人所难了。

（七）知识产权条款

所有与你自己所有的著作权相关的业务中——本书除了“劳动”一章中存在例外情况外，其他各项业务均是如此——都需要设置知识产权条款。实务中，大多数的合同会将知识产权条款放在较为靠后的位置，但这一点也不影响知识产权条款的重要性，为了避免自己的作品因为一份合同变成他人的囊中之物，你应该非常谨慎地研究知识产权条款，如果合同中没有知识产权条款，你应当要求对方在合同中增加知识产权条款。由于文体产业从业者签署的大部分业务合同(包括本书讨论的全部业务合同)中,仅会涉及著作权这一类知识产权,所以有的合同中,知识产权条款也会被称为“著作权条款”。

一般的知识产权条款主要需要关注三部分内容:知识产权所属、严格(甚至严苛都不为过)限制知识产权转许可及知识产权的出质限制。

1. 知识产权所属

所谓知识产权所属,指的是与各方合作相关的知识产权,归属于哪一方的问题。任何人都不愿仅仅因为签了一份合同、收取了微薄的酬劳,就导致自己辛辛苦苦创作的智慧成果(主要指《著作权法》中规定的作品,也可能包括《商标法》规定的商标、《专利法》规定的专利等,本书中如无特殊说明仅指作品)变成别人的东西。虽然在现实中,由于竞争的日益透明化以及被曝光时的不利后果,合作方主动伸手“抢夺”属于你的智慧成果的知识产权的情况并不多见,但这还不足以保证,你所有的合作方,都不会对你作品的知识产权动歪脑筋。为了避免自己的作品不明所以地变成他人的,你一定要在本书所涉的所有业务合同中,都保证有如下的条款存在:(1)所有由你创作的智慧成果的知识产权都应当归你所有;(2)无论如何,你签署的、本书提及的各类合同中,涉及知识产权的段落里,绝不能出现“转让”二字(除非对方把自己的作品著作权转让给你,不过现实中应该没这样的“菩萨”),除《劳动合同》中的职务作品外,也不得出现任何你创作的智慧成果的知识产权归对方所有,或由各方共有等的规定!

除此之外,你还需要警惕某些居心不良的合作方骗子式的说辞。在现实中,笔者曾经见过如下的情况——被许可方告诉文体产业从业者:“我给你钱了,这钱就是用来买你的作品的,所以你的作品应该归我。”不少文体产业从业者对此信以为真,仅收取了微薄的酬劳,就转让了自己创作的智慧成果的相关知识产权。

这样的说辞是完全站不住脚的,如果你感觉知识产权理论对你而言过于高深,那不妨先换个角度思考下——很多人都租过房子,难道租房子的人可以告诉房东:“我给了你钱了,所以你的房子归我了”?正如租房价格和买房价格的“天差地别”,对于一项智慧成果而言,进行知识产权许可(还是限时)可获得的酬劳,和进行知识产权转让可获得的酬劳,其价格是完全不同的,绝不存在“因为我给了钱,所以作品就是我的”的说法。

2. 严禁对方超许可范围行使权利

相对于“强取豪夺”或“骗取”归你所有的知识产权,某些抱有不良居心的合作方更喜欢通过设置合同陷阱,从你这里获得与各方合作无关的权利的许可,来侵夺你的合法权益。因此,除了知识产权所属条款之外,你还应当严格禁止对方对你创作的智慧成果,在你的许可范围之外,行使其他任何你并未许可其使用的权利,特别是要拒绝对方从你这里获得与各方合作无关的权利的要求。

例如,如果你同意一家网站及其经营者,在其网站上展示你创作的作品,那么你只需要许可其使用你作品的信息网络传播权即可,最多再加一项复制权(而且要严格限制使用该权利的目的和方式),除此以外,其他作品的著作权,包括但不限于广播权、改编权、翻译权、汇编权,是绝对不可许可对方使用的。在此情况下,你就要注意,对方是否想从你这里“骗”到权利,如其是否在合同中要求你除了信息网络传播权、复制权外,同时许可其使用作品的广播权、改编权、翻译权、汇编权等。如果有的话,你应一概予以拒绝。

此外,你还应拒绝合作方可以不经你书面同意,将你许可其使用的权利许可给任何合同外第三方使用的要求。你之所以需要这么做,原因在于:(1)如果合作方可以不受限制进行转许可,你可获得的利益将可能减少。例如,如果合作方以免费行使进行转许可,那么其他本来希望通过向你支付费用、从你这获得许可的合同外第三方,将不会联系你,而是会联系合作方,你将失去本来可以获得的收入。(2)针对合作方,你根据本书的内容,进行过必要的风险调查,合作方可能给你带来的风险基本上是可控的,但如果合作方可以不受限制进行转许可,那你将完全无法控制自己作品的流向,甚至有朝一日,你可能会在违法违规的网站上看到自己的作品。

3. 禁止出质

当然,作为作品的权利人,你也需要向对方承诺,为保障对方合法利益不受侵害,未经对方书面许可,你不得将作品著作权等知识产权进行出质。此处禁止出质的,仅限于著作权等权利,如果你在创作作品时,对一部作品同时有手稿和电子稿,那么将手稿及其所有权进行出质的,则不受此限(前提是不违反保密义务)。

(八)合同的限制转让条款、合法变更及解除条款

正常情况下,只要合同各方达成合意,确定了对方是自己的“天合之选”,那么必然都会希望对方将合同履行至终,而不是任由对方随意把合同甩给他人,为了达成这一要求,合同的限制转让条款就变得非常重要。该条款的内容很简单,即未经合同各方协商一致并书面同意,任何一方不得将合同的权利或义务全部或部分转移给第三人。

当然,俗话说,“强扭的瓜不甜”,如果履行合同的现实基础已经不复存在,那么继续苦等对方履约实际上无异于镜花水月,除了耗费更多自己的时间精力外绝无意义,在此情况下,要么应允许各方协商变更及解除合同,要么应允许合同履行过程中的无过错方单方解除合同(并追究下文的违约责任),此即合法变更及解除合同条款。一般来说,合同履行过程中发生下列情形之一的,无过错方就可以单方解除合同(第 2 ~ 5 项同时也构成下文所述的“严重违约”):(1)因不可抗力致使不能实现合同的目的;(2)在履行期限届满之前,一方明确表示或者以自己的行为表明不履行主要债务;(3)一方迟延履行主要义务,经催告后在合理期限内仍未履行;(4)一方迟延履行义务或者有其他违约行为致使不能实现合同目的;(5)作为法人及其他组织的一方停业或破产清算解散的;(6)作为法人及其他组织的一方控制权发生变更的;(7)法律规定或合同约定的其他情形。

(九)违约条款

终于到了合同中最让人难以“启齿”的条款了。所谓违约条款,又称违约责任条款,顾名思义,指的是对合同任何一方,如果违反了合同规定后,应如何对其进行“处置”,要求其如何承担违约造成的责任的规定。《民法典》第 577 条规定:“当事人一方不履行合同义务或者履行合同义务不符合约定的,应当承担继续履行、采取补救措施或者赔偿损失等违约责任。”其中规定的继续履行、采取补救措施或者赔偿损失,即为违约责任,也即为对违约方的处置方式。

如果说之前所有的条款,都是要求合同各方彼此以君子相待的话,那么违约条款就是在要求各方提前撕破脸皮,互相剑拔弩张地提前把对方当小人了。对于违约条款,你并不需要感到难堪,并因此回避对其应有的讨论、修改,相反,你应当主动、积极地对违约条款的设置、修改提出自己的意见。

从写法上区分，违约条款一般有两种，一种为概括式违约条款，内容较为简单，主要规定合同签订后，任何一方不履行或不完全履行合同约定条款的，即构成违约。任何一方违约时，守约方有权要求违约方继续履行本合同，也有权要求违约方支付违约金，至多会加上违约金的具体范围。这样的违约条款，实际上与《民法典》第577条无大的区别，如果你碰到的违约条款是这样的写法，那么，只要其是同时针对合同各方设置的，你就没必要对其进行修改，甚至都不需要进行过多的关注——省点精力，用来以后打官司吧。

但碰到第二种写法的违约条款，你可就要把审查概括式写法的违约条款时放下的心，重新悬起来了，这就是列举式违约条款。列举式违约条款的内容要比概括式违约条款复杂得多，通常由两部分构成，第一部分是列举违约行为，即规定对于合同一方而言，其从事了什么样的行为，会构成对对方的违约；第二部分则是违约责任，即当违约一方从事了某些违约行为时，应该承担怎样的责任。在现实生活，特别是文体产业所涉合同中，列举式违约条款的出现频率要比概括式违约条款的出现频率高得多，因此无论是在本章还是其后的十个章节中，我们对违约条款的学习都将以列举式违约条款为基础展开。

1. 违约行为的列举

无论是你还是你的欲合作者，谁都不是"圣人"，谁都有可能有意无意地不按具体的合同条款的规定履行合同，从而导致违约，而违约行为的列举，正是为了将合同各方可能出现的违约行为加以统筹、列明，并设置不同的违约责任，以免相应行为出现时手足无措。

你可能会疑惑："《民法典》已经规定了，不履行合同义务或者履行合同义务不符合约定的行为，都是违约行为，那既然前述行为都是违约行为，为什么还要这么麻烦地列举呢，按照《民法典》规定该赔偿赔偿，该继续履行继续履行，不好吗？"

对于这个问题，我们不妨再回到之前举过的纯净水的例子，假设你向三家超市购买纯净水，并分别和各家超市订立了纯净水交易合同，那正常情况下，你的律师在撰写这份纯净水买卖合同时，都会要求对方：

（1）保证纯净水的质量符合国家有关纯净水的质量标准；

（2）保证纯净水为国家或国际知名品牌，如限定纯净水品牌为可口可乐公司旗下的"冰露"；

(3)保证纯净水外包装完整。

结果,等你拿到纯净水的时候,你却发现,三家超市买给你的纯净水存在以下问题:

(1)第一家超市卖给你的纯净水的瓶子似乎被摔过,瓶身中央的腰封包装纸被搓破了一个角;

(2)第二家超市卖给你的水看起来完好无损,但你仔细观察发现,这家卖给你的纯净水根本就不是可口可乐公司旗下的"冰露",而是"可四可丘"公司旗下的"氷霸";

(3)而第三家超市卖给你的水不但根本没有密封,而且喝了一口后你才发现,瓶底有一只苍蝇。

显然,以上三家超市就纯净水交易合同的履行,都出现了违约行为,但想必你对三家超市的态度是不同的,对其处置也不尽相同:

对于第一家超市,你很可能翻翻白眼就算了,因为腰封包装纸就算破了个角,也不影响你对纯净水的正常饮用。

对第二家超市,你的态度恐怕就不会这么客气了,因为对方卖给你的纯净水根本就不是你想要的,这种事往小了说是标的错误,往大了说甚至构成欺诈,因此,当你买到"氷霸"的时候,你恐怕会立马找上门去,要求超市给你换一瓶你在合同中要求的"冰露",甚至还会要求对方赔偿你因此产生的损失,如为了换这瓶水额外支付的车费等。

而对第三家超市,你可能只会暴跳如雷了,因为瓶子没密封、水里有苍蝇的纯净水不但从根本上无法实现你购买纯净水的目的,那不小心喝进去的一口甚至还会对你的身体造成伤害。在此情况下,对方只是换一瓶水、赔偿你几块钱的车费既无法消减你的怒气,也不符合法律的规定,你势必会根据《消费者权益保护法》和《食品安全法》等法律的规定,向对方进一步主张惩罚性的赔偿。

所以,即使同为违约行为,违反不同的合同规定的违约行为,其可能产生的损害也是不尽相同的,因此,有必要对这些损害程度不尽相同的违约行为分别予以列举。解释,并根据损害程度,要求违约方承担不同的违约责任。

实务中,我们一般以违约恶性程度以及其造成的损害的不同为依据,将违约行为分为两种,其中:

（1）违约主观恶性强，将从根本上导致守约方无法实现缔结合同的根本目的的违约行为，我们称为严重违约，一般来说，任何违反通用承诺条款的行为、违反保密条款的行为、违反反商业贿赂条款的行为、违反知识产权条款的行为，在违约的同时对守约方构成侵权的行为，以及上文提到的“在履行期限届满之前，一方明确表示或者以自己的行为表明不履行主要债务（特别是不付款）”的行为，“一方迟延履行主要义务，经催告后在合理期限内仍未履行（同样以不付款为典例）”的行为，“一方迟延履行义务或者有其他违约行为致使不能实现合同目的”的行为等达到一定次数时（该次数可以为一次也可以为多次），都属于严重违约。此外，根据业务的不同，每种业务合同中还会有因业务产生的特殊的严重违约行为，笔者会在相应的章节中对此进行列举。

（2）违约没有主观恶性或主观恶性不强，合同各方缔结合同的根本目的尚在，违约方可以在赔偿守约方损失后继续履行合同的违约行为，我们称为一般违约，一般违约最常见的情形莫过于迟延履行，即“没按时间办事”（特别是“没按时间给钱”）。请注意，如果一再迟延履行，那么一般违约完全有可能转变为严重违约。

2. 违约责任

在列举完具体的违约行为之后，列举式违约条款的第二个组成部分，则是对不同违约行为设置不同的违约责任。换言之，即从事了违约行为的违约方，应就不同的违约行为向守约方提供怎样的救济补偿手段。

根据《民法典》的规定，及实务中常见的操作，针对违约行为的救济和补偿手段，主要包括：

（1）解除合同；

（2）继续履行合同；

（3）赔偿损失与支付惩罚性违约金。

其中，第（1）项或第（2）项救济补偿手段均可以与第（3）项同时使用，但第（1）项和第（2）项处理手段不能同时使用。

（1）解除合同

解除合同是最为严厉的违约救济和补偿手段，若各方解除合同，不仅意味着各方目前的合作将戛然而止，还很可能意味着各方之后也不再有继续合作的可能。因此，对于解除合同这一手段的使用，应当慎之又慎。所以，一般只有严重违约出现时，守约方才可以解除合同。需要注意的是，如果出现合同约定的解除事由，但守约方并未行使解除权，则合同依然有效。守约方须遵循《民法典》第564条、第565条关于解除权行使期限、解除权行使程序的规定行使解除权，才能摆脱违约合同对本方的束缚，简言之，“法律不救懒人”！

(2)继续履行合同

对绝大多数人而言，即使一方出现了违约行为，只要这种违约行为不是如上文所述的那样“严重”，那么显然，即使是守约方，也还是会希望能继续履行合同的。故在某些不甚“严重”的违约行为发生时，如创意工作者出现了一次偶然的拖稿，或被许可方出现了一次偶然的拖欠酬劳，只要及时弥补，并正常履行合同，因违约产生的争端，就可以圆满得到解决。

但请注意，以继续履行合同的方式处理后果不严重的违约行为，并不意味着守约方应该放任此类违约行为继续发生，也不意味着违约方可以因此无视其违约给守约方造成的损失。因此，即使各方选择以继续履行合同的方式处理违约行为，守约方也有权同时要求违约方赔偿自己的损失，并支付违约金等。

(3)赔偿损失与支付惩罚性违约金

无论是解除合同，还是继续履行合同，守约方都可以要求违约方对自己赔偿损失或支付违约金。而在现实生活中，“赔偿损失”和“支付违约金”也是最容易迷惑文体产业新人的条款。赔偿损失可能好理解一些，其指的是违约方对其违约给守约方造成的损失的赔偿，但至于什么是“违约金”，可能连很多专业的法律学习者都说不清楚，在此我们援引最高人民法院的观点解释什么是“违约金”，“违约金”又包含什么。

根据最高人民法院的观点，“违约金”实际上包含两部分内容，分别为赔偿性违约金和惩罚性违约金，赔偿性违约金实质就是损失赔偿，不过是各方当事人将损失赔偿在合同中“预定”而已。而“惩罚性违约金才是真正的违约金”。[①] 所谓惩罚性违约金，指的是由于违约行为本身就是错的，作为对违约方的惩罚，违约方应当向守约方在损失赔偿之外，额外向守约方支付一笔违约金，以示对违约的惩罚。

① 最高人民法院民法典贯彻实施工作领导小组编：《中华人民共和国民法典合同编理解与适用》，人民法院出版社2020年版，第780页。

违约金具有以下的特点：

第一，除了极少的法定违约金外（本书均不涉及），违约金必须由合同各方在合同中约定后，守约方才能要求违约方支付，简言之，无约定则无违约金。但是，无论如何，违约发生时，违约方都必须要赔偿守约方的损失，无论合同中是否有约定。

第二，违约金虽然是针对赔偿损失而拟定的，但是违约金的金额不一定非得和实际的损失一模一样。《民法典》第 584 条规定："当事人一方不履行合同义务或者履行合同义务不符合约定，造成对方损失的，损失赔偿额应当相当于因违约所造成的损失，包括合同履行后可以获得的利益；但是，不得超过违约一方订立合同时预见到或者应当预见到的因违约可能造成的损失。"第 585 条第 2 款规定："约定的违约金低于造成的损失的，人民法院或者仲裁机构可以根据当事人的请求予以增加；约定的违约金过分高于造成的损失的，人民法院或者仲裁机构可以根据当事人的请求予以适当减少。"因此，违约金的金额可以高于实际损失。

对此，在 2021 年 4 月颁布并实施的《全国法院贯彻实施民法典工作会议纪要》（法〔2021〕94 号）中，最高人民法院明确指出，"违约金超过根据民法典第五百八十四条规定确定的损失的百分之三十的，一般可以认定为民法典第五百八十五条第二款规定的'过分高于造成的损失'"。简言之，惩罚性违约金一般可以达到损失额/赔偿性违约金的 30%。

第三，违约金的性质是"以补偿为主，以惩罚为辅"。① 只有在约定违约金高于实际损失的情况下，违约金才同时兼有赔偿和惩罚的双重功能，守约方才能向违约方主张超出实际损失的那一部分惩罚性违约金。而如果约定的违约金低于实际损失，那么守约方只能要求法院将违约金金额增加至和实际损失一致，而不能要求法院在实际损失额之外，再补给守约方一份额外的惩罚性违约金——这样的要求，实际上相当于在合同没有约定的情况下主张惩罚性违约金。因此，如果你希望获得惩罚性违约金，记得要把违约金金额定高一点（但不要超过规定的"畸高"上限），或者直接在合同中写明，违约方除了赔偿

---

① 最高人民法院民事审判第二庭编：《合同案件审判指导》（增订版），法律出版社 2018 年版，第 610 页。

守约方全部损失外，还应向守约方支付一定金额的惩罚性违约金。

针对违约金及相应条款，你需要注意如下几个问题：

第一，谨防只有针对你的违约金条款，没有针对对方的违约金条款。如果一份合同中只有你违约了，应该如何向合作方赔偿损失、支付违约金以及赔礼道歉的规定，全无任何该合作方违约了应如何向你承担责任的条款。这样的条款就是明显不公平的，可以将其直接删除，也可以增加针对对方的、有利于你的违约金条款。

有些情况下，居心不良的合作方可能不会明目张胆地在合同中"一股脑儿"地把支付违约金的责任全"推"给文体产业从业者，其有可能会写明一部分有利于文体产业从业者的违约金条款，不少文体产业从业者可能因此而大意，看到有利于自己的违约金条款，就不再对合同进行修改。在此可要注意了，有的恶意合作方正是在此设下了陷阱，他们自己需要支付违约金的情形，针对的是自己违反特殊承诺时的违约行为，而你需要支付违约金的情形，却同时包含你违反通用承诺、特殊承诺和保密义务等条款时的违约行为。想必回顾一下上文提到的知识，你就能立即觉察出问题来——"通用承诺和保密义务明明是合同各方都应承担的责任，凭什么只有我需要为违反该义务的违约支付违约金？"只要想明白这一点，就可以对相应的条款进行修改了，对此，只需要将条款修改为合同各方皆应对违反通用承诺和保密义务的违约责任支付违约金即可。

第二，谨防违约金过高，特别是谨防对方针对你设置过高的违约金。文体产业可能是存在设置了不合理违约金的合同数量最多的行业之一，那些合作标的没有多少钱，违约金却动辄达到标的的百分之几百的合同，大多数都出现在文体产业，而且这些高额违约金条款的受害者，绝大多数情况下都是被动签署合同的文体产业从业者，而非提供合同的合作企业。

在上文中我们已经说过，约定的违约金不应超过实际损失的130%。如果你在合同中发现，你需要针对自己的违约行为支付的违约金总数超过了实际损失的130%，或在损失赔偿之外，你需要额外承担的惩罚性违约金超过了损失赔偿值的30%的，都属于畸高的违约金，为了保护自身利益，避免哪怕仅仅是过失引起、损失轻微的违约导致的"倾家荡产"，你应当直接将其删除或修改相应的违约金金额，或者直接拒绝那些违约金金额高于损失额30%的合同！

> **有问必答**
>
> 法律法规明明已经对违约金的金额做出了限制，恶意合作方为何还敢有恃无恐地设置高额违约金？

你可能会疑惑，“既然司法解释已经对违约金的数量做出了限制，那为什么那些合作方还敢明目张胆地在合同中规定如此之高的违约金呢？难道这不和法律规定相冲突吗？”

这样的看法当然没问题——过高的违约金确实和最高人民法院的审判指导意见相冲突，但请注意，根据《民法典》第585条“约定的违约金过分高于造成的损失的，人民法院或者仲裁机构可以根据当事人的请求予以适当减少”。

有的恶意合作方之所以会在合同中规定如此之高的违约金，正是利用了文体产业从业者对“诉讼过程”和“请求”两点的不熟悉。此类恶意合作方笃定，文体产业从业者并没有专业的法务团队为其指点迷津，会因为畏惧高额的违约金以及额外的诉讼费而拒绝通过诉讼解决纠纷，直接“认栽”了事，而不会去主动参与诉讼并向人民法院请求减少畸高的违约金。因此，有些恶意合作方便“大大方方”将高额的违约金规定在合同中，用以“恐吓”文体产业从业者，并直接在协商、调解等过程中攫取数额巨大的利益，从而“能赚一笔是一笔，能吓一个是一个”。反之，如果文体产业从业者对违约金条款提出异议，合作方再调整违约金的金额也不“迟”，这种行为，可谓是灵活提高法律上的“边际收益”的“典范”了。

第三，对于损失赔偿的计算，应当以实际可能造成的损失为依据，而不是任由对方“乱定标准”。《民法典》第585条第1款规定：“当事人可以约定一方违约时应当根据违约情况向对方支付一定数额的违约金，也可以约定因违约产生的损失赔偿额的计算方法。”这使一些恶意合作方开始在“损失赔偿额的计算方法”上面做文章。现实中，如果文体产业从业者违反了合同规定，那么其当然应该向合作方支付损失赔偿和违约金，但这不意味着合作方就可以在该支付多少损失赔偿的问题上恣意妄为。

例如，有的企业会在《著作权许可使用合同》中规定：“若作者延迟交稿超过3天的，视为作者违约，作者应向被许可方进行损失赔偿，损失赔偿为作者自本合同签订之日起至违约之日从被许可方获得的全部收入总额，此外，作者还应当向被许可方支付相当于前述的损失赔偿额的30%的违约金。”这样的条款毫无疑问非常荒诞——仅仅三天延迟交稿，作者不但要自签约以来的所有劳动变成“白干”，还要再贴上三成的惩罚性违约金，可三天延迟交稿真的能给被许可方造成如此多的损失吗？

因此，对于损失赔偿额的计算，应当以实际可能造成的损失为依据，而不是任由合同的制定方（一般都是你的欲合作方）“信口开河”。

3. 违约行为和违约责任的结合

一般情况下，违约行为和违约责任应以如下方式结合，并设置相应的合同条款：

（1）当一方有严重违约行为时，守约方可以同时选择①解除合同、②要求对方赔偿自己的损失、③支付（惩罚性）违约金这三项中的一项或多项。若不选择解除合同的，则可以要求对方赔偿完本方的损失后，继续履行合同。

（2）当一方有延期违约行为，即未按合同规定的日期履约时，守约方可以要求对方继续履行合同，并要求对方按延迟履行的日数（延迟履行日数 = 实际履行日 - 约定履行日）向自己支付违约金。请注意，受限于损失数额及违约性质，按日支付的违约金的金额不能太高，参考最高人民法院案例，一般以合同标的的0.5‰为宜；如果其超过合同规定的日期一定期限后，仍然未履约的，则该延期违约转变为严重违约。

除了必要的严重违约和延期违约外，当然还应当参考概括式违约条款，设置一条兜底条款，即规定合同签订后，任何一方不履行或不完全履行合同约定条款的，即构成违约。任何一方违约时，守约方有权要求违约方继续履行本合同，也有权要求违约方支付违约金，从而为其他可能无法直接通过具体的描述得到展示的违约行为设置责任。请注意，除了最后一章的劳动合同外，本章之后连续九个章节的业务合同中，都需要设置兜底性质的违约条款。

（十）不可抗力条款

想必此次新冠肺炎疫情，已经让你充分领会到了“不可抗力”事件的威力——提前购买的快递无法送达，订好的年夜饭餐厅无法营业，旅游过程中火车、航班数次被取消（笔者正是航班数次被取消的受害者，以至于当时在日本待到了签证有效期的最后一天才回国）等。鉴于此，针对不可抗力条款这一疫情暴发前很容易被忽视的条款，在疫情发生后，你应当格外关注其在合同中发挥的作用，并仔细对其进行审核、修改等。

1. 不可抗力的概念范围

《民法典》第590条第1款规定："当事人一方因不可抗力不能履行合同的，根据不可抗力的影响，部分或者全部免除责任，但是法律另有规定的除外。因不可抗力不能履行合同的，应当及时通知对方，以减轻可能给对方造成的损失，并应当在合理期限内提供证明。"

关于何为"不可抗力"，《民法典》第180条第2款规定："不可抗力是不能预见、不能避免且不能克服的客观情况。"参考原建设部（工程建设乃是受不可抗力现象影响的高发区）颁布的一系列经营协议示范文本中有关不可抗力的解释，不可抗力具体包括：

"（1）雷电、地震、火山爆发、滑坡、水灾、暴雨、海啸、台风、龙卷风或旱灾；（2）流行病、瘟疫爆发；（3）战争行为、入侵、武装冲突或外敌行为、封锁或军事力量的使用，暴乱或恐怖行为；（4）全国性、地区性、城市性或行业性罢工。"①

在现实生活中，你需要避免的是，恶意合作方将本不属于不可抗力、且有利于其逃避责任的情形列入不可抗力中。《民法典》已经明确规定，只有"不可预见、不能避免且不可克服"三者均不可缺的客观情况，才能称为"不可抗力"，反之，不满足"三不"中的任何一项的情况，都不能称为不可抗力。

举个例子，送餐员在送餐的过程中，被突然冒出来的劫匪抢劫了，本来要送给你的外卖也被抢走了，那么，抢匪的突然抢劫对送餐员来说，确实是不可预见（谁会想到有歹徒放着值钱东西不抢只抢外卖呢？）、不能避免和不可克服的，所以对送餐员而言，抢匪的抢劫属于不可抗力。

可如果安防公司在押运钞票的过程中，被突然冒出来的劫匪抢劫了，钞票也被劫匪抢走了，那么，安防公司能说抢匪的抢劫对自己而言属于不可抗力吗？当然不能！否则银行请安防公司来是干什么的，怕押运路上钞票寂寞给钞票当陪聊吗？安防公司当然知道，自己之所以被花钱雇来押运钞票，就是为了防止针对钞票的各种犯罪事件得逞，所以也必然能预见到针对钞票的各种犯罪是可能发生的，也理应为此做过充足的准备，因此，对安防公司而言，抢匪

① 建设部《关于印发城镇供热、城市污水处理特许经营协议示范文本的通知》（建城〔2006〕126号）第11条。

的抢劫不属于不可抗力。

对你而言，你也要谨防像上文中那个“异想天开”的安防公司一样的恶意合作方，将其可以预见、可以避免、可以克服的情形列入不可抗力，并以此避免承担责任。根据笔者个人的经验，常见的并非不可抗力、却被恶意合作方拿来充当不可抗力的情形包括：

(1)电子格式文件出现泄露、丢失或损坏；

(2)该合作方的外包方非因不可抗力之原因，未能向该合作方及时或正常履行义务；

(3)某一员工出现疾病或意外；

(4)该合作方失去了域名、ICP 备案、商标、专利等重要知识产权，或微博、微信公众号等重要自媒体账号被封停的。

以上这些情形，都不属于不可预见、不可避免、不可克服的情形，当然不可以被归为不可抗力。

2. 不可因不可抗力免责的情形

《民法典》第 180 条第 1 款中规定：“因不可抗力不能履行民事义务的，不承担民事责任。”不可抗力对合同当事方最大的意义，莫过于因不可抗力无法履行合同义务的，无须承担以违约责任为代表的民事责任。但是你仍然需要注意，不是什么情况下，合同当事人都可以因为不可抗力而免责的，对此，《民法典》第 590 条已明确规定：“当事人一方因不可抗力不能履行合同的，根据不可抗力的影响，部分或者全部免除责任，但是法律另有规定的除外。因不可抗力不能履行合同的，应当及时通知对方，以减轻可能给对方造成的损失，并应当在合理期限内提供证明。当事人迟延履行后发生不可抗力的，不免除其违约责任。”这一规定说明：

(1)如果一方延迟履行合同，“拖”到不可抗力事件发生，那延迟履行合同的一方是不能免除相应的民事责任的；

(2)如果一方因不可抗力无法履行合同，其应当及时通知对方并减少给对方造成的损失，而不可“徐庶进曹营——一言不发”，如果因不可抗力无法履行合同的一方未及时通知对方，并因此扩大了给对方造成的损失，该当事方就扩大了的损失不得免除责任；

(3)此外，不可抗力事件的影响力消除后，若各方未在不可抗力事件存续期间解除合同的,各方当事人应立刻继续履行合同,如果在不可抗力事件结束后还迟迟未履行合同的,那未履行合同的行为会转变为真正的违约,此时可不要期待还可以不可抗力为由“逃脱”了。

3. 不可抗力≠不承担损失

千万不要误会了不可抗力条款的作用,不可抗力条款的作用仅在于限定“任何一方不因不可抗力事件的发生对对方承担责任”。可不是说,因为不可抗力发生,所以你因为不可抗力发生导致的全部损失,就由对方承担了,而你不用承担任何损失。如果合同各方因不可抗力发生导致损失的,法院可能会判决合同各方根据公平原则,平等承担损失。

在与此次新冠肺炎疫情非常相似的“非典”时期,就曾发生过这样一起案子:当事人白某英曾承包内蒙古土默特左旗政府所有的土左旗宾馆,在“非典”期间,该宾馆被土默特左旗卫生局公共卫生监督所通知停业,为此白某英共停业 3 个月。白某英遂提起诉讼,要求土默特左旗政府退还“非典”期间承包费 5 万元。对此请求,一审法院认为,“非典”属于不可抗力,基于公平原则,白某英所承包的宾馆因“非典”停业,对于“非典”造成的损失各方各承担 50%,因此,土默特左旗政府应返还白某英承包费 2.5 万元。最高人民法院在(2016)最高法民再 220 号白某英、土默特左旗人民政府合同纠纷再审民事判决书中肯定了前述判决,并指出“‘非典’期间的承包费 5 万元,一审法院根据公平原则判决各承担 50% 即 2.5 万元,‘非典’属不可抗力因素,原审根据公平原则判决并无不当”。

(十一)争议解决和管辖地条款

在本书将要提到的所有合同中,争议解决和管辖地条款常常出现在倒数第二条的位置,不过,如此靠后的位置可一点都不影响该条款的重要性。

争议解决和管辖地条款开头一般都是所谓的“客套话”,如“各方如遇争议,应友好协商解决”等,你大可不必放在心上,而真正意义重大的内容,则出现在“协商不成”之后,即如果合同各方产生争议,且争议又无法通过和平方式(如协商或调解)解决的,则各方应当在哪里利用法律手段解决争议,究竟是选择仲裁机构进行仲裁,还是将争议提交人民法院进行诉讼?

1. 管辖地——管辖条款的“命门”

无论是仲裁管辖条款还是诉讼管辖条款,针对管辖地的约定都是最为重要的内容之一。即如果出现争议,各方应当在哪里进行仲裁/诉讼。

众所周知,在自己住所地,等着对方上门来打官司并且不用忍受来回往返、长途奔波的困扰,绝对是争议发生后最"惬意"的事之一。但由于文体产业从业者特别是新人并不拥有强力的"议价权",因此,想在合同中约定各方之间的争议,由文体产业从业者住所地的某家仲裁机构或法院管辖,几乎是件不可能的事。事实上,恰恰相反,大多数欲合作方都会在合同中约定,一切争议均由该合作方住所地的某家仲裁机构或法院管辖。

面对这种情况,如果你无法选择自己住所地的仲裁机构/法院,那么,至少你应该设计一条较为中立的条款来"挽回"自己的权利,例如,选择原告方所在地或被告方所在地的法院,或位于当地的仲裁机构进行管辖。

2. 仲裁与诉讼,作何选择

在比较仲裁与诉讼哪个更适合文体产业从业者选择解决纠纷前,我们还得先说明到底什么是仲裁。粗略来看,你可以将仲裁视为一种特殊的诉讼,相对于一般人都能理解的"去法院打官司"的普通诉讼,仲裁具有以下特点:

(1)仲裁一裁终局,不得上诉;诉讼采用两审制,对一审结果不服的,可以向上一级法院上诉。对仲裁结果不服的,可以再向法院起诉。

(2)仲裁由仲裁员负责,仲裁员的来源包括在职律师、在职法律研究工作者、离岗法官等,而非像诉讼一样统一由经过公务员考试、选拔的法官负责。

(3)仲裁一般为不公开进行,仲裁结果也无须像判决书一样在最高人民法院"中国裁判文书网"上公开展示。

(4)仲裁必须在各方协商一致同意并签署仲裁协议的情况下进行。合同各方之间没签署"诉讼协议"或约定诉讼条款的,任何一方仍然可以就纠纷向法院提起诉讼,然而,没有仲裁协议的,任何一方不得向仲裁委员会提出仲裁。

至于在仲裁和诉讼之间如何选择的问题,笔者建议,除非你"家里有矿",否则,身单力薄的文体产业从业者,正常情况下都应选择诉讼,而不是仲裁,选择诉讼而不是仲裁的理由包括:

(1)费用较低。与仲裁费用相比,诉讼费用整体上还是比较低廉的。以一起十万元标的的案子为例,仅发起所需缴纳的费用,仲裁的总费用包括 4550

元的案件受理费和6000元的案件处理费，合计10550元[①]；而诉讼只需要缴纳2300元的受理费。

（2）诉讼为两审制，尚有挽回的余地。如果你选择仲裁，那么你就必须做好“一战定输赢”的准备，可如果仲裁开始时，囊中羞涩的你仍然雇不起好的律师的话，结果很可能就是“一败涂地”，但如果你选择了诉讼，那么即使一审败北，二审尚有挽回的空间和可能。

（3）仲裁对参与者的专业要求更高。诉讼并不是不对参与者的专业性做要求，但是，由于民事诉讼法“保障和便利当事人行使诉讼权利”的要求的客观存在，诉讼相对而言还是比较照顾“弱者”的，法官在审判过程中，一般都会耐心地询问、查证、调查案件的真相，哪怕是对法律一窍不通的当事人，都不会因为程序、技术上的不熟稔而吃下太大的苦果。此外，由于诉讼文书绝大多数都是公开、“挂网”的，文体产业从业者可以提前对与自己案件相似的案件进行学习，哪怕学不会其中的专业知识，至少也能有个心理准备。

但仲裁则不然。至少根据笔者的经验和教训，仲裁可谓是各方利用纯粹的法律知识、技术、能力进行鏖战的“修罗场”，想要在仲裁中获胜，相应地，当事方必须有极强的专业功底，而专业功底的差距甚至将导致弱势一方被强势一方“吊打”。实际上，哪怕是诉讼经验丰富的律师，因为不熟悉仲裁的相关流程和重点，吃亏的情况也比比皆是，更别说身单力薄的文体产业从业者。此外，由于仲裁采取非公开审理，文书亦不“挂网”，这导致文体产业从业者哪怕想提前学习一下，都会碰到“无迹可寻”的尴尬。

综上所述，除非你在签署合同前已经颇有积蓄，或者你虽无积蓄，但像特拉维斯·奈特（电影《变形金刚：大黄蜂》《久保与二弦琴》的导演，他的父亲正是耐克集团的创始人、身家近400亿美元的菲尔·奈特）一样身后有足够强大的家族为你撑腰，否则，笔者绝不建议你选择仲裁解决自己未来可能发生的纠纷。

（十二）其他条款

除了上述重要的通用条款外，本书所涉及的合同一般都会在结尾设置一

---

① 可使用中国国际经济贸易仲裁委员会官方提供的计算器计算：http://www.cietac.org.cn/index.php?m=Cost。

条“其他”条款，主要是对一些不便于归到其他条目中的条款进行汇总，这些条款主要包括：

1. 合同成立和生效条款，即对合同何时成立、生效的规定。根据《民法典》第 490 条规定：“当事人采用合同书形式订立合同的，自当事人均签名、盖章或者按指印时合同成立。在签名、盖章或者按指印之前，当事人一方已经履行主要义务，对方接受时，该合同成立。”另《民法典》第 502 条中规定：“依法成立的合同，自成立时生效。”本书所涉的合同，均采签字盖章或捺指印时成立、成立时生效原则，笔者不建议你签署任何附条件生效的合同。

2. 补充合同条款，即对各方签署的合同即主合同的任何修改和补充均应以补充合同的形式作出，由各方签署后生效。主合同的附件、补充合同与主合同具有同等法律效力。

3. 合同份数，即合同一式几份，各方各持几份，且每份合同具有相同的效力。

第二篇

演艺工作

自本篇开始,我们将进入文体产业中各项重要业务,即业务分则的学习。但是请不要忘了,即使我们之后学习的内容都属于"分则",你仍然需要将第一篇"业务总则"的内容牢记于心,可不要在学习具体业务时,"捡了西瓜丢了南瓜",忘了业务总则篇的内容,因为业务总则篇的内容也同样适用于各个分则篇章。

本书中第一个分则篇章,是演艺工作篇。所谓演艺工作,指的是文体产业从业者,通过对外提供个人的表演及与表演类似的活动,以及对个人肖像进行对外使用许可,来获得收入的一系列业务的总和。演艺工作除了包括耳熟能详的参加演出和影视制作外(由于两项业务具有诸多相似性,因此本书中将其合并为一章),还包括与之类似的两项业务——广告代言和直播,这两项业务同样需要文体产业从业者进行表演,以及提供必要的个人肖像使用许可等。

毫无疑问,演艺工作是一份需要"露脸"的工作,几乎所有的演艺工作都离不开肖像、姓名、声音等的人格权载体的许可使用,因此,与演艺工作最密切的法律法规,当然是《民法典》,特别是其中有关人格权的规定,而《著作权法》也将对部分演艺工作业务,特别是表演权及表演的作品相关的权利进行规定。除此之外,我国多项"经济公法"类的法律法规,包括但不限于《广告法》《电影产业促进法》《营业性演出管理条例》等,也对演艺工作设置了诸多监督性质的规定,你需要关注这些规定,合法合规地从事演艺工作。

演员(包括但不限于影视演员、曲艺演员、舞蹈演员)、歌手、直播主播等"娱乐圈人士"当然属于演艺工作者,而运动员也属于演艺工作者的范畴,毕竟体育竞技和文艺表演之间拥有诸多相似之处。因此,演员、歌手、直播主播、运动员当然需要阅读本篇三章中的内容。除此以外,并非上述的演艺工作者,但拥有本篇中涉及的业务的创意工作者,也应阅读本章中的内容。

第三章

广告代言

对于文体产业从业者而言，还有什么能比一纸代言合同更加省时省力地获得足够多的收益呢？相对于创作，广告代言几乎完全不用“费神”；相对于演艺活动，广告代言则几乎完全不用“费力”……更不用说，诸多娱乐圈人士想象中的“锦衣玉食”，很大程度上就是一系列广告代言业务在现实中的反映——镁光灯下，衣着时尚的明星们手执或倚靠各式各样的代言商品，说出精心设计的代言词，图像和视频通过镜头的捕捉和信号的传递，投射到家家户户大大小小的荧屏上……

你是否已经为这种光鲜亮丽的生活倾倒了？别急，无论一份多大金额的广告代言合同摆在你的面前，你第一时间需要做的，应当是保持一如既往的冷静，切莫因为这么大一个“天上的馅饼”而热血上头。

从本章开始，我们将进入全新的演艺工作篇，虽然广告代言不是演艺工作中最基础的业务（该业务为后一章的“参加演艺活动”），但由于广告代言业务完全无“门槛”的特性，以及演艺工作者参加任何演艺工作（包括广告代言业务本身）的过程中，都需要考虑之前签署的广告代言合同中的权利保留问题，所以，我们将在演艺工作篇的开篇讨论广告代言业务。

一、业务了解与风险防控

（一）什么是广告代言

对于这个问题，你大概会脱口而出：“不就是给人做广告嘛！”

恭喜你给出了正确的答案。“给人做广告”这种说法虽然粗略，但却极其恰当地反映了广告代言的本质。

在此基础上，如果我们非要纠结于用所谓的“法言法语”来解释什么是“广告代言”，那么“广告代言”大致可表述为“自然人、法人或者其他组织在广告中以自己的名义或者形象对商品、服务作推荐、证明”(《广告法》第 2 条第 5 款)的过程，这一概念至少具有如下特征：

1. 广告代言必须要展示广告代言人个人的名义或形象。简言之，你必须在广告中“亮相”，才具备成为广告代言人的基础。请注意，此处的“亮相”不仅仅指露脸，即使你身居幕后仅仅贡献了声音，只要广告中展示了你的姓名等信息(虽然现实生活中这样的广告极其罕见)，让大众知道了你是谁，那么你同样展示了个人的名义，是广告代言人。

反之，如果你套上头套穿上皮具扮演玩偶娃娃，或者身居幕后给台前的卡通人物配音，且整个广告中根本没有展示任何你本人身份属性的信息时，那么你都不是广告代言人，也没有进行广告代言。

2. 广告代言必须要广告代言人为商品作推荐、证明。广告法要求作为广告代言人的你，必须直接向“观众”推荐所代言的商品，或者虽然不是直接推荐，但需要展示出足够多的、足以让观众相信你信赖、使用并推荐所代言的商品的信息。

后者似乎难以理解，举个例子，几乎所有与运动产品相关的广告中，代言人都不会拿着球衣、球鞋告诉大家“我只穿某品牌”，但通过一系列身着运动服装、使用运动装备的镜头，大家都能理解他们是在用行动推荐这些商品及其品牌。

反之，如果你只是在广告中扮演了一个无足轻重、轻易无法被注意到的群众演员，观众从广告中根本看不出你和商品有什么联系，那显然你只是参加了下一章所述的演艺活动，和广告代言没有关系。

(二)我是否可以为任何商品进行广告代言

想赚大钱的心思谁都可以理解，但遗憾的是，并非所有的商品都被允许使用广告代言人。根据《广告法》的规定，以下商品被严格禁止使用广告代言人：

1. 医疗(服务)、药品、医疗器械(《广告法》第 16 条)；

2. 保健食品(《广告法》第 18 条)；

3. 麻醉药品、精神药品、医疗用毒性药品、放射性药品等特殊药品，药品类易制毒化学品等，连广告都被禁止（《广告法》第 15 条），更遑论使用广告代言人了。

避开烟草、涉毒药品、一般药品、医疗器械及服务等听起来就“有毒有害有副作用”或“有危险”的商品并不难，但保健食品却实实在在是商业代言中的“坑”。有一些种类的保健食品，与广告代言的“大户”普通食品看起来没有大的区别，这很容易导致被邀请成为广告代言人的娱乐圈人士们因此放松警惕。而很多保健食品生产商对于自己“不能使用广告代言人”的法律禁区，也远不像烟草、药品商那样绷着一根弦。正因如此，现实生活中保健食品违规使用广告代言人的违规现象才频频发生、屡禁不止。

为了避免这种违法风险的产生，在进行代言前，你一定要先认认真真看看要求你代言的商品的外包装，如果外包装上有图 3－1 的标识，那么不用想代言的事了，这就是被禁止使用广告代言人的保健食品。

图 3－1　我国保健食品标识

还应当注意的是，有“保健食品”标识的商品不得代言，并不是说没有该标识的商品就可以随便代言了，因为有的时候你甚至会碰到更危险的情况——一款商品其属性根据《食品安全法》等法律法规的规定明明应当属于保健食品，应当根据《食品安全法》的规定进行注册并进行“保健食品”标识标明，但其生产者违反了法律规定，没有进行注册和标明，而在该生产者的行为已经违法违规的情况下，如果你再为此商品进行代言，那你面对的风险要比给正常合法的保健食品进行代言大得多。事实上，正常、合法的保健食品生产厂家一般都很了解自己的法律义务，不会寻找广告代言人为自己代言，往往是那些游走在灰色甚至黑色地带的生产厂家，才会希望利用广告代言人的影响力，短时间“捞一笔”后销声匿迹，最后留下曝光在镁光灯下的广告代言人承担所有责任。

> **有问必答**
>
> 如何确定一种商品究竟是不是保健食品？

至于判断一种没有“保健食品”字号的商品究竟是不是保健食品，在实务中，这实际上是一个非深度涉猎食品行业的律师都难以搞清楚的问题，基本上每个案例都需要具体问题具体分析。但是，由于那些其商品有着保健食品实质作用的厂家，都很喜欢利用保健食品的一些特点、功能等进行宣传，因此你仍然有办法在现实生活中识破这些厂家的小伎俩。

2012 年时，原国家食品药品监督管理局曾发布了《关于印发抗氧化功能评价方法等 9 个保健功能评价方法的通知》（国食药监保化〔2012〕107 号），该通知囊括了保健食品中最常见的 9 种“保健功能”，分别是：

(1)抗氧化；

(2)对胃黏膜损伤有辅助保护功能；

(3)辅助降血糖；

(4)缓解视疲劳；

(5)改善缺铁性贫血；

(6)辅助降血脂；

(7)促进排铅；

(8)减肥；

(9)清咽。

在现实生活中，上文提到的那些“挂普通食品之名，行保健食品之实”的厂家，最喜欢的就是宣传自己的商品有如上九种功效之一（甚至多种功效），所以如果你发现被代言商品上虽然没有“保健食品”的标识，但却有上述九种功效之一乃至多种功效的宣传，那你还是尽早离这样的商品远一些为妙。

（三）排除了禁止使用广告代言人的商品，是否可以随便代言

看到这你大概会想：“原来如此，那我只要在生活中避开这些‘有毒有害’的商品，再额外留心下保健食品，别的产品就可以随便代言然后等着钞票滚滚而来了吧！”

很遗憾，这种想法虽然美好，但只能停留在想象中，因为除了禁止被使用广告代言人的商品外，《广告法》本身也对广告代言人设置了诸多的限制，而

这些限制又会反过来影响广告代言人可以代言的商品范围。

简言之,如果想代言一款产品,必须得使用过这款产品才能为其代言。至于什么是“使用”,怎样的次数及频率才能满足“使用”的条件等,《广告法》没有明确的规定和要求,实务中通常简单地表现为“从商品基本属性出发,用过就可以”。例如,针对食品,吃一口就完成了“使用”的义务;针对饮料,喝一口就完成了“使用”的义务;女明星们在做口红广告时,也只需要轻轻一抹,即可完成“使用”的义务。

请注意,那些非出于商品基本属性的使用,并不构成《广告法》上的使用。例如,相声表演艺术家马志明先生和黄族民先生在其表演的相声作品《核桃酥》中,曾经提到“用江米条当撬棍”的段子,这种将江米条(食品)用作撬棍(工具)的作用,就不是出于商品基本属性的使用。换言之,如果你为一款江米条做代言,你对它的使用是吃掉它,而不能拿它当撬棍使。

反之,如果你从未使用过一款产品,那么根据《广告法》的规定,你是不能为这款产品做代言的,这种“未使用”不仅仅包括“可以使用但现实中从未使用过(例如代言食品却没吃过这款食品,代言饮料却没喝过这款饮料)”,也表现为“广告代言人根本没有使用被代言产品的实际需要”,或“没有使用被代言产品的实际可能/合法性”。

一个人不可以为那些他根本没有实际需要去使用的商品进行代言。最典型的例子是,男性不能代言女性生理卫生用品,因为男性完全没有使用卫生巾、卫生棉之类女性生理卫生用品的现实需要。请注意,此处的现实需要,指的是针对女性生理卫生用品这一商品本身的属性产生的需要,即用其吸收生理期排出的经血。男生军训的时候在鞋垫里垫上卫生巾防脚疼,和“用江米条当撬棍”一样,并不来自商品本身的属性,当然就不是“使用”。2013 年,我国曾有过一例著名的“男明星代言卫生巾事件”,引起舆论哗然,民间纷纷对此表示抗议。而在一年多以后,全国人大常委会修改了《广告法》,将“广告代言人必须使用过被代言的产品”纳入了《广告法》规定。

“没有使用的实际可能/合法性”,指的是一个人虽然有使用其希望代言的商品的现实需要,但受制于法律规定或个人行为能力,其实际上无法合法地使用该商品,或无能力使用该商品。例如,对于汽车这一商品而言,一名没有驾照的文体产业从业者无法合法地驾驶汽车,而一位失去双腿的文体产业从业者没有能力驾驶汽车(即使他曾经持有的合法驾照尚未作废),那么这两名文体产业从业者都不可以汽车驾驶者的身份使用汽车,并为其作推荐、证明。但是,他们都可以以汽车乘客的身份使用汽车,也可以以乘客的身份为汽车作推荐(前提是广告代言人不能让观众误认为自己是在以司机的身份进行推荐,如推荐语中不能包括和驾驶有关的概念,广告代言人不能出现在驾驶位上等)。

(四)要求对方提供资质证明

如果对方需要你代言的是食品、化妆品等关系到国民身体健康的特殊商品,那么别忘了,广告主应当向你提供食品生产许可证、化妆品生产许可证等合法资质作为其可以合法生产被代言商品的证明。

(五)选择一款适合的商品代言,这很重要

即使面对那些不存在违法代言风险的商品,像貔貅一样"来之不拒"也是不应该的,"来者不拒"式的代言虽然可以让你赚到一定数量的"快钱",但很可能影响你未来持续的获利。如果你浏览一下商业代言的历史,就可以发现,很多口碑甚佳的文体产业从业者,在代言上基本都选择了与自己的个人形象、定位相符的商品,也因此真正做到了"细水长流"式的获利。

(六)运动员代言的特殊要求

相对于一般文体产业从业者,运动员在进行代言的过程中会碰到更多的问题和风险,这些风险是由运动员特殊的职业属性决定的。

首先,对于运动员而言,兴奋剂是一条不可逾越的红线,但对于其他文体产业从业者而言,除了同被列为兴奋剂/违禁物质的几种毒品外,公众及法律法规根本不会关注该文体产业从业者是否会服用兴奋剂。而任何需要"入口"之物,特别是作为被代言"大户"的肉制品、饮料等,都有可能导致运动员违反反兴奋剂管理规定——肉制品带来的无数起运动员误食盐酸克伦特罗事件在所不论,南美洲的很多优秀运动员都是栽在了国民饮料"古柯茶"①上。因此,

---

① 一种使用古柯树(Coca)的叶子泡制的茶水,是南美国家的国民饮料之一,该茶中含有同时兼具兴奋剂和毒品身份的古柯碱(可卡因)成分。秘鲁足球运动员、秘鲁国家队队长何塞·保罗·格雷罗曾因饮用古柯茶而被判处禁赛,并险些因此错过了2018年俄罗斯世界杯[对此,格雷罗向国际体育仲裁庭提起上诉,最终,国际体育仲裁庭裁决,格雷罗应被禁赛,但禁赛期自2018年俄罗斯世界杯结束后开始,参见国际体育仲裁庭案例:CAS/A/5571 World Anti-Doping Agency (WADA) v. FIFA & José Paolo Guerrero]。

运动员在选择被代言产品时，需要比普通文体产业从业者更加严谨。

其次，大部分运动员的团队属性要比其他文体产业从业者强得多，大多数文体产业从业者在日常生活中，是不需要服从于一个和自己的职业生涯息息相关的“团队”的。而运动员则不然，特别是那些最优秀的职业运动员，其职业生涯几乎总是与俱乐部、国家队联系在一起，而俱乐部、国家队在商品代言上的选择，可能是与运动员个人完全冲突的，即使强如梅西、“字母哥”扬尼斯·安特托昆博，当他们回到巴塞罗那俱乐部、希腊国家队时，也不得不脱掉自己签约的阿迪达斯、耐克，穿上俱乐部赞助品牌耐克、国家队赞助品牌 GSA 体育①的球衣。因此，运动员需要比普通文体产业从业者更加关注代言过程中的竞品条款及相应的权利保留问题。

（七）对方涉诉情况查询

不要忘了查询对方的涉诉情况，特别是那些其和之前的广告代言人之间就广告代言合同产生的争议和纠纷。

二、业务合同审核

在广告代言业务中，核心的业务合同为《广告代言合同》，即代言合同。如无特殊说明，在讲解代言合同内容时，你将被统一称为广告代言人，而由你向其提供代言服务的企业将被称为广告主。

（一）基本合作内容条款

代言合同大概是本书提及的合同中最复杂的合同之一了，代言合同中，作为广告代言人的你，一般至少需要向广告主履行三项核心义务，包括：

（1）向广告主提供肖像许可使用，即作为广告代言人需要将个人的肖像（也可能包括姓名权或声音）许可给广告主使用；

（2）向广告主提供参加活动、拍摄广告等服务；

（3）对被代言产品进行展示、个人曝光，提高被代言产品的知名度。

因此，在一份正常的代言合同中，上述义务都需要在基本合同条款中得到

---

① 希腊本国体育产品，在 2017～2019 年赞助了希腊男篮国家队球衣，特别是以“字母哥”最近参加的一届国际大赛、2019 年国际篮联篮球世界杯最为典型。2020 年开始，希腊男篮国家队球衣赞助商变更为耐克。

体现。当然,反过来,广告代言人在代言合同中的两项核心权利,一是拿钱,二是得物,也应当作为对等条款,被包含在基本合作条款内。

(二)代言商品条款

所谓代言商品条款,指的是对广告代言人究竟为哪些商品提供了代言服务的规定。上文中,我们已经讨论了代言商品之于代言合同的意义。因此,请你务必在代言合同中写清楚,自己到底是在为被代言厂家生产销售的哪些产品进行代言,并写明被代言商品的全称,为了进一步进行区别,你甚至可以写明商品的某些特殊属性(例如,饮料是有糖还是无糖的,食品是使用普通肉还是植物肉加工的等)。

写明全称虽然很费工夫,但这是必需的。千万不要图轻松而不写明被代言商品的全称,只写被代言商品的品类,否则,这样的行为将造成你的权益被大大削减。

你肯定理解,代言多款产品,需要履行的义务或赋予对方的权利,必然要多于代言一款产品,因此代言多款产品的收费必然要多于代言一款产品的收费。可如果你仅仅在合同中写了代言商品的品类,那么理论上,你将需要为该广告主生产销售的所有该品类的商品提供代言,可你收到的可能只是市场上针对一款产品开出的代言费!这不但将大大扩张你的义务(对方可以在多个同一品类的商品的宣传推广中使用你的肖像权等),减少你未来获得新的代言合作的机会(你将极大地受到下文所述的竞品条款的限制),甚至还可能由于该品类项下的部分产品的定位不符合你的定位,导致你个人形象受损。例如,你对外主打的是个人经常健身、健康阳光的形象,希望代言的也是一款无糖饮料,但如果你未在合同中明确代言商品信息,广告主将你许可的相关权利用在一款有糖饮料上,这很有可能会破坏你的形象。

(三)肖像许可使用条款

所谓肖像许可使用条款,指的是广告代言人对个人的肖像(也可能包含其他部分可以证明广告代言人个人身份的信息等人格权载体,但肖像一般都是基础的),向广告主进行许可,允许广告主在合同规定的各类媒介(包括但不限于纸质宣传物、电子宣传物、广告主网站等)上进行使用的条款。《民法典》第 993 条中明确规定:“民事主体可以将自己的姓名、名称、肖像等许可他人使用。”其中，“肖像”，根据《民法典》第1018条的规定，指的是“通过影像、雕塑、绘画等方式在一定载体上所反映的特定自然人可以被识别的外部形象”。获得许可，在各种宣传材料中展示广告代言人的肖像，对广告主而言可谓是最重要的权利。

正常情况下，所有的广告代言活动，都必须由广告代言人向广告主许可其肖像的使用权，否则广告代言活动将无法正常开展，因此，广告代言合同，实际上是一种受制于《广告法》规定的特殊的肖像许可使用合同。一份代言合同中可能没有广告拍摄、活动参加条款和商品展示条款，但不可能没有肖像许可使用条款，因此，肖像许可使用条款，是几乎所有广告代言合同中都不可或缺的条款（除非有的广告主认为，广告代言人可以用声音加姓名替代肖像）。

在上文中，笔者已经不止一次告诉了你广告可能带来的“违法”风险，因此针对肖像许可使用条款，你最需要关注的是广告主究竟如何在广告中使用你的肖像。如果广告主在签约时就可以列出一份完整、系统的肖像使用方案，告诉你他们会在哪些平台上以怎样的方式呈现你的形象，那固然是好。然而，正常情况下，在签约时，广告主可能很难拿出这样一份方案来，这也无妨，你只要在合同中规定：

1. 广告主仅可使用由你提供或者你参与制作（如下文的广告拍摄）的摄影作品中的肖像。

2. 广告主任何使用你肖像的宣传广告设计方案，都需要经过你的审核，并在你书面同意后方可使用相关方案进行设计、制作。如果你对对方提供的方案有意见和建议，特别是有关合法性、个人形象及定位的意见和建议，则对方应根据你的意见和建议对方案进行修改。

如果对方没有设计方案，直接制作了宣传广告成品，则你只需要审核宣传广告成品即可。

3. 广告主具体的宣传广告成品，不应偏离你审核同意的方案原稿，否则广告主应当按你审核同意的方案原稿，对最终的宣传广告成品进行修改。

4. 请注意，广告代言人和广告主在具体的艺术风格等方面存在意见不一的情况是非常常见的，对此，你应尽可能与对方“求同存异”，但是你应当明确，至少宣传广告成品中出现以下内容时，对方应当根据你的意见进行修改。请注意，这些要求也应反映在下文的“广告拍摄条款”中：

(1)宣传广告成品中存在明显违反《广告法》及其他法律法规的内容的;

(2)宣传广告成品中无合理理由[既非来自你审核同意的设计方案,也非来自扮演某一特定角色,如“狂战士”(需要在脸上涂上色块)、“豹女”(需要在脸上打上斑点)等的需要]丑化你的肖像,如在你的脸部打上了大量的明显有丑化色彩的色块、斑点等。

(四)广告拍摄条款

在最“简陋”的代言合作中,广告代言人只需要许可广告主使用其肖像,即可“撒手不管”。但显然,大多数广告主不会接受如此草草了事的合作方案,其至少会要求广告代言人为其拍摄一部(及以上)广告,这就需要双方在合同中设置广告拍摄条款。

一般而言,广告拍摄条款中有如下内容需要你注意:

1. 拍摄内容

“现拍”的广告,和上文所述的直接使用你的肖像印制的宣传资料并无本质区别,其都是广告,也理所当然应受到《广告法》的制约。因此,在广告拍摄条款中,你首先需要设置的,就是与上文的肖像许可使用条款一样的审核权,即你有权对对方拍摄广告的计划方案进行审核,并要求对方根据你的意见或建议进行相应的修改。

不过,针对“现拍”广告,仅仅注意合法性问题是不够的,因为“现拍”广告可能给你带来的风险可不仅仅来自《广告法》,其还有可能导致你受到生理上的伤害。简言之,简单的肖像许可使用连让许可人腰酸背痛都做不到,但危险的“现拍”广告却完全有可能导致拍摄者骨折、瘫痪甚至死亡,而后者导致的任何一项后果对于文体产业从业者,特别是运动员而言,都意味着职业生涯遭受挫折甚至直接终结。因此,除了审核合法性问题外,你还需要注意,广告拍摄计划中的部分内容是否可能存在危险并使你受伤,如果有,你应当要求对方删去这些内容。

2. 拍摄日程

广告拍摄是一件耗时费力的“事儿”,你需要挤出时间来搭在堪称漫长的往返交通上以及喧嚣吵闹的拍摄现场里,而这必将减少你本可以用在主业准备(无论是文体产业从业者的排练还是运动员的训练)和休息上的时间,甚至可能直接影响你参加演出或比赛。

因此,针对广告拍摄,你首先需要注意,不应让广告拍摄影响你的正常工作日程,这就需要你在条款中约定以下内容:

(1)广告主应在拟定的广告拍摄日前一定期日,与你商议具体的广告拍摄计划与广告拍摄日程。一般来说,针对文体产业从业者,广告主应至少提前15日通知,而针对运动员,应至少提前30日通知。

(2)若预定的广告拍摄日,你处在排练或集训中,则拍摄广告地点不应离你的集训地或排练地太远,特别是当你身为集训中的运动员或驻场剧组演员时,拍摄广告的地点原则上应限制在集训地或剧组所在城市(除非剧组或运动团队书面允许你离队、离场拍摄广告,对此,请不要忘记,在遵守管理规定的情况下,提前向剧组或运动团队告知并请假)。

(3)确定的拍摄时长。要求广告代言人长时间扎在场地拍摄并无助于提高广告片的质量,反而会影响广告代言人正常工作的进行,因此,你有必要与对方约定具体的拍摄时长。一般来说,一个视频广告的拍摄总时长不应超过24小时,其中每天的拍摄时间不应超过12小时,总拍摄应在至多3天内完成,该拍摄时间应包含通勤、化妆和必要的休息时间。而针对平面广告,对拍摄总时长、每天拍摄时长和拍摄总时长分布的天数都应该进一步减少。

此外,广告主应在约定的日程内完成拍摄工作。如果因任何来自广告主的原因导致拍摄计划延迟的,广告主应按延迟的日数向你支付违约金,由此给你造成其他损失的,广告主还应赔偿你的损失。

(4)所有与拍摄相关的交通、餐饮费用应当由广告主安排,且合同中务必需要明确相应的交通、餐饮待遇标准,包括但不限于交通相关的飞机舱别、高铁座位等次、所在城市内交通用车等。如果对方无法安排的,则应将安排这些事务产生的费用额外折价支付给你。

3. 安全保障和隐私保护义务

(1)安全保障义务

几乎所有"现拍"广告都需要在广告主(或其广告公司)安排的场地、在广告主的要求下进行,广告主当然有保障广告代言人人身、财产安全的义务。对此,你应在合同中约定,你在参加拍摄期间,以及对方负责交通的往返途中发生的全部可能造成你人身、财产损失的风险,均由对方承担(如果你有陪同人员的话,对方也需要承担你陪同人员的安全保障义务)。对此,你最好要求对方提前为你购买保额确定(或设置最低额)的保险。

如果你是运动员,那么广告主还需要承担多一项安全保障义务,这就是整个活动中的反兴奋剂保障,广告主应当保证,整个活动流程中的各环节都务必遵守反兴奋剂法律法规的要求,所有饮食应保持干净(你可与队医交流后要求广告主提供定制菜单,并拒绝在外食用红肉),且在征询队医意见前,不得为你进行任何主动的治疗(无论是主动治疗还是遵医嘱治疗,除非遇到生死攸关的状况)——可不要小瞧后者,实际上,有些知名运动员,如挪威滑雪名将特蕾莎·约豪格,仅仅是因为嘴巴起泡涂抹了含有氯司替勃成分的药膏,就触犯了反兴奋剂规定而被禁赛。[①] 因此,你必须警惕同样的情况在你身上发生。

(2)隐私保护义务

除了人身财产安全外,你还应注意,要求广告主在广告拍摄期间保护你的个人隐私,对此,广告主除了需要向你履行所有合同中都应出现的保密条款规定的对你个人隐私进行保护的义务外,还需要注意,其应当做好广告拍摄期间,拍摄场地内的人员管理,严格禁止任何与广告拍摄无关的人员进入拍摄场地。此外,如果你认为有必要,你还可以要求,即使是广告主或其广告拍摄公司的工作人员,也不得使用私人设备对你进行拍照、录像等。

4. 最终审核

虽然你已经审核过一遍对方的广告拍摄方案,但最终拍摄完成的广告毕竟和拍摄方案不尽相同,在剪辑、后期制作的过程中,最终的广告成品可能会偏离原广告拍摄方案的规定。因此,你有必要在合同中约定,拍摄完成的广告成品,仅在经过你审核确认后,方可上线。

(五)代言商品展示和提供条款

如果你代言了鞋服、穿戴设备(如头戴式耳机)等拥有鲜明的对外展示需求,即需要经常“亮相”方能保证商品生命力的商品,那么你一般会被要求履行商品展示义务,即需要在部分公开场合身穿或佩戴所代言的商品,并可能需要你提供给广告主一定数量的“街拍”照片供其宣传用。这一要求在代言合同中的反映,就是代言商品展示和提供条款。

---

① 具体情况参见国际体育仲裁庭案例:CAS 2017/A/5015 FIS v. Therese Johaug & NIF CAS 2017/A/5110 Therese Johaug v. NIF。

针对代言商品展示和提供条款，首先，需要注意的是，广告主要求你提供“展示”服务的前提，是其必须提供足够数量的、可以用来穿戴的被代言商品。若被代言商品数量不足，不能满足你在广告主要求的场合正常进行穿戴的，则提供所谓的“展示”也就无从谈起。

其次，展示被代言商品的场合应仅限于公开场合，而且这些场合应当是具体、明确的（如参加公开训练时，若无相应的权利保留且不影响正常训练，则可为之），而在非公开场合，代言不宜过度影响个人正常生活——要知道，即使是英国重量级拳王安东尼·约书亚这样的“模范代言人”，他也只会在称重仪式和新闻发布会上佩戴其所代言的 beats 耳机，而在其个人社交媒体晒出的一系列训练特别是实战对抗训练中，约书亚是不会戴上耳机的。

最后，展示被代言商品应当是在“客观能为之”的情况下方可进行，除了下文中的为合同外第三方进行的权利保留外，你还需要确定，你所处的公开场合确实是适合展示被代言产品的。例如，炎热的盛夏是无法展示羽绒服、保暖冲锋衣的，寒冷的冬日也无法展示短袖、吊带衫等，而需要正装出席的场合自然也不适合穿背心和短裤亮相。

（六）其他活动参加条款

对于大部分广告主来说，只要可以获得文体产业从业者的肖像许可使用，且由文体产业从业者为其拍摄广告再加上通过日常穿戴的展示等，基本上就意味着代言这一工作可以“完工”了，但对于有实力且有系统的宣传方案的公司而言，几部广告、几张印刷在产品包装或广告海报上的“大头照”和几张街拍是不够的，其可能需要你配合其完成其所谓“多维度、全方位”的宣传方案，参与诸多种类的活动，此类活动包括但不限于：

1. 推广活动出席

除了在各种媒体上投放广告代言人拍摄的广告外，广告主还可能举办握手会、推荐会、客户答谢会等线下宣传活动，若广告主要求你出席这些活动，那么你应当对这些活动提出与广告拍摄条款一样的要求，包括内容合法、日程明确、安全保障、隐私保护及相应的各种待遇等。

2. 自媒体配合

在自媒体时代，要求广告代言人通过自己的自媒体账号，转发广告主的宣传信息，几乎已经成了代言合同中如肖像许可使用、广告拍摄一样的“必备环节”,基本上所有通过自媒体进行营销的企业都会要求广告代言人这么做。如果在合同中,你被要求进行自媒体配合,那么你需要注意以下几点:

(1)内容合法性。针对代言合同乃至本书有关“内容”的条款,我们已经多次强调了务必合法的内容,自媒体配合更不例外,因此,你应当在合同中告知广告主,要求其保证需要你转发或发布内容的合法性,且你对相关内容有审核权,如果你对其有意见或建议,特别是合法性方面的意见或建议的,对方应予以落实。

(2)内容呈现方式。正常情况下,自媒体配合不仅仅是简单转发或者发布就可以完成的,广告主一般都会对发布的内容有额外的要求,如相关信息需要你在自媒体账号上置顶发布,一定时间内不得删除等,由于这些要求一般不会为你增加额外成本,你可以同意广告主的相关要求,前提是对方应当明确(必须以书面形式)告诉你其要求,且相关要求可以通过自媒体账号既有的功能实现,且不得影响你已经做出的权利保留(见下文)。

(七)合作期限条款(肖像使用许可期限条款)

代言合同中的合作期限一般仅指广告代言人许可给广告主使用其肖像等人格权载体的期限(广告主可以使用含有你肖像等人格权载体的作品进行商品的宣传推广的时间)。对于该合作期限,可以根据自己的职业规划等自由决定,但务必得有个期限——归根结底,广告代言合同可以说是一种特殊的肖像许可使用合同,而根据《民法典》第 1022 条第 1 款“当事人对肖像许可使用期限没有约定或者约定不明确的,任何一方当事人可以随时解除肖像许可使用合同,但是应当在合理期限之前通知对方”的规定,如果不约定具体的许可期限,则广告主将享有对广告代言合同的任意解除权,这显然对你不利。

如果可以确定肖像许可使用期限,那么即使你像勒布朗·詹姆斯、C 罗那样“处子合同签七年”乃至签下终身代言合同也没什么不正常的。但如果你签署的代言合同的期限是有限的,则你需要关注合同到期前后的物料处理问题。

代言合同到期,意味着广告主不再享有广告代言人通过代言合同许可其的权利,因此,广告主有义务在一定时限内对所有此等权利的载体,包括但不限于印有广告代言人肖像的宣传资料和商品、广告代言人拍摄的广告等,进行下架、销毁或更换包装,即所谓的“清货期”。正常情况下,你应要求广告主在至多 3 个月内完成所有的权利载体的下架、销毁或更换包装工作,但针对广告主直接控制的展示权利载体的平台，包括但不限于广告主的官方网站、官方社交媒体账号、官方直营网店等，此类平台上的权利载体应在至多一个月内完成下架、销毁或更换包装工作。此外，如果代言合同因广告主过错被解除的，那么广告主不享有前述的清货期，而应当立即或短时间（不超过一周）内将所有相关商品下架，否则就需要承担相应的损害赔偿责任。

以往的广告代言合同中，笔者一般还会要求广告代言人设置广告作品使用限制条款，即虽然广告作品的著作权归广告主所有，但在广告代言合同到期后，广告主不得再对该广告作品行使任何形式的财产性著作权（如果其可以行使财产性著作权，实际上等于让广告作品继续发挥了宣传的作用，等于让许可期限条款形同虚设），仅可以将其进行内部存档，供企业内部学习用。

（八）合作地域条款

正常情况下，广告代言业务合作的地域范围都是中华人民共和国内地/大陆地区（不含我国港澳台地区），但对于有些拥有跨国业务的广告主而言，代言合作范围（特别是对方可以使用你肖像的范围）可能是全球，这也无妨，但请切记，进行全球合作时广告主的其他广告代言人，可未必像你一样遵守《宪法》，坚持中华人民共和国主权统一和领土完整（还记得“合法性承诺”吗）。如果广告主旗下有任何危害中华人民共和国主权统一和领土完整的广告行为的，你应当明确告知广告主，自己拒绝和该广告代言人进行合作，广告主既不可要求自己和该等广告代言人出席统一活动，也不可将自己的产品与该等广告代言人的肖像在同一宣传材料中展示。①

（九）竞品条款（独家合作条款）

本书第二章中提到的“独家合作条款”，在代言合同中有个使用得更为频繁的名称——竞品条款。在明确了代言商品之后，绝大多数企业，特别是有着系统、完整的宣传推广计划的企业，都必然会要求广告代言人在一定期限内，仅为自己旗下的商品提供代言，且禁止广告代言人为其商品的竞争商品提供代言，这一要求在合同上的反馈，即为竞品条款。

---

① 国内合作中，一名不遵守《宪法》、破坏中华人民共和国主权统一和领土完整的艺人根本不存在“抛头露脸”的土壤，更遑论有企业敢冒天下之大不韪让其进行广告代言，所以针对国内合作一般无须担心该问题。

1. 客观认识竞品条款的合理性

从明面上看,竞品条款显然是一项很不利于广告代言人的条款,因为其阻碍了广告代言人同时为同一行业内多家企业旗下的商品提供代言。笔者在之前工作的过程中,也曾不止一次被客户提问道:“为什么我不能在同一行业内多代言几个品牌,这样不是能赚到更多钱吗?难道有法律禁止我这么做?”

事实上,包括《广告法》在内,并无法律法规明文禁止广告代言人在短期内为互为竞争对手的商品提供代言,现实生活中也确实可能有同时允许自己的广告代言人同时代言自己和竞争对手商品的企业——这些企业或许可能希望通过利用有限的资金尽快吃一波流量,从而无暇顾及长期影响;也可能因为聘请了知识欠缺的法务团队,忘记了在合同中增加竞品条款这一至关重要的条款。而笔者也确实见过有文体产业从业者在极短的时间内连续为两款互为竞品的商品代言的事件发生,但这绝不意味着这种“吃了东家吃西家”的行为是合理的。

在此不妨重新回忆下“信条十·公平公开公正地进行合作,以诚待人”,在同一行业内接更多的代言,赚更多的钱,对你而言,当然是件“大好事”,可对企业而言,这是一个符合对方所需、公平公正的结果吗?

在此请换位思考下,广告主邀请你成为其产品的广告代言人,向你支付代言费,目的是什么?没错,是通过你的推荐和影响力,让更多喜爱你的消费者爱屋及乌地认识甚至喜欢上你代言的商品,从而帮助自己的产品在行业竞争中取得优势。可如果你在为一家企业的产品进行了推荐后,又为其竞争对手进行了同样的推荐,那喜爱你的消费者该如何确定,到底哪一家企业的商品才是你真心推荐的,企业又谈何在这种“雨露均沾”的推荐中取得竞争优势?企业支付了代言费,花了大精力制作广告等各类宣传资料,却无法获得任何达到自己希冀目的的可能性,长此以往,还有什么企业会继续开展代言合作并向广告代言人支付高昂的代言费呢?

正因为竞品条款是企业在代言合作中的核心利益的保护者,因此,其存在具有其内在的合理性。实际上,即使广告主并未在代言合同中设置竞品条款,笔者也绝不建议你在短期内(如几周或几个月内,之前代言热度未散的情况下)连续为同一行业内互为竞品的多款商品进行代言。“来者不拒”式的代言虽然可以让你赚到“快钱”,但同时也会对你在代言业务上的声誉造成不可挽回的消极影响，其他正在观望中的企业必然会因为你如此的行为对你产生不好的观感，其会怀疑，一位“朝秦暮楚”的广告代言人，是否真的能诚心地为自家的产品提供代言服务。仅仅为了赚短时间内的快钱而选择多方代言，而失去之后为更多企业、更多行业进行代言的机会，这样“捡芝麻丢西瓜”的行为并不宜为你所取。

试想一下，为什么迈克尔·乔丹不在代言可口可乐的同时代言百事可乐？C 罗和梅西为什么不“雨露均沾”，同时代言阿迪达斯和耐克？如果上述名宿不同时代言两家产品的原因是因为企业方过于强势，那么曾经以自己超凡的影响力，帮助百事可乐成为与可口可乐并驾齐驱的软饮品牌的迈克尔·杰克逊，想必拥有足够强大的话语权，可他为什么也不在代言百事可乐的同时代言可口可乐呢？

2. 竞品条款的范围限制

竞品条款有其存在的内在合理性，但这不意味着设置该条款的时候，你就应当对广告主听之任之，你仍然应当对该条款进行必要的审核和修改。

首先，竞品条款“排他”的范围，应仅限于与被代言商品拥有直接竞争关系的同类商品，该“同类”商品一般以相应的国家标准作为分类依据，最多也只能以一项通则规定中的一大类分类进行排他，而不可任由广告主将排他范围随意扩大化。例如，无论是包装饮用水、果蔬汁类及其饮料、碳酸饮料（汽水）、特殊用途饮料、风味饮料、茶（类）饮料、咖啡（类）饮料，但凡属于《饮料通则》（GB/T 10789－2015）的“无酒精饮料”，一般情况下，消费者饮用这些饮品的目的都大致相同，因此其彼此属于竞争关系。但是，无酒精饮料与酒精饮料（如啤酒）和乳制品，虽然都属于“饮品”，但由于消费者饮用这三种饮品的一般目的并不相同，因此，无酒精饮料与酒精饮料和乳制品并不构成竞争关系，生产无酒精饮料的企业也不应以保护本企业利益为由，要求其广告代言人不得同时承接其他企业提供的乳制品、酒精饮料的代言。

其次，有的企业在撰写竞品条款时，会将排他对象从“有竞争的商品”变成“有竞争的企业”，这种情况下，你就需要注意，“有竞争的企业”是否会限制你正常的权利。对于有的产业，如运动服装及装备生产行业来说，由于其生产的商品与所在的行业具有高度一致性，因此，如果你代言的企业和被其排他的企业都是这些行业中的一分子，那么，你可以同意其以“有竞争的企业”代替“有竞争的商品”(但要注意,其列出的企业究竟是不是其竞争对手,可不要出现运动服装生产商将正装西服生产商列为“竞争对手”的情况)。

但如果被你代言的企业排除在外的竞争对手不属于前述的拥有“商品—行业高度一致性”的企业,特别是有些被排除在外的竞争对手还属于业务横跨多领域的大型综合企业的,那对方的要求显然是不合理的,你应当明确向对方进行告知。

例如,如果你代言了某饮料厂出品的一款茶饮料,那么联合利华集团旗下的“立顿”系列茶饮料,或华润集团旗下的“佐味茶事”系列茶饮料,毫无疑问属于该茶饮料的竞争产品,广告主当然有权将其作为竞品,要求你不得在代言合同期内为上述两款茶饮料代言。可如果该广告主在代言合同中,将整个联合利华集团或华润集团作为“竞争对手”,并禁止你代言“竞争对手”旗下的任何产品,这一要求就是完全不合理的,因为联合利华除了饮料外,在华最大的一项业务是日用化学品产销,而华润集团的主营业务除了饮料外,还包括不动产开发等,如果有一家企业认为,广告代言人另外代言一款洗涤剂或一处艺术小镇,竟可以对其之前代言的无酒精饮料、茶饮料构成“竞争”,那这样的想法恐怕会让人贻笑大方。

(十)为合同外第三方进行的权利保留条款

所谓权利保留,指的是合同当事人在某些“受制于人”的特殊情况下,将正常应当许可对方使用的权利“保留”起来,不再许可对方。因为不进行许可的情况出于不得已,并明确进行了告知且获得了对方认可和同意,因此该等不许可的行为不属于违约。这些导致合同当事人“受制于人”的情况,包括但不限于法律法规的规定、其他在先合同中的限制性规定、其他合作方的管理要求等。对于一份代言合同,想必广告代言人和广告主都希望可以尽心尽力地履行合同,但遗憾的是,现实生活中,代言合同双方想做到这种“无拘无束”很不容易,特别是作为广告代言人的你,对代言合同的履行可能受到多方面的、不得不从的制约。因此,在签订代言合同前,你有必要对这些自己受到的限制和制约向对方进行告知,并在合同中进行必要的权利保留,即明确规定,当你在不得不为之的情况下,这些可能与广告主产生利益冲突的行为不属于违约。

1. 出于服从管理义务的权利保留

为所属团队设置的权利保留,多见于运动员签署的代言合同中。在上文的"运动员代言的特殊要求"中，我们已经强调了运动员相对于其他职业的广告代言人（无论是文体产业从业者还是创意工作者）而言的特殊属性，这就是其鲜明的"团队"属性。一般来说，参与拥有职业联赛的运动（如足球、篮球、冰球等）的运动员，需要服从其所在的俱乐部的管理，在被国家队征召时，还要服从所属运动国家队的组织者即全国单项体育协会的管理。而参与没有职业联赛的运动（如游泳、跳水、举重等）的运动员，一般也要服从省级单项体育协会和全国单项体育协会的管理，这种服从管理的义务，不仅来自运动员之前签署的劳动合同，还直接来自《体育法》赋予全国单项体育协会的、对本项目运动员"实行注册管理"（《体育法》第 29 条）及对全国单项体育竞赛进行管理的权责（《体育法》第 31 条）。更不用说，当运动员参加国际赛事时，还需要服从组织该国际赛事的国际体育组织，如国际奥委会或国际单项体育协会的管理。

无论是全国单项体育协会，还是国际体育组织，都有其独立的广告主（虽然该等社团组织更喜欢称自己的广告主为"赞助商"），此外，全国单项体育协会也会部分或全部授权俱乐部或省级单项体育协会进行独立的商业开发，因此这些俱乐部或省级单项体育协会也会有自己的广告主。而前述作为运动员管理者的组织、企业，其广告主特别是鞋服领域的广告主，经常会与运动员个人的广告主产生利益冲突，运动员作为所在团队的一员，正常情况下都应服从团队的安排，穿戴并展示自己广告主的商品。例如，巴塞罗那俱乐部的球衣广告主是耐克，因此身为阿迪达斯广告代言人的梅西在俱乐部比赛时必须身着耐克赞助的球衣；而希腊男篮国家队在 2017 ~ 2019 年的球衣广告主一直是本国品牌 GSA，所以在 2019 年来到中国参加国际篮联篮球世界杯时，"字母哥"也只能穿着 GSA 赞助的球衣。

所以，对于运动员而言，在为合同外第三方进行的权利保留条款中，首先应当设置的就是针对所属团队的权利保留条款，即当你所属团队在一商品的广告主，与你自己在同类商品上的广告主不一致时，你应当在合同中规定，你需要根据中国奥委会、所属运动项目的全国单项体育协会及所属运动项目的省级单项体育协会或职业俱乐部的安排，作为前述任意团队的成员之一，参加该团队的团队广告主活动，并在比赛中为团队广告主的商品提供展示，而团队也可能将你的肖像作为集体肖像的一部分许可给该团队广告主，这些行为可能与广告主产生利益冲突,而你之所以这样做,是出于服从管理的需要不得不为之,因此这些行为不属于对代言合同的违约。

但是,服从团队管理,可不意味着不加限制地听之任之,尤其是千万不要参与那些根本不在团队代言商品之内的商品的宣传活动！和你自己签订的代言合同一样,团队签订的代言合同也是有代言商品范围的限制的,你只能作为团队的一员,为在团队确实代言了的商品提供宣传推广,而绝不可推广团队未代言且与你个人代言的商品有竞争关系的商品!

例如,NBA 拥有统一的球衣广告主(之前为阿迪达斯,现为耐克),最新版《NBA 劳资协定》也规定了 NBA 球员有参加官方组织的推广活动的义务[①]。但 NBA 并没有统一的球鞋广告主(在可见的未来也不会统一开发球鞋广告主),也没有许可给各俱乐部统一开发球鞋广告主的权利,任何一名参加 NBA 联赛的球员都有权完全独立自由地选择自己代言的球鞋品牌。假设有朝一日你成为了一名 NBA 球员,你理应根据《NBA 劳资协议》的规定,参加 NBA 官方针对球衣广告主的宣传,但如果你不是彼时 NBA 球衣广告主的签约球鞋广告代言人,且你有自己的签约球鞋品牌,那么你绝不应在参加球衣宣传的同时对球衣广告主生产的球鞋提供宣传,否则,无论是否按本书所述的内容设置权利保留条款,你的行为都将构成违约。

此外请注意,团队对你肖像的使用权也是有限的,其仅有权使用你展示团队身份的集体肖像,即所有团队在宣传推广中使用的你的肖像,一般都必须身着与团队相关的服装装备等(如果你从事的是棋类运动等没有明显标识的"队服"、比赛时多着正装的运动项目,则可以不做此要求),与其他(至少两名)团队中的队友同样的肖像共同展现。除非有合同另有规定且征得你所代言企业的同意,否则,团队不能单独使用你个人的肖像。

2. 为参加各类活动设置的权利保留

除了为所属团队设置权利保留外,你还需要为自己参加活动时可能面对的利益冲突,进行权利保留。此处所述的活动,既包括体育赛事,也包括我们在下一章中将要提到的演艺活动,包括但不限于参加演出和影视制作等。

---

① 参见《NBA 劳资协议》第 2 条第 8 款(a)项:"球员有义务按照要求参加球队和 NBA 的合理的推广活动。"此外,《NBA 劳资协议》制定的《球员统一合同》第 13 条有完整的关于参加推广活动的规定。

虽然在某些广告主眼里，参加各种活动，是广告代言人最适合不过的用来展示自家商品的“公开场合”，但和你在出街、扫货时身处的可以“穿戴自由”的大街、商场不同，这种活动可不是完全自由的（除非你自办活动，但我们将在下一章中提到，这不大现实，也不推荐），活动的组织者会因为种种原因限制你展示自己代言的商品。

首先，很多活动就其活动内容而言，本身便不适合展示特定种类的被代言商品，所以活动组织者当然不会同意你展示这些商品。例如，任何影视剧的制作方，都不可能允许演员在出演古装影视、身着褒衣博带的时候，在脖子上挂一副耳机；而游泳、跳水比赛，或含有游泳、跳水活动的综艺节目的组织者，也不会允许参加比赛、节目的运动员、演员在下水了之后还非要套上运动鞋。

其次，各种活动的组织者会自行开发各级广告主，而这些广告主生产的商品很可能和参与活动的文体产业从业者代言的商品之间存在竞争关系，因此其会限制或禁止活动的参与者展示其自己代言的商品。

即使参加活动的过程中，会存在如此之多的对于你展示自己代言商品的限制，但不参加活动对你而言，仍然是不可能的，毕竟，如果运动员不去参加比赛，歌手不去参加演出，演员不去拍戏，那将意味着整个职业生涯的终结，而没有成功职业生涯的文体产业从业者，自然也不会有什么曝光、知名度等，广告主恐怕也不会和这样的文体产业从业者长期合作。所以，参加活动对你而言是必要的，但同时，“人在屋檐下不得不低头”，因此你应当告知广告主，当自己为了获得曝光，不得不参加合同外第三方组织的活动时，自己可能将受制于活动组织方无法在参加此类活动的过程中，为广告主提供展示服务等。当然，在参加活动时，你也应当告知活动组织方，自己已经签署了代言合同，不能为和自己的代言商品有竞争关系的商品提供推荐。

3. 为其他广告主进行的权利保留

除了来自法律法规的规定，来自其他代言合同的限制，是广告代言人必须进行权利保留的最重要原因，特别是在广告代言人需要参加但又无法控制的各种活动时，为避免“一不留神”违反了之前签署的代言合同的规定，你应当从兼顾自己和已缔结代言合作关系企业双方利益的角度出发，设置多条权利保留条款，从而在保证自己可以参加活动、增加曝光，并最终实现个人与广告主“双赢”的同时，保护已经与你缔结了合同的广告主根据代言合同应当享有的合法权益不受侵害。

(1)针对已代言穿戴商品的权利保留

如上文“代言商品展示和提供条款”中所言,有些生产穿戴商品的广告主,会希望通过各种场合来展示自己的产品,而这些“场合”也包括广告代言人为其他广告主拍摄广告或出席其他广告主的活动。因此,如果你在之前与穿戴商品生产商签署的代言合同中,同意了拍摄任何广告都须穿戴该广告主生产的商品的需求,那么在此之后与其他企业签署代言合同的过程中,你务必要告知其他广告主(并将之写入与其他广告主签署的代言合同),你需要在拍摄和参加活动的过程中穿戴自己代言品牌的商品,而广告主无须向你提供服装,或不得要求你身着其选定的特定服装。

(2)针对联名商品推荐的权利保留

此外,有些广告主可能会参加联合推广活动,甚至与其他企业一起开发联名商品,而这些与广告主合作的企业及其产品中,不乏广告代言人其他广告主的竞争者。如果广告代言人为这些竞争者参与生产的联名商品提供推荐(哪怕名义上只是为自己代言的这一部分提供推荐),也可能会损害已有的广告主的利益。

假设你同时是 A 服饰和 B 饮料的广告代言人,而 B 饮料和 C 饮料是市场上打得你死我活的“死对头”,此时 A 服饰选择与 C 饮料合作,开发“C 饮料主题联名服饰”,最终产品是 A 服饰的白 T 恤衫印着大大的 C 饮料图片。试想,如果你穿上这样一件衣服并进行推广宣传,消费者会对你怎么看?他们是会认为你在宣传基本没有任何标记的 A 服饰的白 T 恤衫,还是在宣传明显得不能再明显的 C 饮料?

对此,当你在与任何一家企业签署代言合同时,你应明确告诉其你已经合作的广告主,并明确告知欲合作的企业,受制于之前签署的合同的限制,你不能为该企业与某些特定种类产品的联名产品提供宣传和推广,该企业也不能将你的肖像等使用于此类联名商品的推广。

那么,与你签订你人生第一份代言合同的企业,是否就可以为所欲为了呢?当然不是!从第一份代言合同开始,你就应当告知合作企业,你会尽力保护广告主的利益,但广告主也应当尊重你的正常发展及收入的获得,并在代言合同中规定,对于该企业开发的联名商品,你仅能在不与其他你所代言的企业产生利益冲突的情况下,为此类联名商品提供推荐和宣传推广等。

(十一)适当营销条款

无论广告代言人和广告主多么渴望扩大双方的影响力和知名度,有一点对双方而言都是相同的,那就是己方影响力的扩大至多只能为对方所用,而不能被其他合同外第三方"傍名牌",这种共同的需求,使适当营销条款在代言合同中有了其独到的地位,即任何一方通过代言合同从对方处获得的权利,只能由本方行使,而不可以通过任何方式许可或默示同意合同外第三方使用,无论这种第三方对相关权益的使用是合同相关方故意允许的还是过失疏忽造成的。

1. 针对广告主的适当营销条款

适当营销条款的主要限制对象是广告主,实际上,适当营销条款的第 1 条总是"本合同中广告代言人许可广告主使用的任何权利,仅限广告主自行使用。除非经广告代言人书面允许并履行相应的法律程序,否则,广告主不得将广告代言人许可的任何权利转许可给合同外第三方使用"。正常情况下,广告主不会在自己全额支付代言费的情况下做"活雷锋",允许其他第三方使用广告代言人许可自己使用的权益。但在以下两种情况下,可能发生例外:

一是因为工作不慎,在进行营销的时候,将自己广告代言人的肖像、自己的商标或其他标识和其他合同外第三方的商标和标识在同一平面上展现,使公众误认为广告代言人同时也为该第三方进行了代言。此类情况绝大多数出于过失(虽然不排除有极少数恶意的广告主想通过允许第三方使用广告代言人的肖像"赚一笔"),为了避免这类情况发生,你应当在代言合同中提前对广告主进行告知,并在代言合同中要求其增强注意义务,避免前述被"攀名人"的情况出现。

二是广告主故意为之,其会默示甚至明示同意自己的关联公司(包括但不限于广告主的子公司、母公司、联营公司等)使用广告代言人许可给其的权利。对此,你应在代言合同中明确规定,广告主的任何形式的关联公司,均属于上文中适当营销条款第二句规定的"合同外第三方",即该等关联公司也只能在经过你书面允许并履行相应的法律程序后(简言之,使用相关的商品),方可使用你在代言合同中许可广告主的权利。有的广告代言人可能会对此感到"不好意思",觉得对方已经给了自己这么多代言费,如此苛刻限制对方会显得自己过于“小气”，但请注意，提出限制广告主关联公司使用你许可的权利的要求，可不是小气，而是出于《广告法》的必然选择——如果你根本没使用过关联公司的商品，那么你根本就无权为其提供代言服务，拒绝该等关联公司使用你的肖像等，完全合理合法！

2. 针对广告代言人的适当营销条款

虽然在代言商品展示和提供条款中，我们强调了广告代言人曝光和展示商品对于广告主的重要性，但并不是所有的广告主都乐于看到自己的商品被无限制地曝光，特别是有些知名企业，其很反感自己的广告代言人，在代言某些自己不认可的企业的商品时展示自己生产的商品，认为这会导致自己苦心营造的品牌效应和影响力被其他广告主“傍名牌”。因此，有些广告主可能要求广告代言人在今后可能的为其他企业（特别是那些没有名气、不大可能被广告主认可的企业）做代言时，不得在代言过程中，展示该广告主生产的商品。

一般来说，最热衷于让广告代言人在其他代言中展示自家商品的广告主，是服装生产企业，但最反感广告代言人在其他代言中展示自家商品的广告主，同样也是服装生产企业，这大抵是因为，服装是最容易被在各种活动中展示的（毕竟广告代言人无论参与什么活动都得穿衣服，但开着汽车或者戴着耳机，既显得不伦不类也没什么实际必要），而服装鲜明的特征，特别是拥有高辨识度的商标、标识等，更容易被其他企业“攀名牌”。所以，如果你代言了一家服装企业，那么千万不要对该企业不允许你在代言其他企业时，身着其服装感到意外。若该服装企业向你提出了此要求，那么，同时受制于竞品条款和适当营销条款的你，在为其他企业进行代言、参与其活动时，应当身着没有外在标识的服装，而如果你代言的是非服装生产企业为自己定做的、只有本企业信息且没有服装品牌信息的工作服，你也可以向该企业要一件工作服参加相应的活动。

（十二）广告内容合法性条款

我国《广告法》对广告的内容在合法性上提出了明确的要求，根据我国《广告法》第9条，任何一款广告，都不得有下列情形：

1. 使用或者变相使用中华人民共和国的国旗、国歌、国徽，军旗、军歌、军徽；

2. 使用或者变相使用国家机关、国家机关工作人员的名义或者形象；

3. 使用“国家级”“最高级”“最佳”等用语；

4. 损害国家的尊严或者利益，泄露国家秘密；

5. 妨碍社会安定，损害社会公共利益；

6. 危害人身、财产安全，泄露个人隐私；

7. 妨碍社会公共秩序或者违背社会良好风尚；

8. 含有淫秽、色情、赌博、迷信、恐怖、暴力的内容；

9. 含有民族、种族、宗教、性别歧视的内容；

10. 妨碍环境、自然资源或者文化遗产保护；

11. 法律、行政法规规定禁止的其他情形。

此外，常见的广告内容中亦需要注意如下问题：

1. 不得含有虚假或者引人误解的内容，不得欺骗、误导消费者（《广告法》第 4 条）。

2. 不得损害未成年人和残疾人的身心健康（《广告法》第 10 条）。

3. 涉及的事项需要取得行政许可的，应当与许可的内容相符合；使用数据、统计资料、调查结果、文摘、引用语等引证内容的，应当真实、准确，并表明出处。引证内容有适用范围和有效期限的，应当明确表示（《广告法》第 11 条）。

4. 涉及专利产品或者专利方法的，应当标明专利号和专利种类；未取得专利权的，不得在广告中谎称取得专利权，禁止使用未授予专利权的专利申请和已经终止、撤销、无效的专利作广告（《广告法》第 12 条）。

5. 不得贬低其他生产经营者的商品或者服务（《广告法》第 13 条）。

6. 应当具有可识别性，能够使消费者辨明其为广告（《广告法》第 14 条）。

7. 除医疗、药品、医疗器械广告外，禁止其他任何广告涉及疾病治疗功能，并不得使用医疗用语或者易使推销的商品与药品、医疗器械相混淆的用语（《广告法》第 17 条）。

8. 酒类广告不得含有下列内容：诱导、怂恿饮酒或者宣传无节制饮酒；出现饮酒的动作；表现驾驶车、船、飞机等活动；明示或者暗示饮酒有消除紧张和焦虑、增加体力等功效（《广告法》第 23 条）。

9. 教育、培训广告不得含有下列内容：对升学、通过考试、获得学位学历或者合格证书，或者对教育、培训的效果作出明示或者暗示的保证性承诺；明示或者暗示有相关考试机构或者其工作人员、考试命题人员参与教育、培训；利用科研单位、学术机构、教育机构、行业协会、专业人士、受益者的名义或者形象作推荐、证明(《广告法》第 24 条)。

10. 招商等有投资回报预期的商品或者服务广告，应当对可能存在的风险以及风险责任承担有合理提示或者警示，并不得含有下列内容：对未来效果、收益或者与其相关的情况作出保证性承诺，明示或者暗示保本、无风险或者保收益等，国家另有规定的除外；利用学术机构、行业协会、专业人士、受益者的名义或者形象作推荐、证明(《广告法》第 25 条)。

11. 房地产广告，房源信息应当真实，面积应当表明为建筑面积或者套内建筑面积，并不得含有下列内容：升值或者投资回报的承诺；以项目到达某一具体参照物的所需时间表示项目位置；违反国家有关价格管理的规定；对规划或者建设中的交通、商业、文化教育设施以及其他市政条件作误导宣传(《广告法》第 26 条)。

对于经常发布广告的企业而言，以上要求基本都是烂熟于心的，但对于并未发布过广告或极少发布过广告的新兴品牌而言，这些要求可能并不为其所知。如果你认为广告主并无多少制作广告、发布广告的经验的，你应当将上述要求列入合同，但针对经常发布广告的广告主，你只需要要求其遵守《广告法》的规定即可。

(十三)行为规范条款

对于广告主而言，广告代言人可以正常地进行参加活动、参加比赛等曝光，是扩大广告主影响力、并相应扩大被代言商品影响力的基础，因此，广告主一般都会要求广告代言人保证自己可以正常地进行曝光，这就产生了有关行为规范的要求。

所有演艺工作相关业务的合同中都会出现行为规范条款，但由运动员签署的广告代言合同中的行为规范条款一般是所有的行为规范条款中最为严格的，没有之一。参考《NBA 劳资协议》①的规定，运动员作为广告代言人签署的广告代言合同中，一般会有如下行为规范方面的要求：

1. 不得从事任何可能对身体健康造成风险，并损害其作为专业运动员的

① 参见《NBA 劳资协议》附件《球员统一合同》。

能力和技能的高危活动(当然,本专业除外,如赛车运动员当然不可被禁止参加赛车运动),如:

(1)跳伞、悬挂滑翔;滑雪、野外攀岩;划水、漂流、水上摩托车;绳索垂降、蹦极、蹦床;山地自行车。

(2)驾驶电动滑板车、悬滑板、摩托车等。

(3)参加赛车运动。

(4)驾驶飞机。

(5)参加除本业运动外的对抗性运动的,如篮球运动员不得参加对抗性足球、橄榄球、冰球等比赛,但不存在身体对抗、不会对参与者构成重大人身风险的运动,如足球盘带练习、足球射门游戏、高尔夫、游泳、网球、羽毛球、乒乓球、慢跑、公路自行车、瑜伽、普拉提、舞蹈等,不在此限。

2. 不得从事任何可能对广告代言人生命安全造成风险的活动,如:

(1)有意自伤、试图自杀的;

(2)酗酒的;

(3)滥用处方药或药物成瘾的;

(4)参加涉及武器(火器、弓、弩、矛、开刃刀剑、战锤等)并存在对抗的活动的。

3. 不得从事任何严重违法或犯罪活动,如:

(1)有任何刑法规定的犯罪行为,并被判处刑罚的;

(2)有任何违反《治安管理处罚法》的行为,并被行政处罚的;

(3)吸毒及使用其他违禁物质的;

(4)偷税漏税的。

4. 不得有任何家庭关系、婚恋关系中的越轨行为(如果此类越轨行为不构成犯罪或违反《治安管理处罚法》的行为),如:

(1)有虐待家庭成员的行为的;

(2)有婚外情、非自愿的性虐待等行为的。

而对于其他演艺工作者和创意工作者而言,行为规范的内容要少一些,正常情况下不包括“不得从事任何可能对身体健康造成风险,并损害其作为专业运动员的能力和技能的高危活动”。

而反过来,你同样应当针对广告主设置一些行为规范条款,特别是针对那些，某位股东或高管和企业本身在对外宣传、个人姓名与企业商号的内容等方面具有高度一致性的广告主，这些行为规范包括：

1. 广告主应合法经营，不得从事任何严重违法或犯罪活动，如：

（1）广告主有任何《刑法》规定的犯罪行为，并被判处刑罚的；

（2）广告主有任何违反与其所处的行业密切相关的行政法律法规的行为（如食品行业的《食品安全法》，化妆品行业的《化妆品监督管理条例》等），并被行政处罚的；

（3）偷税漏税的。

2. 当广告主的某位股东或高管，与该广告主，在宣传、身份属性等方面具有高度一致性/相似性的情况下，该股东或高管同样应履行“不得从事任何可能对广告代言人生命安全造成风险的活动”“不得从事任何严重违法或犯罪活动”“不得有任何家庭关系、婚恋关系中的越轨行为”等行为规范。

（十四）酬劳条款（代言费条款）

1. 基本酬劳

与所有的“给你钱”的条款一样，针对代言合同中的酬劳条款，你需要关注“何时给钱”、“怎么给钱”、“给多少钱”和“除了钱之外，还有什么待遇”等内容，还需要关注参加活动时坐什么车、住什么酒店、餐饮标准如何等。除了这些常见的须关注点外，你还需要注意，本章谈到的代言合同中的几个主要由广告代言人履行的义务，包括代言商品条款、肖像许可使用条款、广告拍摄条款、其他活动参加条款和代言商品展示和提供条款，在代言合同中出现的数量应当和你的总收入成正相关。简言之，被写入代言合同且由你履行的义务越多，你的代言费就应该越高。

2. 对赌收益

和为所属团队设置的权利保留条款一样，对赌收益条款也是一项基本仅会出现在运动员签署的代言合同中的条款，其指的是广告主会和身为运动员的广告代言人“对赌”，如果运动员表现出色，如获得了某一世界大赛的参赛资格，入选了参加某一世界大赛的国家队，或夺得了某一世界大赛的金牌等，则广告主会在基本代言费之外额外给与广告代言人奖励。但如果广告代言人没能参加某些重要赛事，那么广告主会在广告代言人的基本代言费中扣除一部分。

在国内目前的文体产业中,对赌收益条款的确是一个颇具创新意味的点子,但其并非来自法律法规规定,因此你不必须对该条款全盘接收。即使你信任自己的实力,愿意接受这场“豪赌”,你也需要注意以下问题:

(1)所有对赌收益条款必须“有奖有罚”,针对奖励设置的条款数量和奖金总数绝不应少于或低于针对扣款设置的条款数量和奖金总数。而不是对方可以在各种情况下扣你的款,但却不用给你任何奖励,或只给你一条奖励条款以及低得可怜的奖金等。

(2)所属运动项目国家队或大赛参赛资格,属于由主教练征召,而非通过选拔赛比赛晋级的项目,如足球、篮球、排球、曲棍球、冰球等项目的运动员,应当极其谨慎同意对赌收益条款,因为在这些项目中,你能否获得某些大赛的参赛权,并不完全仰仗于你个人的实力和届时发挥,更大程度上还与作为团队主要负责人的主教练的技战术选择,甚至是不可抗力如疫情(如你在海外效力,则你很可能因为防疫政策无法参加很多在国内举办的赛事)有关,而后者的选择是你根本无法决定的。因此,对赌收益条款会给属于此类征召型项目的运动员带来较大的收入减损的风险,笔者不建议此类项目的运动员接受对赌收益条款。

(3)对赌收益条款中可以“扣款”的总额应当是有限的,最高不能超过基本代言费用的20%(如果你同时需要履行代言商品、肖像许可使用、广告拍摄、活动参加和商品展示五项义务,则可扣款最高以10%为限)。对赌收益条款实际上不过是代言商品展示和提供条款的衍生条款,而如在“付款条款”中所述,代言商品条款、肖像许可使用条款、广告拍摄条款、其他活动参加条款和代言商品展示和提供条款都可能是广告代言人需要履行的义务,也都是广告代言人获得全额代言费的依据,如果广告主在广告代言人完整履行了其他义务的情况下,仅仅因为对赌收益条款这“半条”代言商品展示和提供条款的不完全履行,就将广告代言人的全部代言费用扣除殆尽,那这样的条款显然严重有失公平。

(4)在广告代言人因伤病导致的无法参赛的情况下,广告主不可扣款。毕竟,对运动员而言,正常比赛、训练中的伤病基本都来自意外(不可抗力),也是运动员本人不愿经历的,在此情况下广告主“雪上加霜”式地要求扣款全无合理性可言。当然,此处的“受伤”,仅指广告代言人正常参加比赛、训练导致的受伤,如果你“不务正业”,去玩高空跳伞或蹦极之类的“高危娱乐项目”,或在正常比赛、训练中与对手、队友斗殴,或意欲恶意犯规却“偷鸡不成蚀把米”,遭到受伤和处罚的双重恶果,那广告主根据对赌收益条款扣除你的部分代言费完全是合理的。

(十五)违约条款

以下的行为可被视为广告代言合同中的特殊的严重违约行为:

1. 广告代言人违反竞品条款的规定,为和本合同规定的代言商品有竞争关系的商品做推荐,经广告主劝说、提示后仍不改正的;

2. 广告代言人或广告主违反适当营销条款的规定,且前述的违约行为达到一定次数的;

3. (当广告代言人是运动员时)广告主的商品出现任何其含有该年度《禁用清单国际标准》的物质的新闻的;

4. 广告主未能尽到安全保障和隐私保护义务,导致演艺工作者遭受重大人身伤害或重要个人隐私泄露的;

5. 广告主在许可范围外使用演艺工作者肖像,或执意丑化演艺工作者肖像,经演艺工作者劝说、提示后,仍不改正的(不改正的表现包括但不限于继续使用、丑化肖像,及虽然停止在许可范围外使用肖像,但未将超范围许可取得的收入转交给演艺工作者的);

6. 任何一方违反其应当履行、遵守的行为规范条款,达到一定次数的(该次数可以是一次),其中,无论是广告主还是与广告主企业具有高度一致性/相似性的股东/高管违反其应当履行、遵守的行为规范条款的,均构成对广告代言人的严重违约。

第四章

参加演艺活动

无论本章一前一后两章中提到的业务——广告代言和直播，可以多快地让你获得收益和声望，对于演艺工作者，包括但不限于演员、歌手等而言，参加各式各样的演艺活动，包括演出、影视拍摄等，才是其能长期立足本行业的基础。

你或许在本章开篇就会产生疑问："参加演出和参加影视拍摄不是两种业务吗，为什么要放在一章写？"的确，有些娱乐产业研究者会将现场演出和影视分成两项不同的业务/工作，如哈罗德·L. 沃格尔就将现场演出列为"现场娱乐产业"的一种，与博彩、体育运动、游乐园等并列，同时将电影/电视剧列为"媒体娱乐产业"的一种，与出版、唱片音乐等并列。[①] 但这一分类方式是从消费者的角度出发进行的分类，即对消费者而言，演出是需要直接在现场"身体力行"直接观看进行的娱乐，而电影、电视节目则是需要通过银幕、电脑等播放设备作为中间媒介进行观赏的娱乐。

但对于以演艺工作者身份参与演出和参与影视拍摄的演艺工作者而言，参加演出和影视拍摄并无大的本质区别，其都可以归结为，演艺工作者根据演出和影视作品制作方（及其核心主创）提出的要求进行表演，其中的区别无外乎是双方对表演的不同要求。实际上，近年来，演出和影视之间的界限本身就在不断变得模糊，至少在国外，将现场演出录制后直接制作为电影，已经发展

① 参见[美]哈罗德·L. 沃格尔：《娱乐产业经济学》，支庭荣、陈致中译，中国人民大学出版社2013年版。

为一项比较成熟的业务。也正因如此,像《汉密尔顿》[①]这样优秀的现场演出,才可以跳出百老汇的"小舞台",踏上电影、电视、互联网的大舞台,为更多观众所了解、喜爱。

一、业务了解与风险防控

在本书谈到的所有的业务中,大概再也没有一项业务,会比演艺活动涉及的资质更多了。无论是举办演出,还是拍摄影视作品,与你缔约的制作方,首先需要获得多项基础的从业资质,才可以举办演出或拍摄影视作品,而当其具体举办一次演出或制作一部影视作品时,还需要就该事务本身获得相应的特殊资质。

(一)参加演出——关注批准与许可

根据《营业性演出管理条例实施细则》的规定,法律法规语境下的"演出",即营利性的现场演出,指的是"以营利为目的、通过下列方式为公众举办的现场文艺表演活动:(一)售票或者接受赞助的;(二)支付演出单位或者个人报酬的;(三)以演出为媒介进行广告宣传或者产品促销的;(四)以其他营利方式组织演出的"。演出所包含的具体业务的范围远比一般人想象的要广泛,除了演唱会、现场表演的话剧、歌舞晚会等"公认"的演出外,近年来,随着日韩娱乐在中国的流传,日益红火的"握手会""见面会""感恩会"等由演艺工作者直接和粉丝面对面交流接触并兼有部分才艺表演的活动,也都属于演出的范畴。

在我国,并不是任何人都可以随便举办演出,仅有以下的个人、法人及其

---

① 《汉密尔顿》为美国演员林·曼纽埃尔·米兰达主创的历史题材音乐剧,是百老汇历史上最成功的演出剧目之一,2016年,在话剧界权威奖项——托尼奖颁奖礼上,《汉密尔顿》获得了16项提名,并拿下了其中的11个奖项[参见 The Guardian, *Tony awards 2016-complete list of winners*, The Guardian (Jun 12, 2016), https://www.theguardian.com/stage/2016/may/03/tony-awards-nominations-2016-in-full-hamilton-musical]。之后,《汉密尔顿》的主要制作方,包括但不限于 Lin-Manuel Miranda and Nevis Productions LLC、5000 Broadway Productions 等,将官方录制版本的《汉密尔顿》录像制作为电影,并由华特·迪士尼工作室发行公司(Walt Disney Studios Motion Pictures)发行,电影版《汉密尔顿》已在2020年7月3日于迪士尼旗下的流媒体平台"DISNEY +"上线,参见田偲妮:《音乐剧〈汉密尔顿〉制作揭秘纪录片,与电影版同一天上线》,载《新京报》官网,http://www.bjnews.com.cn/ent/2020/07/02/744481.html;《〈汉密尔顿〉官方资料集》,载卢米埃电影数据库,https://lumiere-a.akamaihd.net/v1/documents/hamilton_credits_51acd41a.pdf。

他组织，才可以举办演出：(1)演出场所经营单位；(2)演出经纪机构；(3)文艺表演团体；(4)个体演员。现行的《营业性演出管理条例实施细则》对前三者的成立、运营都有极其严格的要求，哪怕是"看起来很容易"的个体演员，也不是只像《喜剧之王》中，周星驰饰演的尹天仇那样，动辄对人声称"我是一个演员"，并且拿出一本斯坦尼斯拉夫斯基的《演员的自我修养》就可以自动"晋升"的。根据《营业性演出管理条例实施细则》规定，想要成为个体演员，应当依法到工商行政管理部门办理注册登记，领取营业执照，自领取营业执照之日起 20 日内，还应向所在地县级人民政府文化主管部门备案。如果你觉得自己没有必要单打独斗成为个体演员，那么你也可以加入一家文艺表演团体工作(如果你这么做了，你最需要注意的就是本书最后一章的劳动合同了)。

如果你根据以上规定的要求，成为一名个体演员，那么你既可以参加演出场所经营单位、演出经纪机构主办的演出，也可以自行举办演出，在此，笔者建议，对于演艺工作者而言，自行举办演出是一件耗时、耗力、耗资本的事，在没有专业法律、财会工作人员帮你把关的情况下，非常容易"翻车"。因此，除非你已经组建了一套自己的完整工作团队，否则，参加其他拥有合法资质的演出场所经营单位、演出经纪机构主办的演出，对你而言可能是个更适合的选择。

1. 参加非自办演出

如果你选择参加他人主办的演出，你一般只需要重点关注演出的主办方是否根据《营业性演出管理条例》获得了人民政府文化主管部门的批准文件。如果演出预计参加人数超过 1000 人的，你还应关注，主办方是否根据《大型群众性活动安全管理条例》的规定，获得了公安机关的安全许可。至于主办方在主办演出的过程中，各环节是否合法，文化主管部门和公安机关会替你把好关，如果有任何环节存在合法性的问题，文化主管部门和公安机会是不会向其发放批准文件、安全许可的。

2. 谨慎自办演出

虽然上文提到了，个体演员可以自办演出，但笔者不建议你自办演出。因为当你执意自办演出的时候，你可以发现，你需要关注的东西实在是太多太多了：

(1)你需要自己撰写各种申请文件，除了填写包括但不限于演出名称、演出举办单位和参加演出的文艺表演团体、演员（虽然举办单位和演员都是你一个人）、演出时间、地点、场次等信息外，你还需要自己准备节目及其视听资料，以获得合法主办演出的资格。

（2）你需要关注演出中的各个环节的合法性问题，例如，你需要核验演出场所经营单位的消防安全设施检查记录，安全保卫工作方案和灭火、应急疏散预案，核验网络票务合作方是否拥有合法的从业资质（ICP 备案、互联网安全服务管理备案、网络文化经营许可证）等。

（3）你还需要审核并签署多种合同，包括但不限于与演出场所经营单位就演出活动中突发安全事件的防范、处理等事项签订的安全责任合同、场地租赁合同等，与票务合作方签署的票务合作合同，与演出必需的耗材供应商签署的耗材买卖合同，如果你希望获得更多收益，还需要与赞助方签署活动赞助合同、演出转播合同等。

如果你可以以一己之力，系统、妥善、及时、合法地处理上述所有事务，那么以你对法律知识和演出业务行业知识的熟稔，你完全不需要阅读本章节甚至是本书。但显然，初出茅庐的演艺工作者几乎不可能做到这些。

只有在某些极有必要的情况下，例如，你认为自己确有必要举办一场针对自己铁杆粉丝的"答谢会""感恩会""握手会"等，但无法找到演出场所经营单位、演出经纪机构为你举办该演出的，那么，你可以选择自己举办演出，但请你务必注意，在举办演出前，应聘请专业的法律、财会工作人员为你提供专业服务，且切记，当你作为个人演员举办演出时，你只能举办仅限于你个人提供表演的普通演出，而不得邀请其他独立的文艺表演团体、个体演员等，与你一起提供组台演出。

（二）参加影视作品制作——查询备案情况

我国现行的法律法规中，对拍摄电影、电视剧等影视作品在合法性、资质方面，同样有诸多的要求。拟拍摄电影者，即进行电影制片者，必须获得《摄制电影许可证》，成为电影制片单位，或至少须经批准领取一次性《摄制电影片许可证（单片）》。此外，拟拍摄电影者，应将电影剧本报国务院电影主管部门或者省、自治区、直辖市人民政府电影主管部门备案，并取得《电影剧本（梗概）备案回执单》。不同于《营业性演出管理条例》允许个人演员自行举办演出，《电影产业促进法》和《电影管理条例》绝不允许个人拍摄电影。

而拟拍摄电视剧者，同样需要至少获得《电视剧制作许可证》，且相应的电视剧制作信息同样需要经过备案公示。

你可以通过国家新闻出版广电总局的“电影电子政务平台”[①]和“电视剧电子政务平台”[②]来查询一部邀请你参与出演的电影或电视剧，是否进行了备案。由于影视作品制作方获得所有制作电影、电视剧的法定资质，是其投拍的电影、电视剧可以进行备案及公示的前提，因此，如果你可以在上述两个国家新闻出版广电总局的网站上查询到相应的电影或电视剧的备案信息，那么该电影或电视剧至少在制片阶段，不会存在大的合法性问题。反之，你就要当心了，自己很有可能是在出演一部违法的影视作品。

对于综艺节目等其他电视节目，目前尚无如“电影电子政务平台”和“电视剧电子政务平台”一样的“电视节目电子政务平台”可供查证相关备案信息，因此，你应要求电视节目制作方，根据国家广播电视总局《关于进一步加强广播电视和网络视听文艺节目管理的通知》规定的要求，向你出示由其所在当地广播电视主管部门负责向其出具的备案证明等。当然，国家广播电视总局在其官方网站“视听中国”页面收录了一系列已经进行了宣传推广的综艺节目[③]的资料，参加这些广电总局收录的综艺节目时，无须太过担忧其资质问题。

（三）关注演艺活动核心主创信息

所谓演艺活动中的核心主创，指的是以一己之力主导了整个演艺活动，关系到演艺活动好坏成败的核心人物。不同演艺活动中的核心主创究竟是谁，不尽相同，以演艺工作者个人的表演作为核心内容的演艺活动，如个人演唱会、个人曲艺表演、个人脱口秀等，也包括在拥有前述演艺活动的组台演出中，演艺工作者本人就是核心主创；但在那些需要多个与演艺相关的部门密切分工配合、需要一名总揽全局者予以从中“调度”的演艺活动中，该“调度”者才是核心主创，包括但不限于演出（特别是组台演出）中的艺术总监、导演，影视的导演、制片人等（当然，这些职位也可能由有余力的演艺工作者兼任）。

正因为核心主创的“灵魂作用”，所以，在那些你本人无法成为核心主创的

---

① http://dy.chinasarft.gov.cn/html/www/catalog/0129dffcccb1015d402881cd29de91ec.html.

② https://dsj.nrta.gov.cn/tims/site/views/applications.shanty?appName=note.

③ http://www.nrta.gov.cn/col/col3720/index.html?uid=18806&pageNum=1.

演艺活动中,如果你希望可以参与一次成功的、可以给自己未来带来积极影响的演艺活动,那么你有必要关注作品中的核心主创到底是谁,并将核心主创的信息登记入合同。

(四)对方涉诉情况查询

针对影视业务的涉诉情况查询,和本书其他章节中的业务的涉诉情况查询差不多,你重点需要关注影视制片方是否曾经发生过拖欠主创人员薪酬、故意侵犯主创人员合法权益(特别是肖像权、著作权等最为常见),以及拍摄影视过程中是否发生过主创人员伤亡等案例。

针对演出业务的涉诉情况查询,要比其他业务更加复杂一些。你除了需要查询自己的直接合作方,包括演出业务中的演出举办者,是否发生过拖欠主创人员薪酬、故意侵权、演出过程中发生人员伤亡等案例外,如果演出举办者是演出经纪机构的,你还应当查询其重要合作单位演出场所经营单位之前是否有发生意外事故的案例和新闻,如果有,你应当提醒演出举办者严格注意。

二、业务合同审核

正常情况下,参加演出的演艺工作者需要签署的核心业务合同是《演出劳务合同》或《参加演出合同》,而参加拍摄的演艺工作者需要签署的核心业务合同是《电影(电视剧)出演合同》或《电影(电视剧)演员聘请合同》。虽然参加不同演艺活动的演艺工作者,所要签署的合同名称不尽相同,但其实质上并没有太大的区别,因此在下文中,我们统一将演艺活动中的核心业务合同称为“演艺合同”。

如无特殊说明,在讲解演艺合同合同内容时,你将被统一称为演艺工作者,而由你向其提供表演服务的合作方,无论是演出的制作方,还是影视作品的制作方,都将被统称为制作方。

(一)当事人信息条款

演艺合同可能是本书中最需要关注合同当事方的合同,因为在现实生活中,无论是演出活动还是影视拍摄,经常会出现由所谓“演出艺术组”“剧组”与包括演艺工作者在内的合作者签署合同的现象。请注意,“演出艺术组”“剧组”等并不是法人或依法注册的其他组织,其不能独立承担民事责任。虽然在目前的司法审判中，人民法院对由所谓“剧组”“演出艺术组”签署的合同产生的纠纷而进行的判决，还是相对保护和“剧组”“演出艺术组”签约的演员、债权人的，会要求“剧组”“演出艺术组”背后的演出举办公司、影视制片公司等承担相应的民事责任，[①]但我们不能排除，未来是否会有法院，特别是从未审判过与专业的演艺合同相关的案件的法院，会做出与目前已有的判决完全相反的判决。况且，除了法律风险外，如果一份合同上签着一个根本不能依法独立从事民事活动的“当事方”的大名，实在会让整份合同看起来太过业余乃至可笑。

所以，笔者建议，应该从“根”上掐断和无法依法以自己的名义从事民事活动的主体缔约的可能。和你缔约的，必须是一家依法以自己的名义从事民事活动的法人或其他组织，且该法人或其他组织应该是你查到的影视备案信息或演出批准中，明确记载的法人或其他组织。

(二)演艺活动基本情况条款

在演艺合同中，为更加明晰地确定自己究竟要进行怎样的表演，你应当将与演艺活动相关的基本情况进行登记。这些需要登记的内容包括但不限于：

1. 演艺活动名称、类型。请注意，若你参与的是演出，则你应登记演出活动的名称，而且应登记演出活动的属性，包括但不限于演出的具体形式(演唱会、舞台剧、器乐演奏的音乐会等)，以及其属于普通演出还是组台演出(你是不是整场演出中唯一的演艺工作者)；若你参与的是影视拍摄，那么你应登记影视作品的名称，其具体的形式(电影、电视剧)，以及播出媒介等[院线播出、广播播出(有线播出)、网络播出，可多选]。

2. 演艺活动的核心主创姓名，及其在整个演艺活动中担任的职位。

3. 你个人在演艺活动中的身份和职位，该身份应尽可能涵盖你需要表演的主要内容，并确认你扮演的角色是否为主角等(如果是，则应明确是第几主角)。

请注意，如果你在演艺活动中有多个身份和职位的话，你应当把这些身份和职位全部记录在合同中。别断然认为该登记没用，要知道，以本人形象示人

---

① 参见北京市第一中级人民法院判决书，(2018)京01民终2143号；北京市第一中级人民法院判决书，(2018)京01民终2146号等。

的主持人，和完全虚拟的短剧角色，无论是表演方式还是表演难度都完全不同，这将直接影响下文的“表演要求条款”的规定。此外，根据“多劳多得”的原则，提供更多表演服务时，你也应获得更多的收益。例如，演员周星驰在年轻时，曾经参与过香港电视广播有限公司（TVB）儿童节目《四三零穿梭机》的制作，在节目中，他不但担当了节目的主持人，还扮演了节目中固定节目、搞笑短剧《黑白僵尸》中的“黑僵尸”，那么，对于周星驰而言，其在《四三零穿梭机》中的身份和职位就同时包括主持人和短剧演员。

4. 如果你需要表演一个虚构的角色，那么你还应登记该虚构角色的名称。

（三）表演要求条款

1. 建议对方提出尽可能明确的演艺要求

当你不是演艺活动的核心主创时，你需要表演的内容，基本不是你本人可以决定的，其绝大部分来自核心主创的要求。理论上，演艺活动合作方，特别是演艺活动的核心主创，理应在演艺活动开始前，就已经“胸有成竹”地做好了准备，包括但不限于已经规划好演艺活动的蓝图，还可以悉心、全面地对每一位演艺活动的参与者提出要求并给予相应的指导。

然而，并不是所有的演艺合作方和核心主创都会在签署合同时，就对演员等提出明确的要求，有的是因为其根本没有做过相关准备，所以没有能力提出具体的要求，等到演艺活动开始时，再“胡子眉毛一把抓”，从而费时费力，这种情况较为常见。但还有一种不大常见的情况，就是核心主创个人喜欢在“无要求”甚至完全“无台本”的情况下进行创作，并从这种“混沌”的状态中找到灵感。王家卫导演就是这种“混沌”创作的典范，日本演员木村拓哉在和其合作拍摄电影《2046》时，就曾抱怨过王家卫在拍摄电影的时候没有剧本，而他本人对电影“一无所知”，“电影是没有剧本的，正如一个分数因为没分母，就算我是任何一个分子，都不会得出答案，所以我不晓得怎么回答”。其还自嘲“是被王家卫遗弃的船员”。[①]

上述合同签署前未提出明确的要求、演艺活动开始后方才对演艺工作者“乱下指令”的情况，正是演艺工作者与演艺活动合作方之间产生矛盾、冲突

---

① 参见中国新闻网：《木村拓哉发泄对王家卫不满　自嘲被〈2046〉抛弃》，载新浪娱乐，http://ent.sina.com.cn/m/c/2003-03-05/1656135946.html。

乃至导致双方“对簿公堂”的重要原因之一。显然，你并不会愿意跟着“胡子眉毛一把抓”、毫无计划的核心主创做事，而除了王家卫导演本人外，你恐怕也不会允许第二位导演用你的演艺生涯来实践其“混沌”创作理论。所以，为了避免今后因为核心主创乱提要求、“突然袭击”之类可能引发的纠纷，你应当提醒对方，在双方签署的演艺合同中尽可能详细地提出对你表演的要求。

当然，并非所有与演出和影视拍摄相关的要求，都可以事无巨细地在签署合同时被提出，并全部落在纸面上，特别是某些要求本身可能会因为政策法律等的规定发生变化。对此，你至少应要求制作方，在那些正常演艺活动中都需要考虑的问题，以及出于个人形象打造、个人事业发展方向的因素必须考虑的问题上，向你提出要求。例如，是否需要你参加试镜，是否需要你剪发，是否需要你在演艺活动中保持特殊的身形，表演中是否需要你表演饮酒或饮用高糖饮料的场景，是否需要你做危险的动作等。

此外，对于那些针对以你个人表演作为演艺的核心内容、你本人就是演艺活动的核心主创的演艺活动，你也应当尽可能明确，制作方对你有没有其他方面的辅助性质的要求，例如，是否需要你自备服装、器材，演唱的过程中是否需要你自行使用乐器伴奏等。

2. 确定自己能否完成相应的要求

要求制作方和核心主创对你提出要求，不是说你必须要对这些要求“言听计从”，你应当客观地考虑，自己究竟能否完成这些要求，如果客观上无法完成的，你应当与制作方和核心主创商议，相应的要求能否有合适的替代方案。

(1)拒绝一切违法要求

诸多与演艺活动相关的法律法规，都对演艺活动及其工作产出在合法性问题上作了规定。例如，《营业性演出管理条例》第 25 条规定：“营业性演出不得有下列情形：(一)反对宪法确定的基本原则的；(二)危害国家统一、主权和领土完整，危害国家安全，或者损害国家荣誉和利益的；(三)煽动民族仇恨、民族歧视，侵害民族风俗习惯，伤害民族感情，破坏民族团结，违反宗教政策的；(四)扰乱社会秩序，破坏社会稳定的；(五)危害社会公德或者民族优秀文化传统的；(六)宣扬淫秽、色情、邪教、迷信或者渲染暴力的；(七)侮辱或者诽谤他人，侵害他人合法权益的；(八)表演方式恐怖、残忍，摧残演员身心健康的；(九)利用人体缺陷或者以展示人体变异等方式招徕观众的；(十)法律、行政法规禁止的其他情形。”《电影产业促进法》第16条亦规定:“电影不得含有下列内容:(一)违反宪法确定的基本原则,煽动抗拒或者破坏宪法、法律、行政法规实施;(二)危害国家统一、主权和领土完整,泄露国家秘密,危害国家安全,损害国家尊严、荣誉和利益,宣扬恐怖主义、极端主义;(三)诋毁民族优秀文化传统,煽动民族仇恨、民族歧视,侵害民族风俗习惯,歪曲民族历史或者民族历史人物,伤害民族感情,破坏民族团结;(四)煽动破坏国家宗教政策,宣扬邪教、迷信;(五)危害社会公德,扰乱社会秩序,破坏社会稳定,宣扬淫秽、赌博、吸毒,渲染暴力、恐怖,教唆犯罪或者传授犯罪方法;(六)侵害未成年人合法权益或者损害未成年人身心健康;(七)侮辱、诽谤他人或者散布他人隐私,侵害他人合法权益;(八)法律、行政法规禁止的其他内容。”

毫无疑问,无论是参加演出还是影视拍摄,你都应当拒绝任何违反法律法规规定的要求,这是我国法律法规对演艺活动内容的基本规定,也是本书自始至终在强调的。

(2)客观、全面地考虑自己能否完成对方的要求

即使是完全合法的要求,其在客观上可能也难以完成,这些客观难以完成的要求,包括但不限于在短时间内控制身材,以及危险实景拍摄等。

例如,关于短时间内控制身材,英国演员克里斯蒂安·贝尔被喜爱他的影迷称为“橡皮人”,身高1.83米的贝尔,在拍摄电影《机械师》时曾经瘦到了50多公斤,但在第二年《蝙蝠侠:侠影之谜》中迅速增肌、增重(而不是增肥)到了80多公斤;在2018年的《副总统》中,为了扮演美国前总统迪克·切尼,贝尔增肥(这次真的是增肥)到了100多公斤,但在2019年的《极速车王》中,他又重新瘦成了消瘦的赛车手身材①。而关于危险的实景拍摄,无论是中国演员成龙,还是美国演员“阿汤哥”汤姆·克鲁斯,都有“从不用特技”的工作方式,无论是“坠楼”还是“扒飞机”,都是会自己上阵。

显然,普通人可能很难像贝尔那样“伸缩自如”(这其中包含了大量非常艰苦的训练),也很难像成龙、汤姆·克鲁斯那样有为了作品质量不惜一切的

---

① 想进一步了解克里斯蒂安·贝尔在不同电影中的“疯狂瘦身、增重”史的,可阅读以下文章:Meghan Cook, 10 *Times Christian Bale Drastically Changed His Appearance for Roles*, Insider (Jan. 30, 2020), https://www.insider.com/times-christian-bale-changed-his-appearance-for-roles-2019-1。

冒险主义精神(这需要演员冒大量非常残酷的风险。当然,成龙和“阿汤哥”如此热衷于危险的实景拍摄,也和这两位演员本身就是其参演的大部分作品的核心主创有关)。如果碰到这些要求,而你确实客观上无法完成的,你应当与对方商议,是否可以通过替代方案代替预案要求,例如,使用化妆技术代替极端的身材控制,以及用特技效果取代实拍等。

除了以上完成的难度较高的要求外,有些要求则可能与你个人形象的打造不符,你本人也难以接受相应的要求,例如,要求身为女性的演艺工作者剪掉长发,把自己剃成光头示人,对有些演艺工作者而言,就是一件难以接受的事,如果该情况适用于你,那么你也应与对方讨论,是否可以以其他替代方式,如佩戴头套等。

(四)表演工作时间条款

和代言合同一样,演艺合同中也有“工作时间”的概念,即所谓表演工作时间,其指的是在一次演艺活动中总的工作时间长度,通过两个概念相乘而计算得出。

1. 工作期限

即你的表演工作自哪一日的什么事件为开始(开始日期),至哪一日的什么事件为结束,刨除其中必要的休息时间后,总共有多少个工作日。针对一个工作日之内就可以完成的各种演艺活动,如一场制的演唱会、脱口秀、曲艺节目,以及节目内容非连载性质的综艺等,只要你与演出举办方确定了你要表演的节目内容,则表演时间一般不难确定。正常情况下,以你个人为核心主创的演艺活动,都是一天之内结束的,所以开始日期和结束日期都是同一天,工作日自然也只有一天。如果此类演艺活动需要彩排的,那么开始日期一般是第一次彩排的开始日。请注意,每个彩排日都是一个工作日,因此,彩排日的数量应当是有限的,且你在每个彩排日中演出的时间也应当是有限的,毕竟,过多的彩排不但对提高表演质量无大意义,甚至还可能对你的身体健康造成伤害。

但诸如影视拍摄、话剧演出,或长期需要驻场的综艺节目录制、巡回演唱会等演艺活动,无法在一日内完成。所以你应当分别确定该类演艺活动的开始时间和结束时间。开始时间和结束时间应当有定义或容易界定的标志性事件,如演艺活动开始时间可以是参加演艺活动的第一次工作会议/开机仪式之日,也可以是进入片场日,结束时间则可以是个人根据剧本、台本等完成表演工作之日等。开始时间和结束时间理论上都应精确到日,或至少应确定,开始时间不应早于具体的哪一日,结束时间不应晚于具体的哪一日。正常情况下,出于为投资人负责以及抢占关键的档期等考虑,影视作品制作方或话剧等演出的举办方都会制定完整的工作计划,该工作计划中都会包含具体的筹备、制作和杀青日期。你也可以以该等日期为基础,确定你的表演开始时间和结束时间。

2. 在每个工作日内你应当工作多长时间

你也应确定自己在演艺活动中,具体需要表演多长时间,该时间应精确至分钟。出于同时保护自己的利益和买票来看你表演的消费者的利益的需求,你还应在合同中约定,演艺活动中的总表演时间不应少于多少分钟,但同时不应多于多少分钟。

在参与一日之内无法结束的演艺活动时,你可以在自己的演艺合同中规定,自己每日的表演时间不超过八小时,中间应包括必要的休息时间。如果有必要的“加班”的,则应在“加班”结束的第二日补休。表演时间中还必须包括必要的休息日(以及相应的事假日、病假日等),此处的休息日是完整休息一天,不是也不包括前文所述的工作日中的休息时间。

除了表演本身外,所有与表演相关的筹备、彩排、试装(妆)、定装(妆)、研讨、配音、补拍、重拍等,都应列入“工作”的范畴,这些工作耗费的时间,当然应计入工作时间中。你的总表演工作时间 = 总工作日数 × 每个工作日内的表演时间。总表演工作时间越长,你就可以要求越高的报酬。

(五)肖像许可使用条款

和代言合同一样,演艺合同中也可能出现需要你履行的肖像许可使用条款,一般而言,制作方会要求你向其提供三项肖像使用上的许可。

1. 许可其以发表、复制、发行、出租、展览等方式使用含有你肖像的作品/录像制品,即电影、电视剧、演出录像等

此次《民法典》立法最大的变革之一,莫过于将人格权相关规定单独成编,而在《民法典》人格权编中,最重要的规定之一,莫过于第 1019 条规定的,人格权的“东风”,压倒了著作权的“西风”。《民法典》第 1019 条规定:“任何组织或者个人不得以丑化、污损,或者利用信息技术手段伪造等方式侵害他人的肖

像权。未经肖像权人同意,不得制作、使用、公开肖像权人的肖像,但是法律另有规定的除外。未经肖像权人同意,肖像作品权利人不得以发表、复制、发行、出租、展览等方式使用或者公开肖像权人的肖像。"

简言之,在《民法典》生效后,当演出制作方希望将你参加的演出制作成录像制品的(也可能直接录制为电影,如前文所述的《汉密尔顿》),影视作品①制作方需要发行含有你肖像的电影、电视作品时,其应当经过你的同意,否则,至少该作品中含有你肖像的部分是不可以被公开和使用的。

当然,对你而言,参加演出和影视拍摄,重要目的之一就是希望通过演出、影视作品的公开,提升自己的知名度,因此你一般没理由拒绝该等许可,除非你发现,制作方有下文"成片审核权条款"即将提及的歪曲、丑化你的肖像,或最终的作品的行为。

2. 许可其使用你的肖像进行广告宣传

无论是演出还是影视作品,都需要进行广告宣传,而制作方可能会需要你向其进行肖像使用的许可,供其进行宣传营销之用。如果制作方提出该要求的,你应该参考"广告代言"一章中"肖像许可使用条款"的内容,要求制作方使用你的肖像进行宣传时:

(1)仅可使用从你参加的演出或影视作品中截取的,或由你本人提供的肖像;

(2)将所有使用你肖像的设计方案和最终具体的宣传广告成品提交给你审核,并根据你的意见进行修改——至少应在合法性和"丑化形象"上接受你的意见。

3. 许可其使用你的肖像制作衍生商品

与以上两者不同,如果制作方需要使用你的肖像制作衍生商品的,那么你应当对其提出比使用肖像进行广告宣传更多的限制性要求,简言之,制作方使用你的肖像制作衍生商品时,这些要求主要包括:

(1)制作衍生商品时仅可使用从你参加的演艺活动中截取的肖像(包括

---

① 用于反映肖像的"载体",即肖像作品的形式,包括书籍、报刊、电影、电视、网络等。参见最高人民法院民法典贯彻实施工作领导小组编:《中华人民共和国民法典人格权编理解与适用》,人民法院出版社2020年版,第236页。

相应的发饰、服装等)。与广告宣传不同,制作方不得使用与你参加的演出或影视作品无关的你的肖像,哪怕这些肖像是你提供的。

(2)和广告宣传一样,所有制作方制作衍生商品的设计方案及最终成品都应经过你的审核。

(3)所有需要使用你肖像制作的衍生商品,不得出现你的姓名,相反,其应当出现足够多的与演出、影视作品相关的信息,使公众足以分辨这是演艺活动的衍生商品,而不是你个人代言的商品。

(4)可以使用你肖像制作的衍生商品的具体种类,应当提前予以明确,至少,你也应规定,制作方不得使用你的肖像制作包括但不限于《广告法》规定的不许使用代言人的商品,以及成人用品、射击用的人形箭靶等可能导致你的公众评价下降的衍生商品。

(六)成片审核权条款

正常情况下,制作方出于保护其观众基本观感的考虑,不大可能歪曲、丑化出演其演艺活动的演艺工作者的形象,但对某些性格怪异、暴戾且又在整个演艺活动中"一言九鼎"的核心主创而言,"糟蹋"演艺工作者的形象可能正是其心头所好之一。如果你碰到的核心主创符合前述情况的或以往有前述"恶行"的,你应当要求在合同中设置一条成片审核权条款,即你有权对自己参与的演艺活动的最终"成品"中,展示你个人肖像的片段进行审核,如果你认为这些片段歪曲、丑化了你的形象的,则你有权要求制作方进行修改;如果制作方拒绝进行修改的,则其拒绝进行修改的行为将构成严重违约。

(七)参展、获奖条款

与代言合同中的广告主一样,制作方也会希望参加演艺活动的演艺工作者,可以通过出席活动、进行自媒体账号互动等方式,为演艺活动最终完成的作品提供宣传。对此,你可以参考代言合同,就针对此类活动设置的条款进行审核和修改,除了以下这一例外——参展及获奖。

广告代言业务中虽然也有不少奖项(如中国广告协会颁发的"长城奖"①),但这些奖项一般只会颁发给广告设计者或广告主,与作为代言人的演艺工作

① 与此类奖项相关的更多信息,参见中国广告协会官网:http://www.china-caa.org/cnaa/jiangxiang/1。

者无关，演艺工作者参加此类奖项的颁奖典礼，实际与参加其他任何一项宣传活动无异。

但演艺活动中的奖项则不然，特别是诸多与电影相关的奖项，演艺工作者不但可以成为其中的旁观者、参与者，更可能成为其中独一无二的主角，毕竟，在与电影相关的颁奖礼中，奇迹实在发生得太多——在美国和苏联对抗最为激烈的20世纪60年代到80年代，奥斯卡曾将三个奥斯卡最佳外语片颁给了苏联电影（《战争与和平》《德尔苏·乌扎拉》《莫斯科不相信眼泪》）；在1988年，年仅13岁的英国演员乔迪·梅，出人意料地"加冕"为史上最年轻的戛纳影后；而在16年后的2004年，年仅14岁的日本演员柳乐优弥战胜了成名已久的中国演员梁朝伟、韩国演员崔岷植、美国演员汤姆·汉克斯等，"加冕"为史上最年轻的戛纳影帝……正因如此，对你而言，演艺活动中的奖项可绝不仅仅是另一项"合作方的宣传活动"，它完全可以变成你自己的宣传活动，甚至是你"扬名立万"的绝好机会！

虽然只有电影制作方，即电影的制作方才能决定，是否报送电影参展评奖。但这不意味着你无法通过设置合同条款对参展、获奖进行一定的规制，这些规制包括但不限于：

1. 你应提醒制作方注意报送电影参展的合法性问题。《电影产业促进法》第21条明确规定："摄制完成的电影取得电影公映许可证，方可参加电影节（展）。拟参加境外电影节（展）的，送展法人、其他组织应当在该境外电影节（展）举办前，将相关材料报国务院电影主管部门或者省、自治区、直辖市人民政府电影主管部门备案。"即只有取得公映许可证的电影才可以参展，且相关材料应向电影主管部门备案。若未取得公映许可证便将电影送境外电影节（展）参展的，则须根据《电影产业促进法》《电影管理条例》在内的规定，接受多项处罚。

如果你参演的电影希望参加奥斯卡最佳国际电影评选，那么参选过程出现违法风险的可能性不大，毕竟，各国奥斯卡最佳国际电影奖参选电影必须由国家选送（由权威的国家级电影组织代表选送），如果电影未取得公映许可证，那么在国家选送这一关就被卡掉了，根本不可能参展成功。但诸如戛纳电影节、柏林电影节等同样知名的国际电影节，都允许参选者自行申报参选，[①]这就大大增加了不了解我国有关参加境外电影节(展)相关法律法规的制作方违法违规的风险。因此，你应当提醒制作方注意，严格遵守包括但不限于《电影产业促进法》在内的法律法规有关参展的规定。

2. 关于申报何种奖项，你应当在与制作方协商后，根据自己的实际情况，以及当年相关奖项的竞争态势决定。虽然很多人都渴望“最佳男主角/最佳女主角”的荣光，但申报角逐“最佳男配角/最佳女配角”也没什么不可接受的，例如，之前 HBO 在为《权力的游戏》主要演员申报艾美奖时，基本都申报了最佳男配角/最佳女配角的奖项，由此也造就了“小恶魔”提利昂·兰尼斯特的扮演者彼得·丁拉基四夺艾美奖剧情类剧集最佳男配角的荣光。不得不说，HBO 这一“只报配角”的做法，称得上是一手妙笔。如果在 2017 年时，HBO 为彼得·丁拉基申报了剧情类剧集最佳男主角奖项的竞逐，那恐怕丁拉基就会少一座艾美奖奖杯了。毕竟，恐怕没有人能在当年《广告狂人》迎来最后一季时，在最佳男主角的竞争上战胜“广告狂人”乔·哈姆。

3. 电影节(展)邀请你代表电影参加电影节(展)相关活动的，或电影制作方希望你参加电影节(展)相关活动的，那么相应的差旅费等，应当由电影制作方承担。归根结底，参展也不过是一种特殊的宣传活动，你参与该活动产生的费用，当然应当由制作方承担。

4. 若电影节(展)获奖的，则获奖得到的奖杯、证书、奖金[②]等应根据电影节(展)组委会的规定，归相应的获奖主体所有，而不应被电影制片方独占。当你获得最佳男演员/女演员等演员相关奖项时，该奖项的奖杯、证书、奖金除非评委会规定中另有安排的，否则，均应当归你个人所有。

---

① 相关申报流程，载戛纳电影节官网：https://www.festival-cannes.com/zh/participer/inscription#tab = guan-fang-ping-xuan-chang-pian；柏林电影节官网：https://www.berlinale.de/en/film-entry/guidelines/general-guidelines.html。

② 绝大多数电影奖不会向主流奖项，如最佳影片、最佳导演、最佳演员等支付奖金，但出于鼓励青年电影发展的目的，会为一些青年电影人获奖者支付一定金额的鼓励性质奖金。例如，戛纳电影节“电影基金会”评审单元(La Cinéfondation)会为获得前四名的青年电影人提供 5000 欧元至 15000 欧元不等的奖金，参见戛纳电影节“电影基金会”评审单元官网：https://www.festival-cannes.com/zh/participer/rules? id = 4。

（八）服从管理条款

为了保证演艺活动最终产出的“产品”，包括但不限于演出、电影、电视剧等的质量，制作方有权（有的情况下还有义务，如《电影管理条例》第 14 条规定：“电影制片单位应当建立、健全管理制度，保证电影片的质量。”）针对演艺活动的创作、人力、经费、合规、劳务等事务，制定各种管理制度。所谓服从管理，指的是制作方会要求你，遵守其制定的各种针对演艺活动的管理制度，服从其根据管理制度进行的管理。

正常情况下，如果演出组织方制定的管理制度内容符合法律法规等规定，你应遵守这些管理制度，并服从相应的管理。但是，服从管理，并不是只有让你“听话”这一项规定。并不是对所有的管理制度，你都应该“照单全收”，如果碰到违法违规的管理制度，你当然有权拒绝服从相应的管理，并建议制作方对此进行修改，如果其拒绝修改的，你有权拒绝执行，并可以选择向相应的主管部门反映情况。

（九）安全保障和隐私保护条款

不要忘了，参加演艺活动归根结底也是一项活动，既然是活动，你就有必要要求制作方保障你的人身安全、财产安全以及隐私，对此，你应当参考“广告代言”一章，为制作方设置安全保障和隐私保护义务条款。

（十）专职表演条款（独家合作条款）

同样是为了保证演艺活动最终产出的“产品”的质量，制作方还可能会要求演艺工作者为其提供专职的表演，即演艺工作者在演艺合同规定的表演工作时间内，不得参加合同外第三方组织的演艺活动。以往的演艺合同中少见类似“独家合作条款”的专职表演条款，这一要求是针对近年来愈演愈烈的“轧戏”现象产生的。所谓“轧戏”，指的是有的演艺工作者会一次性签署多份演艺活动合同，然后在多个影视片场、演出活动现场来回“串场”，最后因为精力不足导致演艺活动最终成果质量下降的情况。

专职表演条款有其内在合理性，但你需要注意，仅在制作方可以向你给出详细周密、日期明确的工作时间条款和工作计划的情况下，你才可以同意在演艺合同中增加专职表演条款，而且专职表演的义务仅限于你参加演艺工作期间，即你进行演出（及彩排）或拍摄影视作品期间，而在你为演出或影视作品进行线下宣传时，则不应受到该限制。反之，如果对方拿不出这样的工作时间条款和工作计划，那么笔者建议你，不要允许对方在合同中增加专职表演条款。试想一下，如果你是一名电影演员，碰上了一位立志效仿詹姆斯·卡梅隆的主创，其想像詹姆斯·卡梅隆拍摄《阿凡达2》一样，用超过十年的时间[①]来拍一部影视作品，难道你会同意专职表演条款，然后十年之间除了这部新"阿凡达"外，再不拍戏了吗？

（十一）拒绝与违法失德艺人共同表演条款

不知你是否看过日剧《共演NG》？在该剧中，编剧大根仁和樋口卓治巧妙地借角色之口，讲述了普遍存在于日本乃至全世界的"共演NG"现象，即一名演员会因为各种理由拒绝与另一名演员共同出演一部影视作品，拒绝共同出演原因包括但不限于曾在拍摄现场起过摩擦、没合作但单纯讨厌对方、未见面但被对方背后恶言攻击的、舆论盛传双方关系不好的、演员所属的事务所为了营造人设故意为之、两名演员之前曾发生过恋爱纠葛等。[②]"共演NG"一般是"大牌"演艺工作者的"特权"，演艺工作新人很难向制作方主张这一要求，当然，由于出演作品不多，演艺工作新人一般也没有主张"共演NG"的需要。

但是，在一种情况下，即使你是演艺工作新人，也可以"理直气壮"主张类似"共演NG"的要求，这就是拒绝与违法失德艺人共同表演。2020年11月，国家广播电视总局发布了《关于加强网络秀场直播和电商直播管理的通知》，明确规定"要切实采取有力措施不为违法失德艺人提供公开出镜发声机会"。因此，你当然有权拒绝和违法失德艺人共同在某一演艺活动中进行表演，并有权在演艺合同中规定，制作方应拒绝邀请违法失德艺人参与演艺活动，如果制作方邀请违法失德艺人参与演艺活动，且经过你提醒仍然不予以改正的，则制作方该强行邀请违法失德艺人参与演艺活动的行为将构成严重违约。

相较而言，举办演出由于其相关的审批流程更为简便，不用像电影、电视节目制作一样接受那么多的审核、监管，而且很多演出会在短时间内举办完

① 《阿凡达2》至迟在2010年就传出了立项制作的新闻，参见《卡梅隆透露：制作〈阿凡达〉续集需花3年》，载时光网，http://news.mtime.com/2010/05/14/1431863.html。

② 参见大根仁、樋口卓治.共演NG第一話.TV TOKYO、BSテレ東.2020：00：06－01：02。

成,制作成本不高,完全不用像制作成本高昂、需要上映、播放一个月乃至更久方可盈利乃至仅可"回本"的电影、电视节目一样考虑长期的影响力,这一系列因素,导致演出制作方邀请违法失德艺人参与演出的情况,要比影视作品制作方邀请违法失德艺人参与影视作品制作的情况更为常见,所以在参加演出时,你需要更加注意向制作方阐明拒绝与违法失德艺人共同表演的要求。

(十二)为广告主设置的权利保留条款

还记得"广告代言"一章中的"代言商品展示和提供条款"吗?在签署演艺活动前,你需要告诉演艺活动合作方,自己目前代言的所有商品,并确认演艺活动的赞助商赞助的、需要在演艺活动中展示的商品,是否和自己已代言的商品存在竞争关系。如果存在,你应当告知制作方,自己受制于已经签订的代言合同,不能为这些需要在演艺活动中展示的商品提供展示和推荐服务,包括但不限于在表演过程中说出推荐这些商品的台词等。

(十三)行为规范条款

相较代言合同中的行为规范条款,演艺合同中的行为规范条款,一般不含有"不得从事任何可能对身体健康造成风险,并损害其作为专业运动员的能力和技能的高危活动"的要求,哪怕对运动员也是如此。当然,如果你是运动员时,即使对方不要求,为了保持长期稳定的竞技状态,你最好也不要从事这些高危活动。

至于其他行为规范条款,只需参考"广告代言"一章中的相关内容制定,并将被代言方换成制作方即可。

(十四)权利完整性条款

虽然我们在"《民法典》视域下的合同基本知识和通用条款"中,就已经说明了所有合同都应有"权利完整性承诺",特别是知识产权完整性承诺,但是在本章中,我们有必要再对其强调一次。当你参加任何形式的演艺活动时,你一定要确定,你有权利表演相应的作品,无论该作品是由制作方提供,还是由你自己享有其著作权。

在绝大多数,特别是由演员根据剧本(无论是影视拍摄中的电影演员、电视演员,还是话剧演出中的话剧演员)进行表演的演艺活动中,制作方会要求你表演他人创作的作品,对此,你应当要求制作方向你提供其获得了该作品相应许可的证明,如出演电影时,应要求制作方提供剧本的摄制许可证明,若剧本并非编剧原创的,则还应要求制作方提供其可以将原作品(无论其是小说、漫画还是其他)改编成剧本的改编许可证明;如果你是歌手,制作方要求你演唱他人的音乐作品的,你也应要求制作方向你提供该音乐作品的表演权许可。

有些情况下,演艺活动需要你表演自己的作品,如歌手会被要求表演自己创作的音乐作品、曲艺演员会被要求表演自己创作的曲艺作品,舞蹈演员会被要求表演自己创作的舞蹈作品,在此情况下,你一定要确定,自己有权表演该作品,也有权许可对方将自己表演的片段制作成录像制品乃至电影。

如果你是一名独立的演艺工作者,与你表演,以及你表演的作品(显然,表演要以作品为前提)相关的权利当然归你所有,你不但可以自由地表演这些作品,也可以自由地许可演出制作方将你的表演制作成录音录像制品。

可如果你是一家演出单位的员工,那么你的表演很可能会被视为"职务表演",与其相关的权利很可能就不属于你了,哪怕所有与表演相关的素材、信息都是你个人创作的,你也无法自由地参加除自己所属的演出单位之外,其他演出单位组织的演出,更遑论将自己的表演许可给他人制作录音录像制品。《著作权法》第 40 条第 1 款规定:"演员为完成本演出单位的演出任务进行的表演为职务表演,演员享有表明身份和保护表演形象不受歪曲的权利,其他权利归属由当事人约定。当事人没有约定或者约定不明确的,职务表演的权利由演出单位享有。"

因此,如果你并非独立从业,但希望自己创作的与表演相关的权利归自己所有的话,你应当明确与自己所属的文艺表演团体约定,与你个人创作的职务表演相关的权利应当归你所有。但请注意,即使你如此约定,根据《著作权法》第 40 条第 2 款"职务表演的权利由演员享有的,演出单位可以在其业务范围内免费使用该表演"的规定,如果你真的想无拘无束地表演创收,那么最好还是选择一人独立单干。

(十五)酬劳条款

1. 基本酬劳

对于演艺工作者而言,想像美国演员小罗伯特·唐尼一样,兼职所出演的电影的制片人，并从电影的总票房中获得分红，基本是一件不可能的事。[①] 一般情况下，演艺工作者仅能通过参加演艺活动获得固定金额的报酬。

对于你的报酬，你除了需要关注老调重弹的“多少钱”“怎么付”“何时付”等内容外，还应注意一点——分期付款及其条件。

在不同的演艺活动合作方中，演出举办方一般会一次性，在本书提到的所有业务中，大概再也没有别的业务的合作方，会比演艺合同中的制作方，更热衷于分期付款了。绝大多数的制作方，或会选择按月付款，或会选择按不同的业务关键节点日付款，例如，影视作品的制作方会选择按照合同签订日、开机日、拍摄计划完成一半之日、演艺工作者个人拍摄内容杀青日、全片杀青日等几个时间点，向演艺工作者付款。

分期付款毫无疑问会增加你无法收到全款的风险，但这确实是一种演艺活动业内的行业习惯（而且相当根深蒂固）。如果你无法与对方协商一致，让对方一次性将所有报酬都发放给你，那么你至少应该确定：

（1）如果对方按月向你支付报酬的，应确定每个月报酬的发放日；

（2）如果对方按业务关键节点日向你支付报酬的，由于拍摄计划完成一半之日、演员个人拍摄内容杀青日、全片杀青日这样的业务关键节点日，究竟是哪一天，是不确定的，因此你应当将相关的业务关键节点日后加上“且不迟于某年某月某日”的表述（哪怕该日期比对方承诺给你的“可能的”业务关键节点日晚一点，算是双方各让一步），这样，至少你可以在一个确定的日期（或不迟于该日期）收到自己的报酬，而不用苦等那个含糊不清的“业务关键节点日”的到来。

2. 超时工作酬劳

如果对方非因你个人的原因，要求你在合同规定的表演工作时间之外，额外提供表演服务的，包括但不限于影视拍摄中的重拍、补拍、重新录音等，演出中的返场演出等，则对方应向你额外支付报酬。该报酬可以参考表演工作时间和基本酬劳的规定计算，也可以为固定的金额。

---

① 根据 CBR 网站的报道，小罗伯特·唐尼出演《钢铁侠 3》的基本片酬是一千万美元，但其从本片中获得的总收入则高达五千万美元，其大部分收入来自票房分红。参见 Brian Patchett, *How Much Robert Downey Jr. was Paid for Each of His MCU Films*, CBR (Jul. 17, 2019), https://www.cbr.com/robert-downey-jr-paid-mcu-films/。

3. 食宿交通待遇和保险

不同于广告代言业务中“有活动才有食宿交通待遇及保险”，演艺活动中不存在“没有活动”的可能，因此，所有演艺活动合作方，都应当为你购买必要的保险。此外，无论是演出，还是影视拍摄，任何一项演出业务发生在你家旁边，只需要你走路几分钟就可以到场、结束后还可以回家吃饭的可能性都是微乎其微的，因此，在任何演艺合同中，你都应尽可能详细地设置，对方应向你提供的伙食标准、住宿标准、城市间/城市内交通标准等。

（十六）违约条款

以下行为可被视为演艺合同中的特殊的严重违约行为：

1. 制作方不接受演艺工作者建议，强行邀请违法失德艺人参加合同规定的演艺活动的；

2. 制作方将演艺活动的产品违规送往国外参展、评奖的；

3. 演艺工作者不遵守专职表演条款规定，经制作方劝说、提示后，仍不改正的；

4. 制作方未能尽到安全保障义务，导致演艺工作者遭受重大人身伤害或重要个人隐私泄露的；

5. 制作方在许可范围外使用演艺工作者肖像，或执意丑化演艺工作者肖像，经演艺工作者劝说、提示后，仍不改正的（不改正的表现包括但不限于继续使用、丑化肖像，及虽然停止在许可范围外使用肖像，但未将超范围许可取得的收入转交给演艺工作者的）；

6. 任何一方违反其应当履行、遵守的行为规范条款，达到一定次数的（该次数可以是一次），其中，无论是制作方还是与制作方具有高度一致性/相似性的股东/高管违反其应当履行、遵守的行为规范条款的，制作方均对演艺工作者构成严重违约。

第五章

直　播

截至2020年12月，中国已经有了超过9.44亿网络视听用户，其中，移动直播用户超过6.17亿[①]。在当代生活中，你可能很难找到一个比“直播”更为人广泛所用，同时又嵌入生活的各个方面的概念了，而对于文体产业而言，直播拥有非凡的意义。直播不仅是很多人欣赏、购买文体产业产出的各项智慧成果，包括但不限于体育赛事、游戏、演出、真人秀等的首要途径，同样也是文体产业从业者进行智慧成果产出的重要媒介。

在现今的文体产业中，不但越来越多的从业者，从直播业务中开始自己在行业内的起步，甚至一些已经“功成名就”的从业者，都开始利用直播业务，进一步拓展自己的事业，增加自己的收入。直播业务对于文体产业从业者的事业发展，无论是“从零到一”还是“从少到多”都有非凡的意义，因此，为了充分利用好这个可以兼顾“自我展示”和“获得收入”的平台，你需要为自己进入直播业务的法律文件把好关。

一、业务了解与风险防控

(一)什么是“直播”

“看多了”直播的文体产业从业者可能会产生一个错觉：直播必须要主播本人参与并展示自己的某些身份属性(无论是本人“出镜”展示自己的真实形象，

① 《2021中国网络视听发展研究报告：网络视听用户规模达9.44亿》，载中国新闻网，http://www.chinanews.com/cj/2021/06-02/9491226.shtml。

还是以画外旁白的方式展示了自己的声音)。这一想法确实与大部分直播活动的实际形式相符,但相较于法律法规的实际规定而言有些片面。《互联网直播服务管理规定》第2条第2款明确规定:"本规定所称互联网直播,是指基于互联网,以视频、音频、图文等形式向公众持续发布实时信息的活动;本规定所称互联网直播服务提供者,是指提供互联网直播平台服务的主体;本规定所称互联网直播服务使用者,包括互联网直播发布者和用户。"因此,只要通过互联网,向公众发布实时信息的活动(与其相反的则是),都属于直播,哪怕是以即时录屏并发布的方式无声地向公众展示PPT,也属于直播的范畴。反过来,如果你在网站上发布的内容,是提前录制、剪辑完成再上传,并经过网站编辑等审核后方才发布的,那么,无论你在其中亮相多久,都不算直播(而属于著作权许可)。

(二)直播网站的合法性

在那些"耳熟能详"的直播网站(包括但不限于抖音、快手、哔哩哔哩、虎牙、斗鱼、企鹅直播、网易CC直播、淘宝直播等)直播,一般不会存在网站经营资质不合法的风险——如果这些网站其中之一真出了资质合法性的风险,那将是"天崩地裂"的"大事件",你也没有必要从现在开始"防患于未然"。

但针对那些"没那么著名"的直播网站,你就需要注意关注其合法性了。合法的直播网站至少需要获得以下资质:互联网信息服务业务经营许可证、全国互联网安全管理服务平台联网备案许可、网络文化经营许可证。

(三)直播内容

《互联网直播服务管理规定》第9条明确规定:"互联网直播服务提供者以及互联网直播服务使用者不得利用互联网直播服务从事危害国家安全、破坏社会稳定、扰乱社会秩序、侵犯他人合法权益、传播淫秽色情等法律法规禁止的活动,不得利用互联网直播服务制作、复制、发布、传播法律法规禁止的信息内容。"对于前述直播过程中被禁止的活动和信息内容,别的都很好理解并加以避免、预防,唯有"侵犯他人合法权益"一项,可能因为理解上的偏差而被文体产业从业者忽略掉。

有些主播可能认为,所谓"侵犯他人合法权益",指的就是在直播中骂人或者涂损别人的肖像之类,这不错,但不够全面,比起前述侵犯人格权的行为,直播中更为常见的"侵犯他人合法权益",是侵犯他人著作权的行为,特别是所谓的“听书”。

所谓“听书”，指的是主播在直播中，将一本正规出版物（以小说、通识读物等居多）一字不落或将其主要内容原封不动地读给公众的行为。有些主播还会在直播过程中使用录屏、录音等，将自己读书的过程制成录音录像作品，重新上传。以朗读的形式将原作品（书）内容完整展示给公众的行为，已经明显超越了《著作权法》有关合理使用的范围，属于侵权行为。

除了“听书”，另一项常见的直播中发生的侵权行为是游戏直播，在广东省高级人民法院（2018）粤民终 137 号《广州网易计算机系统有限公司与上诉人广州华多网络科技有限公司侵害著作权及不正当竞争纠纷二审民事判决书》中，广东省高院判决，未经游戏著作权人许可的游戏直播行为，属于对著作权人的侵权。作为暂时没有相反结果案例的高院判决，该案判决结果在一般审判中有很高的参考价值，非常值得注意。

不同于“听书”侵权，游戏著作权人一般不会直接起诉作为直接“制作人”的直播服务使用者（也就是你个人，相反，绝大多数“听书”侵权中，被起诉的都是“听书”的“制作人”），而是更倾向于起诉直播服务提供者即直播平台，因此，如果你主要的直播业务是直播游戏，那么你目前因侵权被游戏版权方直接起诉的可能性不大，更大的风险可能是所在的直播平台禁播你所直播的游戏，导致你无法再直播该游戏，从而导致之前因喜爱该游戏而关注你的粉丝离你而去。

（四）务必就有回报的直播合作签署书面合同

绝大多数直播平台只会提供标准格式、电子版的用户协议，用户同意则可以使用该平台，不同意则不可使用该平台，用户协议本身无法修改。不过幸好，截至本书完稿时，大多数你“耳熟能详”的直播平台的用户协议中，并没有什么明显不利于你、特别是要侵夺你的合法权利的内容。因此，你可以按照这些平台的注册程序注册账号，直接开展业务。如果你实在不相信某些直播平台的“节操”，觉得未来这些平台会随便乱改用户协议并想要“抢劫”知识产权的话（如果这种事发生，那将是“天崩地裂”的大事），那么你可以在注册成功后，在自己账号公开的位置（如个人简介栏）增加这样一句话：

“本人使用某平台（含其运营公司某公司，下同）直播功能的目的，仅限于对个人直播表演进行展示，以及可能地对本人创作的部分作品行使发表权和信息网络传播权，本人使用某平台进行直播、发表前述作品的过程，不代表本人许可某平台将本人任何直播表演内容制作为智慧成果（包括但不限于将本人直播表演内容制作为作品、录音录像制品，下同）的权利，和/或前述作品的任意财产性著作权，未经本人书面同意，某平台不得自行或授予其他第三方将本人直播表演内容制作为智慧成果，和/或行使本人作品的任意财产性著作权，包括但不限于复制权、发行权、翻译权、汇编权、改编权、广播权、信息网络传播权等。本人亦不接受某平台起草的用户协议中，任何要求本人无偿向其授予将本人直播表演内容制作为智慧成果，和/或前述作品的任意财产性著作权的要求。”

但如果直播平台的运营公司明确承诺给你一些“东西”——这些“东西”可能是报酬，也可能是扶持政策等——那你就务必要和对方签一份书面合同了。不过，一般情况下，为了保护自身利益，对于自己明确有所“支出”的合作，直播平台的运营公司也会主动与主播签署书面合同。

（五）对方涉诉行为查询

当然，在选定一家或多家直播平台合作前，不要忘了查询这些直播平台的涉诉记录，特别是其是否曾经和入驻的主播发生过纠纷，纠纷的最终裁判结果如何，以及其是否曾经因侵权，被禁止过直播某些特定游戏的直播等。

二、业务合同审核

在上文中我们已经提到，务必就有回报的直播合作签署书面合同。因此，直播业务中的核心业务合同，仅限于那些运营方会向你提供回报的合同，这包括两种，其中，直播平台运营方与尚未在直播平台开设直播业务的主播所签署的合同，是《直播入驻合同》，而和已经开设了直播业务的主播所签署的合同，则是《直播扶持合同》，这两种与直播业务有关的合同内容基本相同，均可简称为“直播合同”。本书将讲述更为复杂的直播入驻合同的审核。如无特殊说明，在讲解直播合同内容时，你将被统一称为主播，而邀请你入驻其平台进行直播的直播网站/APP 运营企业，将被称为运营方。

（一）入驻平台条款

审核修改直播合作合同，首先要搞清楚自己入驻的究竟是哪个直播平台。

所有的直播平台，都有其运营方，但反过来，该运营方旗下，并不一定只有一个直播平台［例如，“抖音”的运营方北京微播视界科技有限公司，就拥有抖音和抖音火山直播（原火山小视频）两大直播平台］，此外，有的运营方还会在一份直播合同中，同时要求主播入驻与运营方同属于同一企业集团的其他关联公司运营的直播平台。

需要注意，入驻一家还是多家直播平台，是你个人的选择，但是，你入驻的直播平台越多，直播平台运营方因此受益就越多，因此其应当给予你的待遇（无论是给你的合作费用，还是给你的扶持政策等）就该越多。

入驻平台条款也是《直播入驻合同》和《直播扶持合同》的最主要区别点，后者是运营方针对已经在自己运营的直播平台上开设了直播业务的主播签署的，一般来说没有再讨论究竟入驻的是哪个平台的必要。

（二）直播要求条款

不同于你自行注册的、从“单机版”“自娱自乐”开始的直播，直播平台运营方邀请你入驻的合作，都是对你有所求的，所以其才会主动给你一系列待遇，而这些运营方对你如何进行直播的“所求”，应该在合同中系统、完整、详细地得到体现。

一般情况下，直播要求包括如下内容：

1. 双方合作期限时长，以及合作期限内的最低直播次数，即你在合同期限内，最少应直播多少次。

2. 每次直播的最少直播时间。

3. 主要直播内容，以及直播内容的脚本是否需要双方确认。注意，你务必要在合同中明确，所谓直播的主要内容，应当是建议性的而不是义务性的规定，具体直播什么内容应当由你在合同规定的大框架内，独立选题、创作等。

当你直播的主要内容是游戏时，你还需要告知运营方，你具体直播的游戏，可能因为直播平台被诉侵权等原因被迫停播，因此你有权在此类被迫停播的事件发生后，更换自己直播的游戏。

4. 身份为运动员的主播则应注意，进行直播不能违反所属团队管理的规定，特别是在封闭集训、保密集训的情况下更应注意，绝不能因为你的直播暴露了所属团队需要保密的训练方式、技战术等内容。当然，其他文体产业从业者，也应当注意直播过程中，与你相关的关联方的隐私问题（例如，未经在场他人许可，不要在更衣室、化妆间等进行直播）。

5. 直播使用的设备。如果运营方对直播设备有明确要求的，若你手头没有现成的同款直播设备，则运营方应当向你提供这些符合其要求的设备。

（三）技术保障条款

想要正常直播的前提是，直播平台务必运行正常。所以，直播平台运营方需要在直播合同中承诺，其务必保证直播平台运营正常，对于主播在直播过程中无法正常使用直播平台的，运营方应当在至多 2 小时内解决相应问题。如果运营方需要在某天对直播平台进行必要的维护、升级，导致主播在一定时间内无法使用直播平台进行直播的，那么运营方应提前一定期日（一般至少提前一周）向主播就相关事项进行告知。

（四）政策告知条款

虽然直播已经深入了数亿人生活的方方面面，但归根结底，这仍然是一项非常新的业务，以至于国内目前对其主要的法律、法规、规章、制度等规定，主要见于部门规章或部门规范性文件一级，法律、行政法规等规定中仅有针对直播的不多的、散见的规定。可以预见，在未来，为了规范直播业的良性发展，全国人大、国务院、国务院各部门必然会制定更多针对直播的法律、行政法规、部门规章等，而直播运营方作为这些规定第一时间的“下达方”，理应在相应的法律、法规、规章、制度出台后，第一时间告知你这些立法动态，并提示你注意，为了今后合法合规地进行直播业务，需要对以往的直播业务流程进行怎样的改变、“升级”等。

（五）活动出席条款

在本书第三章“广告代言”和第四章“参加演艺活动”中，活动出席都是无可争议的文体产业从业者所应承担的义务。因此，无论是进行广告代言，还是参加演艺活动，文体产业从业者都有理由因为自己出席了更多对方组织的活动，而要求获得更多的待遇，合作方一般也会表示理解。

但直播业务不同，笔者曾不止一次见过，在直播合同中，运营方将活动出席，也包括联动直播（和其他主播联动、开展对话式的直播），视为其赋予主播的权利，动辄称参加活动将提高主播的声名等，甚至对一些早已功成名就、仅仅是没在直播业务上有过多耕耘的文体产业从业者也是如此。运营方这种行为，大有“得了便宜还卖乖”的嫌疑，这是需要你警醒的。

如果你是一名刚进入文体产业的新人，那么直播平台运营方安排你参加活动，可能确实对你的知名度、影响力有一定的提升，称得上是一项权利；但如果你是一名进入文体产业多年的成功人士，如知名艺人、国家级乃至世界级的运动员或创作过拥有国家级乃至世界级影响力的作品的创意工作者，那么直播对你而言仅仅是一项副业，你自己的主业已经可以给你创造足够的影响力，在此情况下，你完全谈不上需要利用直播扩大影响力之类，相反，是运营方需要利用你的影响力、公信力，来为自己甚至是自己的其他主播背书。因此，对于在自己主业中已经取得了一定影响力的主播而言，参加运营方安排的活动，并不是一项权利，而是一项义务，运营方应当因为你参加了其安排的活动而给予你更多的利益。

当然，无论参加活动对你而言是一项权利，还是一项义务，你都应当参考代言合同和演艺合同中有关参加活动的规定，对运营方在内容合法、日程明确、安全保障、隐私保护、拒绝与失德艺人共同演出及相应的各种待遇等方面提出明确的要求。

（六）肖像许可使用条款

虽然主播许可运营方使用自己的肖像，某种程度上对直播合同的正常履行是必要的，但请注意，运营方在获得了主播的肖像权后，仅可将主播的肖像用于对主播自己的宣传（宣传你的同时实际上等同宣传了运营方直播平台），如宣传主播的直播页面、参加活动等，而绝不可用于宣传其他协议外第三方。

（七）独家直播条款

在直播合同中，独家合作条款一般会被称为独家直播条款。在给予了你包括但不限于金钱、扶持政策等一系列待遇后，显然，直播平台运营方不会希望这些给你的好处被你用来和其他竞争对手“利益均沾”，因此，在直播合同中，运营方一般都会要求与你独家地进行合作。

在第二篇“演艺工作”前两章，我们已经详细讲过了与独家直播条款类似的竞品条款和专职表演条款，与其类似，直播合同中的独家直播条款也有如下特点：

1. 仅在运营方给予了你金钱、扶持政策等一系列特殊待遇后，独家直播条款的存在是合理的。

2. 你不得与之合作的合同外第三方应仅限于运营方的直接竞争对手，而运营方究竟可以以谁作为“直接竞争对手”，也是有限制的，目前，市场上的直播平台分为三类，分别是综合生活类直播平台、专业直播平台（如专业的电竞/游戏直播平台）和电商直播平台。每一类直播平台运营者，仅应有权要求：（1）主播仅不得与其运营者所运营的直播平台属于同类直播平台的直播平台合作，但运营方不得限制主播与其他两类直播平台进行不违反合同规定的合作；（2）主播仅不得在其他类型的直播平台上，直播本直播合同中规定的主要直播内容。例如，如果主播和一家专业的电竞/游戏直播平台签署了直播合同，并确定在该平台上直播某款游戏的，那么该专业的电竞/游戏直播平台有权要求主播不在其他直播平台，包括综合生活类直播平台和电商直播平台上直播相关游戏的内容，但主播发布生活类、电商类直播内容的，不应受到和电竞/游戏直播平台签署的直播合同的限制。

（八）行为规范条款

直播合同中的行为规范条款，与演艺合同中的行为规范条款相同，你只需要参考后者制定该条款即可。

（九）权利限制承诺的强化

仅根据笔者个人的经验，最热衷于“不请自来”“无师自通”地主动为文体产业从业者“担当”经纪人、代理人者，在本书提及的各类业务合作方中（“经纪”一章中提到的正牌经纪人当然不包括在内），莫过于某些管理不规范的直播平台。因此，你有必要在通用版本的承诺条款之上，进一步强化规定你和直播平台之间彼此独立的属性，特别是需要强调，你对运营方的授权仅限于本协议明确规定的范围。除本协议明确规定者外，运营方并未被授权在任何方面为你设定任何民事权利或义务，包括但不限于：（1）以你的代理人/经纪人的身份从事任何活动，并为你缔结包括合同在内的任何法律文件；（2）以你的名义向直播合同之外的任何第三方提供产品、奖励；（3）以你的名义对任何合同外第三方做出任何声明或保证等。

（十）酬劳条款

可以获得以自行注册开始直播业务的普通主播无法从运营方处获得的各

种特殊酬劳,是你签署直播合同,并自愿接受来自直播平台运营方的各种各样的限制的唯一理由。反之,如果前述的不同的酬劳等不存在,那么你也就没有必要签署直播合同,并在各方面被运营方"层层约束"了。主播可以通过直播合同获得的特殊酬劳一般包括两种:金钱酬劳和非金钱酬劳。

1. 金钱酬劳

如果你获得的特殊酬劳是金钱酬劳,那么酬劳条款的审核会轻松许多——和我们在"《民法典》视域下的合同基本知识和通用条款"一章中提到的"费用条款"一致,你需要注意"多少钱""何时付""怎么付"的问题。

2. 非金钱酬劳

但如果对方许诺给你的酬劳是非金钱酬劳,即大多数直播平台运营方口中的"扶持政策"的时候,那你可就得多加注意了。事实上,直播合同是本书提及的你作为收款方的合同里,唯一一种对方可能不会给予你现实财物的合同。因此,你首先应当考虑的是,是否接受并签署这种没有直接的财物酬劳的合同。

(1)可接受的扶持政策类型

即使你为了某些长远的考虑,如提高自己的影响力、通过跨界跨平台获得更多的粉丝等,同意接受运营方仅给予你扶持政策,你也务必注意,你只应接受那些可以"看得见、感受得到",即通过客观的事实和标准,判断运营方是否给了你的扶持政策,且这些扶持政策是其他仅通过注册、未签署直播合同的主播无法从运营方处获得的。这些可以通过客观的事实和标准,判断运营方是否真正提供的扶持政策一般包括:

①更高比例的打赏金额分成。即你可以从直播观看者打赏的金额中获得的分成比例,应当要高于自行注册的主播。

②每次直播时,在直播平台固定位置(如网站首页最上端,或其他你选定的特殊位置)对你的直播窗口的曝光,如果你获得了这种曝光,那么无差别地、所有访问网站或打开 APP 的直播平台用户都可以接收到你的直播信息。你应当明确,这些展示每次的时间不应少于多少分钟,最好相关的展示可以贯穿你直播的始终。

③向你直播业务相关的领域的全部关注用户,所进行的定向推送,包括但不限于站内信、弹窗、直播间以滚动条形式展示的链接等,其中,对于弹窗、滚动条等,还应规定其对用户的最少展示时间。例如,如果你直播的内容属于某

一个或几个直播分区或直播标签时，那么在你直播开始时，所有正在收看该直播分区中直播，或关注了在该直播分区中进行直播的其他主播的用户，都可以通过站内信、弹窗、滚动条等，收到你正在直播的信息。

对于以上这些扶持政策，你只需要让亲戚朋友在相关平台上注册的账号关注你，就可以通过亲戚朋友们账号的所闻所见（例如，这些账号的使用者是否在你要求的页面看到了你的直播信息，是否收到了你直播开播的站内信、弹窗、滚动条等）及这些所获得的待遇（例如，该等账号通过直播获得的打赏比例，是否低于你通过直播获得的打赏比例），判断运营方是否确实给了你这些扶持政策。笔者建议，如果运营方同时向你提供了以上全部的扶持政策（或至少不少于两种），你可以考虑与运营方签署带有独家合作条款的直播合同。

（2）拒绝“随机曝光”

但除了以上扶持政策外，笔者不建议你接受其他形式的扶持政策，特别是那些你根本无法判断运营方是否确实向你提供了的扶持政策，这其中，最典型的就是所谓的“随机曝光”。

所谓“随机曝光”，指的是运营方会承诺，当你进行直播时，会随机地向一定数量的用户的 APP 页面首页，曝光你的直播页面。随机曝光所包含的曝光方式，一般只有直接在页面上展示，而不会包括站内信、弹窗等的“定向”“主动”输出。不同于前述的固定位置展示或覆盖相关领域全部用户的曝光，究竟是哪些用户会收到这些“随机曝光”，是不确定的。如果运营方承诺给你的是“随机曝光”。那你就要好好想想，自己是否需要接受这样的“酬劳”了。

首先，当曝光是“随机”的时候，除非运营方愿意提供给你以其后台数据为基础的证据（但正常情况下这不可能），否则，你根本没法验证运营方是否真的给了你这些所谓的曝光。在此不妨将“曝光”类比为打广告，直播平台固定位置的曝光，类似于广告商在室外广告看板上帮你打广告，你只需要自己去瞅一眼，就可以确定广告商究竟帮你打广告了没有；而覆盖你直播业务相关领域全部用户的曝光，则类似于广告商向部分拥有特定身份（而且这种特定身份的“门槛”并不高）的人定向投放广告，你只需要找几个拥有该特定身份的人问一下，也能确定广告商是否为你打了广告。可“随机曝光”，在交易结构上却类似于，你需要做广告时，广告商向你承诺的是，其会“随机”地向一定数量的人展示你的广告，这些收到你的广告的人的身份是完全无特殊性且随机的，虽然广告商承诺会被投放广告的人数很多,但按比例看不过是总人口的百分之几甚至千分之几,你不可能在“茫茫人海”中找到到底是谁收到了你的广告。而且,当你要求查询广告商后台,要他们给出确实投放了广告的证据后,广告商还会以“保护商业秘密”为由,拒绝你的查询要求。

其次,哪怕那些你的亲戚朋友的账号真的获得了对你直播信息的曝光,你也无法确定,这些曝光到底是来自运营方主动为你提供,还是来自直播平台系统自带的大数据推送曝光(直播平台的使用者可能因为其关注者、搜索习惯等,经过直播平台利用大数据的计算,被自动推送其可能感兴趣的信息),而后者是不签直播合同的完全自由的主播也可以自动获得的服务。这有点类似于,你去饭店吃饭,花钱点了一碟小菜,吃着却发现别人免费得到一道和你点的小菜差不多的小菜,虽然店家百般解释你花钱点的小菜,用料是多么考究,调味是多么精细,绝对高出免费的小菜一个档次,可是,无论是从口味还是外观,你都无法判断出自己花钱买的小菜到底和别人免费的小菜有什么不同,在此情况下,你还愿意再花钱吃这道小菜吗?

正如生活中没有人愿意找“随机投放广告”“真投放假投放,广告主不知道”的广告商做广告,也没有人愿意花钱去吃别人免费可以吃到的小菜一样,“随机曝光”不是一种正常的扶持政策。笔者建议,你不应在运营方仅提供给你“随机曝光”的情况下,与运营方签署带有独家合作条款的直播合同。

(3)拒绝运营方对扶持政策“漫天定价”

无论运营方给了你哪些扶持政策,你一定要拒绝运营方对这些扶持政策进行“漫天定价”。有些运营方在向主播提供的直播合同中,会将扶持政策“明码标价”,而且每项扶持政策的价钱动辄数十万乃至数百万起,整个合同算下来,主播虽然一个钢镚儿都没落在兜里,但运营方却可以得意洋洋地自称,自己给了主播“成百万上千万”的“利益”。

可这些扶持政策真的值这么多钱吗?大概率不是,特别是那些动辄数百万的定价。不然,你可以向运营方提出如下的意见:

“贵公司为了向我方提供直播业务扶持,竟然耗费了如此巨大的成本,我方感到不胜荣幸。鉴于贵公司如此诚恳,我方认为,我方也应当进行必要的让步,以实现双方的共赢,这样吧,我方建议修改一下基本交易结构,贵司就不需要给我们价值近一千万的扶持政策了,只需要按照扶持政策折价的50%,给我们现金形式的合作费用,这样的话,贵司可以大大地节省成本,我们也可以获得我们目前急需的现金支持,一举两得,何乐而不为呢?"

如果你这么做了,运营方大概率会直接拒绝你这个可以实现"双赢"的点子,更不要说给你半价的现金,哪怕是十分之一,恐怕都不可能。

允许运营方对扶持政策进行高昂的定价,对你而言,是一件仅有害而无所益的事。如果你允许对方这么做,那么一旦你和对方发生纠纷,法院,特别是那些审理与互联网行业相关案件较少的法院,可能由于缺乏必要的行业知识,无法客观判断运营方提供扶持政策究竟需要支付多少成本,只能根据直播合同中扶持政策定价这一双方在合同中认可的价格,来计算对方的损失,而这些依据"天价"的扶持政策定价所计算的损失,是需要你来赔偿的!

你大概会说,自己会老老实实地履行完合同,不会和运营方发生纠纷,但别忘了本书第二章"《民法典》视域下的合同基本知识和通用条款"中,有关不可抗力条款的内容。在直播合同因为不可抗力被解除的情况下,你和运营方也可能需要根据公平原则分担损失,因此,即使你没有任何过错,你仍然可能需要分担通过扶持政策定价所计算的天价损失。

(十一)违约条款

以下的行为可被视为直播合同中的特殊的严重违约行为:

1. 运营方不接受直播主播建议,强行邀请违法失德艺人参加合同规定的活动的;

2. 直播主播不遵守独家直播条款规定,经运营方劝说、提示后,仍不改正的;

3. 运营方未能在活动中尽到安全保障和隐私保护义务,导致直播主播遭受重大人身伤害或重要个人隐私泄露的;

4. 运营方在授权范围外使用直播主播肖像,或执意丑化直播主播肖像,经直播主播劝说、提示后,仍不改正的;

5. 任何一方违反其应当履行、遵守的行为规范条款,达到一定次数的(该次数可以是一次),其中,无论是运营方还是与运营方具有高度一致性/相似性的股东/高管违反其应当履行、遵守的行为规范条款的,运营方均对直播主播构成严重违约。

第三篇
创意工作

自此开始，我们将进入新的篇章，创意工作篇的学习。

与演艺工作不同，在创意工作中，你获得收入的核心“资源”不是来自你对外的表演，以及你对个人人格权载体，如肖像、姓名、声音等的使用许可，而是来自你创作的作品——包括但不限于文字作品（小说、散文、诗歌、纪实文学等）、美术作品（漫画、插画等绘画作品、雕塑、书法等）、音乐作品（包括带词歌曲和不带词的纯音乐）、曲艺作品（包括相声、评书等）、摄影作品等。如果说演艺工作是“看身法”“看腿脚”，创意工作当然更倾向于“看手”“看笔头”，创意工作者甚至可以完全不需要在镁光灯前出现。

除此之外，如果说与演艺工作最密切相关的法律法规是《民法典》人格权编，以及各种监管性质的经济公法，那么在创意工作中，《著作权法》就是独一无二的核心。

所有日常生活中有创意工作相关业务的文体产业工作者，都务必需要阅读本篇五个章节——无论创意工作是你生活中的主要工作内容和收入来源（当你从事作家、漫画家、插画家、摄影师、不展示个人表演的视频 UP 主等工作时），还是你主要工作内容的一项辅助工作（当你属于创作型歌手、展示个人表演的视频 UP 主等工作时），抑或你虽然本职工作属于前一篇的演艺工作者，但前述的一项或多项创意工作属于你的副业时，你都应学习本章的内容。

第 六 章

著作权许可使用(原始使用)

当你从“几个人、几台电脑、几部数位板”,甚至是更萧条的“一个人、几沓白纸、几支铅笔”艰难起步,经过长期的钻研、打磨,历经千辛万苦,终于创作出一部自己觉得还算不错的作品,或者至少就一部作品创作了基本的大纲,并且创作出几话样稿时,你会怎么做?

将自己创作出的文字、漫画、歌曲等“珍藏一生”或“束之高阁”?这样高冷的艺术家并不少见,但对于包括你在内的大多数创作者而言,最大的梦想,恐怕还是希望看着自己创作的作品为更多人所见、所知、所喜爱,为你带来或多或少的经济收益,最好还能积攒一些额外的喝彩声,并为你开辟更美好的将来积蓄人气。因此,当你创作完成一部作品后,你首先应该做的,就是许可一处平台向公众展示它,让公众知道这部作品,即进行著作权许可使用(原始使用)。

著作权许可使用(原始使用)是最基础的创意工作相关业务,也可能是接近 99% 的创意工作者们的“第一桶金”的来源,而《著作权许可使用合同(原始使用)》是保障你从著作权许可使用业务中获得利益的基础。此外,本章节大量内容的创作目的,不仅是为了让你了解著作权许可使用(原始使用),更是为了了解其后四个章节的业务中的通用内容(如创作合法性等)。因此,请你用最专心的态度阅读。

一、业务了解与风险防控

(一)作品内容合法性要求

想要对作品进行著作权许可使用,前提是作品内容是合法的。对此,《著作权法》第 4 条明确规定："著作权人和与著作权有关的权利人行使权利，不得违反宪法和法律，不得损害公共利益。国家对作品的出版、传播依法进行监督管理。"

在第二篇"演艺工作"中，我们不止一次强调了合作内容合法性方面的要求，而那些在演艺工作中属于违法违规的内容，诸如"反对宪法确定的基本原则的""危害国家统一、主权和领土完整，危害国家安全，或者损害国家荣誉和利益的""煽动民族仇恨、民族歧视，侵害民族风俗习惯，伤害民族感情，破坏民族团结，违反宗教政策的""扰乱社会秩序，破坏社会稳定的""危害社会公德或者民族优秀文化传统的""宣扬淫秽、色情、邪教、迷信或者渲染暴力的""侮辱或者诽谤他人，侵害他人合法权益的"内容，自然也不得出现在创意工作中。在此，对其他违法违规的内容，你可以做到"心里有数"，但唯独最后"半项"——"侵害他人合法权益的"，需要你留心关注。

你可能认为："'不侵害他人合法权益'，不就是不抄袭，不丑化他人肖像、姓名吗？这些我都会注意的。"这些都没错，但是在《民法典》和《著作权法》的时代，仅做到这些可绝不足以让你不"侵害他人合法权益"。

1. 注意创作过程中的人格权"东风"

如果你拥有与演艺工作相关的业务，那想必你已经阅读了"参加演艺活动"一章，并记得演艺合同"肖像许可使用条款"中有关《民法典》"人格权的'东风'，压倒了著作权的'西风'"的表述。当时，身为演艺工作者，作为受益者的你，想必会欣喜于自己的肖像，竟然得到了如此大力度的保护。

但在本篇中，你的身份变了，当你是创意工作者，并需要进行包含了自然人肖像的创作，包括但不限于人像摄影、人像绘画/漫画、人像雕塑时，你就需要转变身份，像"参加演艺活动"一章中，坐在你对面的制作方一样，向你创作的作品中的肖像的肖像权人获得许可了。回忆一下《民法典》第 1019 条的规定："未经肖像权人同意，肖像作品权利人不得以发表、复制、发行、出租、展览等方式使用或者公开肖像权人的肖像。"所以，当你创作前述的任何含有肖像的作品时，你都应当获得肖像权人同意，方可使用或公开你的作品中含有肖像权人肖像的部分，如使用为他人拍摄的肖像摄影作品出版摄影集等。

但根据《民法典》第1020条的规定,[①]在以下情况下,以合理实施为前提,你可以不经肖像权人同意,直接在创作中使用其肖像:

(1)为个人学习、艺术欣赏、课堂教学或科学研究,在必要范围内使用肖像权人已经公开的肖像

其中,最重要的是第四项“科学研究”(前三项基本和从事创意工作、创作作品无关)。当你为了科学研究(无论是自然科学、社会科学,还是人文科学)的目的,撰写、发表相关题材的论文、专著等作品时,无论是为了回答某一问题、说明某一客观事实,还是为了展示某一观点,你都可以使用与前述的客观事实、理论观点相关的肖像权人的肖像,前提是你的使用是在必要范围内合理实施的,相关的要求包括但不限于:①你不得歪曲、丑化肖像;②你只可以使用肖像权人已经公开的肖像,可不要自己跑去肖像权人家里“现拍”一张;③你使用的肖像应当与进行科学研究的目的相关,例如,为了进行与足球技战术有关的研究,使用某位球星的比赛照片是没问题的,但无缘无故在自己的研究成果中展示该球星兼职做模特的肖像或在泳池中游泳放松的肖像,恐怕就和你的研究没什么相关性了。当然,如果你的研究课题是“足球明星在时尚界的兼职发展”,那么使用球星兼职做模特的肖像是合理的;如果你的研究课题是“足球明星出于放松目的的有氧训练”,那么使用球星在泳池中游泳放松的肖像当然也是可以的。

请注意,你只可以为了进行科学研究而不经同意使用肖像,可不要在除此以外的其他创作(无论创作内容是虚拟的,还是非虚拟的)中不经同意使用肖像。这些不可不经同意就使用肖像的创作,除了上文所述的人像摄影、绘制人像画等,还包括在小说等情节来自作者虚拟的作品中,“无厘头”地使用肖像权人的肖像的。

(2)为实施新闻报道,不可避免地制作、使用、公开肖像人的肖像的

这一条比较好理解,如果你是一名新闻工作者,出于报道事实、还原真相的目的,在撰写新闻稿件、纪实报告等作品的过程中,你可以不经同意,制作、

① 其他两种不需经肖像权人同意即可合理使用肖像的情形:为依法履行职责,国家机关在必要范围内制作、使用、公开肖像权人的肖像;为维护公共利益或者肖像权人合法权益,制作、使用、公开肖像权人的肖像的其他行为,该两种情形一般与个人从事的创意工作无关,因此本书中不进行深入讨论。

使用、公开肖像权人的肖像。

(3)为展示特定公共环境,不可避免地制作、使用、公开肖像权人的肖像的

读到此段之前,恐怕某些以拍摄风景题材的摄影作品为主业的摄影师们,心都提到嗓子眼了:“拿到许可才能使用、公开含有肖像的作品?我们拍风景,万一不小心把人拍进去了,难道我们还得在人海茫茫中找人要许可吗?找不到这一闪而过的人,我们的照片就白拍了?我要是拍长城,长城上那成百上千甚至上万‘不到长城非好汉’的好汉们,我们还得一个一个找出来签字?”

你可以将悬着的心放下来了,“为展示特定公共环境,不可避免地制作、使用、公开肖像权人的肖像的”条款,正是为了解决风景摄影师们的担忧的。对该条款,最高人民法院指出:“……在人群密集的风景点拍摄以风景为画面主体而不是以特定自然人为画面主体的风景照,不可避免地会将在场其他游客的肖像摄入照片中,此类行为不存在不正当性,不属于侵害肖像权的行为。”[①]当然,如最高人民法院所述,这只适用于确实以风景为画面主体的拍摄行为,如果你拍摄的画面主体不是风景,而是“看风景的人”,那你当然须向被你拍摄的“看风景的人”获得使用其肖像的许可。

2. 获得使用声音的许可

如果你是一名创作动态的视频作品的视频 UP 主,且你的作品中包含了他人的声音的,那么根据《民法典》第 1023 条第 2 款“对自然人声音的保护,参照适用肖像权保护的有关规定”的要求,你也应当需要向该声音的“所有权人”获得使用其声音的许可。当然,和肖像一样,如果你只是在拍摄特定公共环境,但拍摄的过程中不可避免地录入他人的声音的,那么你无须获得其许可也可以正常公开作品。

3. 获得使用姓名的许可

《民法典》第 1023 条第 1 款规定:“对姓名等的许可使用,参照适用肖像许可使用的有关规定。”针对何为此处的“许可使用”,最高人民法院指出,其指的是“商业利用”。[②] 比较典型的例子是,如果你创作完成了一部作品,你希望

① 最高人民法院民法典贯彻实施工作领导小组编:《中华人民共和国民法典人格权编理解与适用》,人民法院出版社 2020 年版,第 250 页。

② 最高人民法院民法典贯彻实施工作领导小组编:《中华人民共和国民法典人格权编理解与适用》,人民法院出版社 2020 年版,第 263 页。

自己的作品可以获得某位公信力很高的知名人士的推荐,并将该知名人士的姓名印在自己作品的封面、腰封及广告上,以增加自己作品的知名度、销量等,这时候,就需要获得该知名人士同意你使用其姓名的许可。

(二)注意2020年《著作权法》变化

除了注意人格权的"东风",压倒了著作权的"西风"外,你还应注意此次《著作权法》修改的变化。简言之,此次2020年《著作权法》修正,扩大了"作品"的范围及著作权人的权利范围,这对于创意工作者来说当然是一件大好事,但如果你的创作并非来自完全的原创,而是希望对他人作品进行改编、重制并创作出新作品时,你就需要留神,不要因此而侵权。

1. 原始作品著作权人的权利保护

2020年《著作权法》修正最亮眼的变革之一,莫过于新增的第60条:"使用改编、翻译、注释、整理、汇编已有作品而产生的作品进行出版、演出和制作录音录像制品,应当取得该作品的著作权人和原作品的著作权人许可,并支付报酬。"

因此,如果你希望使用一部非来自纯粹个人创作,而是通过改编、翻译、注释、整理、汇编等衍生生成的作品进行表演,或制作录音录像制品时,你不仅需要获得衍生作品的著作权人的许可并向其支付报酬,还需要获得原始作品著作权人的许可并向其支付报酬。例如,如果你希望将他人创作的歌曲,作为自己制作的录音录像制品的一部分内容,而该歌曲改编自一位诗人创作的诗歌的,那么你不但需要获得该歌曲即音乐作品著作权人的许可,还需要获得原始作品著作权人诗歌作者的许可。

2. 所有权与著作权——谨防泄密

作为创意工作者,你应当可以区分作品的著作权,以及记录该作品的现实载体(无论是纸张、胶片、书籍、报刊,还是电子数据)的所有权的关系,例如,如果你购买了一本期刊,那么你只是获得了这本期刊作为一样商品的所有权,作品上文章、图片等内容的著作权当然还是归属于其作者或其他著作权人的。

2020年《著作权法》修正,对著作权和所有权之间的关系设置了一项全新的条款,其第20条第2款规定:"作者将未发表的美术、摄影作品的原件所有权转让给他人,受让人展览该原件不构成对作者发表权的侵犯。"如果你将一部自己未发表的作品的原件转卖给他人,又没有为其设定保密义务,限制其展览作品原件的，那么，获得原件所有权者可以自由地向公众展览该原件，且展览行为不构成对你发表权的侵犯。

对于大部分作品而言，该条款一般不成问题，毕竟对于人像画、人像摄影这种的会将原件转卖的作品而言，展览和发表谁在前，问题不大。但针对连载形式的美术作品，特别是拥有完整、连贯剧情，以连载形式进行发表、刊登的漫画作品而言，该条款可能会产生巨大的消极影响，因为这将导致作品的关键情节被提前“剧透”，从而导致与作品相关的期刊、书籍等销售量下降，阅读量、订阅量减少，导致作者收入减少。

试想，如果藤子·F. 不二雄先生是一位中国人，他在2020年《著作权法》修正后将《再见，哆啦A梦》的下一篇《哆啦A梦回来了》这样剧情极其重要的故事的原稿卖给他人，而买者又在《哆啦A梦回来了》发表前，将该漫画原稿公开展示，那么，还有多少读者会满心期待地去购买刊载有《哆啦A梦回来了》的期刊呢？①

因此，如果你是连载漫画漫画家，在2020年《著作权法》修正后，可不要在作品发表前就把自己的作品原稿卖给他人，如果有人向你表明其想“留个纪念”购买原稿，告诉他，作品发表后再买也不会影响手稿的价值！

3. 合作作品著作权的行使

如果能一个人独立完成一部作品的创作，那固然是好，这样你可以独享这部作品带来的全部收益。但现实生活中，有些创意工作者可能不得不相互合作才能创作一部作品，如漫画的编剧和画手，音乐的作词和作曲等。

以往，合作作品的作者们如何处置作品都是一件“老大难”事，好在2020年《著作权法》第14条对此作了补充：“合作作品的著作权由合作作者通过协

① 《再见，哆啦A梦》发表于1974年3月，该作曾经被诸多“哆啦A梦”系列的读者视为整个“哆啦A梦”系列的完结篇，由此导致刊登该故事的《小学三年生》期刊1974年3月刊销量暴涨。不过，由于“哆啦A梦”系列高涨的人气，以及对哆啦A梦难以割舍的感情，最终，在1974年4月，藤子·F. 不二雄先生又重新创作、发表了《归来的哆啦A梦》，宣告了哆啦A梦的“去而复归”，1974年4月的《小学三年生》同样因为“哆啦A梦归来”取得了不菲的销量。自此哆啦A梦成为一部经久不衰且至今仍然没有完结的作品。本注释中的资料整理自笔者参观位于日本国神奈川县川崎市的藤子·F. 不二雄纪念博物馆时，博物馆官方进行的讲解说明，你也可以通过阅读［日］藤子·F. 不二雄：《哆啦A梦》，碧日译，吉林美术出版社2002年版，第6卷，第168页起，《再见，哆啦A梦》；第7卷，第5页起，《归来的哆啦A梦》，来了解这两个故事的情节在彼时的日本造成的“冲动效应”，以及一旦《归来的哆啦A梦》被提前公开展览时，可能给《小学三年生》期刊销量造成的消极后果。

商一致行使;不能协商一致,又无正当理由的,任何一方不得阻止他方行使除转让、许可他人专有使用、出质以外的其他权利,但是所得收益应当合理分配给所有合作作者。”

因此,在2020年《著作权法》生效后,如果你是合作作品的作者,你需要明白,在无法就作品的许可使用方式等达成一致的情况下,你和自己的合作创作者都可以自由行使作品的财产性著作权(但应当将所得收益合理分给对方),且不可限制对方行使转让、许可他人专有使用、出质以外的其他权利。

(三)区分“原始使用”和“衍生使用”

当将自己的作品的著作权许可给他人使用时,你应当确定,对方究竟会如何使用你的作品。如果对方使用你的作品的时候,只是单纯展示你的作品,而不以你的作品为基础再另行创作其他形式的作品,也不将你的作品变成其他作品或录音录像制品的一部分,那么,这就是原始使用,典例包括但不限于:由支付你报酬的报纸期刊,或者文学、动漫类APP等传播你的文学、漫画等,或者由音乐平台传播你的音乐作品等。

但如果对方需要以你的作品为基础或素材,创作一部新的作品,而这部新的作品的著作权或邻接权归属于对方,那么,这就是另一种对作品的使用方式——衍生使用。衍生使用在现实生活中最常见的形式是改编、摄制,包括但不限于将小说、漫画等改编为剧本,将剧本摄制为电影、电视剧等。除此之外,不进行改编,但将一部作品变成另一部作品的一部分,也属于衍生使用。例如,将一部音乐作品作为电影的主题曲或片尾曲,在电影中展示,并成为电影不可分割的一部分。

在本章中,我们将讨论原始使用,而在下一章中,我们将讨论衍生使用。此外,通过出版社出版专著理论上属于原始使用,但鉴于其较特殊的交易结构,我们将单辟一章讨论出版。

(四)保密,保密!

在正式公开自己的作品之前——无论你是在自己注册的自媒体账号上首次发表作品,还是签署《著作权许可使用合同》后,在被许可方的传播平台上才首次发表作品,切记,在你正式公开你的作品前,尽量不要向你的同行们展示与这部作品有关的信息,特别是关键的大纲、作品创新之处等。你想要聆听意见？你可以征询被许可方的编辑的意见，也可以等作品发表后听读者的意见，但最好不要向可能正苦于没有思路、灵感的同行们征求意见。

你可能认为笔者这样的说法实在是太过风声鹤唳，但是，在现实生活中，某些创意工作者或耐不住冲动对同行炫耀自己的作品，或对大纲、剧本、草稿等在创作过程中保管不当，最终导致自己的创意被泄露并被他人挪为己用，这类事件发生过何止一两次——可不要拍着胸脯说，别人就算知道了你的创意、大纲之类，也没法“偷”走你的作品，要知道，“说者无意”的你只是一个人在行业内打拼，而“听者有心”的对方可能有一个团队，你的创作速度根本不可与对方同日而语，如果你的点子真的是那么天才，对方很有可能“先发制人”赶在你之前用你的创意将作品创作完工。切记，不要把人想得太坏，但也不要把人想得太好，在作品发表之后再和别人交流你天才的创意或者反思自己的不足也不迟。

（五）关注作品被盗版或滥用

没有什么比作品被盗版更让人心烦意乱的了，被盗版作品的传播不但会导致你收益的减少，也不会给你带来任何正向收益。可别以为盗版的传播能让你“火”之类，那些盗版你作品的侵权者可不会像你写毕业论文一样，清晰、规范地标注该作品是你写的、你画的，甚至连你作品的名字都会改掉，可能当你的作品因为盗版的传播火遍全网时，网民们只会知道，这部他们关注已久、打赏颇多的作品的作者是“佚名”、“××网（盗版网站）整理”或“来自互联网”。

与盗版的危害不相上下的，则是某些居心不良的被许可方的滥用（也可以说，盗版和滥用都是盗版，只不过盗版网站等属于“外贼”，而居心不良的被许可方属于“家贼”），这些被许可方可能觉得，自己给了你这么“一大笔”钱，却只能在有限的传播平台上使用有限的权利，实在是“太亏了”。因此，其可能通过滥用你作品的方式（例如，未经你同意，许可其他第三方使用你的作品，或在未经你同意的传播平台上，使用你的作品的）来谋取不正当的利益，即使作者已经在合同中设计了极其严格的违约责任的情况下也是如此（别忘了“信条五·防君子而不防小人的合同”）。

因此，你有必要关注自己的作品是否被盗版或滥用，并随时做好维权的准备。在著作权使用（原始使用）许可中，查证自己的作品是否被盗版比较简单,只需要你经常使用搜索引擎,搜索自己的作品名称、作品细节内容。如果是文字作品或音乐作品的,则可搜索作品中的几段文字或几句歌词,如果是图片的,则可使用搜索软件"识图"功能。一旦发现自己的作品在既未获得你许可、也未向你支付报酬[①]的传播平台上被展示的,你应立即发起维权。

(六)资质查询

对于任何在互联网上经营的欲合作对象,都应根据"信条五·防君子而不防小人的合同"的规定,查询其是否获得了网络文化经营许可证、进行了 ICP 备案等。

此外,如果欲合作对象是所谓的"期刊""报纸"的,请你注意,一定要查证该期刊、报纸是否合法。在我国,任何报纸、期刊想要合法地发行,都必须获得法定的许可、资质,未获得相应许可、资质的报纸、期刊是绝不能出版发行的。其中,出版报纸需要根据《报纸出版管理规定》,获得报纸出版许可证等相关资质;而出版期刊亦需要根据《期刊出版管理规定》,获得期刊出版许可证等相关资质。

笔者曾经留意过,在动漫展、电玩展等场合,会出现一些个人或群体向公众销售其私自印制的"自创期刊"的情况,这种行为已经违反了法律法规的规定。因此,如果你希望与一份期刊或报纸合作,你应当在国家新闻出版署网站[②]查询该期刊或报纸是否获得了合法的刊号。

(七)涉诉情况查询

在查询著作权许可使用的欲合作方涉诉情况时,你应当重点关注其是否曾和与其合作的创意工作者发生过争议,以及该欲合作方是否曾经对外发生过欠款等。

---

① 《著作权法》第 25 条规定:"为实施义务教育和国家教育规划而编写出版教科书,可以不经著作权人许可,在教科书中汇编已经发表的作品片段或者短小的文字作品、音乐作品或者单幅的美术作品、摄影作品、图形作品,但应当按照规定向著作权人支付报酬,指明作者姓名或者名称、作品名称,并且不得侵犯著作权人依照本法享有的其他权利。"第 35 条规定:"著作权人向报社、期刊社投稿的,自稿件发出之日起十五日内未收到报社通知决定刊登的,或者自稿件发出之日起三十日内未收到期刊社通知决定刊登的,可以将同一作品向其他报社、期刊社投稿。双方另有约定的除外。作品刊登后,除著作权人声明不得转载、摘编的外,其他报刊可以转载或者作为文摘、资料刊登,但应当按照规定向著作权人支付报酬。"

② 期刊查询网页为国家新闻出版署:http://www.nppa.gov.cn/nppa/publishing/magazine.shtml;报纸查询网页为国家新闻出版署:http://www.nppa.gov.cn/nppa/publishing/paper.shtml。

二、业务合同审核

所有著作权许可使用业务，其核心业务合同都是著作权许可使用合同，只不过“合同”的后缀不同而已。本章中，著作权许可使用（原始使用）的核心业务合同是《著作权许可使用合同（原始使用）》，简称“原始使用合同”。如无特殊说明，在讲解原始合同内容时，你将被统一称为作者，而由你向其进行著作权许可使用的法人及其他组织将被称为被许可方。

（一）作品登记条款

与各类演艺合同一样，在包括原始使用合同在内的任何著作权许可使用合同中，都先需要对你欲进行许可使用的作品的具体特点进行分析、判断，并将相关信息在合同中进行登记。需要登记的内容除了作品的名称、作品中拟许可给对方使用的内容的数量（是全部还是部分，并注明页数字数、格数、长度等，见下文）、作品的形式（如文字作品属于小说、散文还是诗歌，音乐作品属于没有歌词的纯音乐、词曲一体还是说唱，漫画有无连贯剧情、是彩漫还是黑白漫等），还包括你的作品是新作品还是旧作品，是否存在权利瑕疵，是已经完全创作完成的作品还是创作中的作品等。和其他业务合同中的登记条款一样，作品性质条款主要规定的是事实问题而不是法律问题，你不需要过多拘泥于其中有无法律陷阱或法律纰漏等，但你应当对自己作品的性质有清醒的认识，因为对于作品性质的规定将直接影响被许可方如何判断你的作品价值。在进行登记的时候，你必须诚实地说明自己作品的各项情况，不要隐瞒相关事实，更不要欺骗对方，切记“信条十·公平公开公正地进行合作，以诚待人”！

1. 作品新旧性

作品是“新”是“旧”，将对作品的价值有重要的影响。从来没公开发表过、未向公众展示过的作品，当然是新作品，而全部内容已经向公众展示过的作品，则是旧作品，介于两者之间的，那些展示过一部分内容的作品则是部分公开的作品。

对于被许可方来说，如果你只是个初出茅庐的新人，那么旧作品的价值以及其向你支付的酬劳一般来说都是最低的，而且针对旧作品，你大多数情况下只能签订非专有使用权合同，获得报酬的可能性很小。新作品的价值大多数情况下要高于旧作品，但不一定高于部分公开的作品，因为后者可能已经积攒了一定的人气,而且又能通过之后更新的内容让自己的价值“水涨船高”。

2. 作品内容完整性

作品是否已经完全创作完成,对于被许可方对作品的估值,也具有相当重要的意义。相对而言,如果不考虑其他因素,已经创作完成的作品的价值,毫无疑问要高于正在创作中的作品(如果作品人气居高不下的,还可以像藤子·F. 不二雄先生那样让作品“去而复归”),因为正在创作中的作品存在暂停连载、作者“挖坑”(作者长期不更新作品)甚至是整个创作不再进行的可能,对于被许可方而言风险较大,因此出于稳妥起见,被许可方当然会更加青睐已经创作完成的作品。

(二)许可使用内容与许可使用权利条款

许可使用内容与许可使用权利条款是原始使用合同(无论是原始使用,还是衍生使用)中的核心条款之一,即你通过这份合同,到底许可了对方使用自己作品的哪些具体的内容/部分,以及这些内容/部分的哪些著作权。

1. 许可使用内容

你大概会问:“我不是把作品,或者说作品的著作权许可出去了吗?为什么这里还会分许可哪些‘内容’?难道我许可出去的不是整部作品?”实际上,作品是可以“切开”许可的,例如,你创作了一部小说或漫画,你完全可以只许可给被许可方其中的几个章节,而不用把所有的作品内容都许可给被许可方使用。

2. 许可使用权利条款

你不但可以把作品的章节“切开”许可,还可以把作品包含的权利“切开”许可。当你创作完成一部作品后,你就对这部作品享有了著作权(版权),但“著作权”本身还可以细分为十七类人身性或财产性著作权分权利,根据《著作权法》第 10 条规定,著作权包括下列权利:“(一)发表权,即决定作品是否公之于众的权利;(二)署名权,即表明作者身份,在作品上署名的权利;(三)修改权,即修改或者授权他人修改作品的权利;(四)保护作品完整权,即保护作品不受歪曲、篡改的权利;(五)复制权,即以印刷、复印、拓印、录音、录像、翻录、翻拍、数字化等方式将作品制作一份或者多份的权利;(六)发行权,即以出售或者赠与方式向公众提供作品的原件或者复制件的权利;(七)出租权,即有偿许可他人临时使用视听作品、计算机软件的原件或者复制件的权利,计算机软件不是出租的主要标的的除外；（八）展览权，即公开陈列美术作品、摄影作品的原件或者复制件的权利；（九）表演权，即公开表演作品，以及用各种手段公开播送作品的表演的权利；（十）放映权，即通过放映机、幻灯机等技术设备公开再现美术、摄影、视听作品等的权利；（十一）广播权，即以有线或者无线方式公开传播或者转播作品，以及通过扩音器或者其他传送符号、声音、图像的类似工具向公众传播广播的作品的权利，但不包括本款第十二项规定的权利；（十二）信息网络传播权，即以有线或者无线方式向公众提供，使公众可以在其选定的时间和地点获得作品的权利；（十三）摄制权，即以摄制视听作品的方法将作品固定在载体上的权利；（十四）改编权，即改变作品，创作出具有独创性的新作品的权利；（十五）翻译权，即将作品从一种语言文字转换成另一种语言文字的权利；（十六）汇编权，即将作品或者作品的片段通过选择或者编排，汇集成新作品的权利；（十七）应当由著作权人享有的其他权利。”

著作权人可以许可他人行使前款第 5 项至第 17 项规定的权利，并依照约定或者该法有关规定获得报酬。著作权人可以全部或者部分转让本条第 1 款第 5 项至第 17 项规定的权利，并依照约定或者本法有关规定获得报酬。

这十七项（实际不止）权利全部归你所有，你可以全权按照上述的任何一种方式对作品进行使用，也可以对其中第 5 项至第 17 项规定的权利进行对外许可。而当需要对作品进行对外许可时，你完全可以只许可对方使用你作品的一项或几项权利，不需要“一股脑”地将作品的所有权利授予对方；但凡有人告诉你，“你必须把作品的所有类型的著作权许可使用许可给我使用”或“你必须允许我以任何形式使用你的作品”，否则就是“不合法的”，那么，别相信这句话，并且趁早远离之！

在原始使用合同中，由于不同被许可方的主要传播平台不同，在正常情况下，其具体所需要你许可的权利，以及对于相关许可的表述方式也不尽相同。

其中，如果被许可方是对你作品进行信息网络传播的网站、APP 运营企业，其需要你向其提供复制权、信息网络传播权许可；而报社、期刊社则需要你向其提供复制权、发行权许可。

当然，有的时候，报社、期刊社也会要求你提供作品的信息网络传播权，从而可以在报纸、期刊之外，在其网站上展示你的作品。请注意，你可以答应这样的要求,但要明白,你针对网站的许可和针对纸质期刊的许可,是彼此完全独立的。网站实际上是完全独立于纸质期刊的“第二平台”,当你在授予对方作品的复制权、发行权后,又提供给对方作品在网站上的信息网络传播权时,你实际上是将作品进行了两次许可,如果你是进行有酬许可的,那么你应当获得的酬劳实际上是“贬值”了。当然,如果你渴望的正是更多的曝光率(而不是许可作品获得的许可费用),那么这样的“额外许可”实际也无妨。

在著作权许可使用合同中,正常需要许可的范围仅限于上述三项权利(发行权、出版权和信息网络传播权),无论如何,以下关系你作品未来财富前景的、与展示作品为核心的著作权许可使用完全无关的权利,绝对不应该出现在许可范围之中:表演权、放映权、广播权、摄制权、改编权。此外,除非你渴望更多的曝光,否则,展览权、翻译权、汇编权以及应当由著作权人享有的其他权利最好也不要出现在许可范围内。

在现实生活中,一些因循守旧的被许可方,仍然抱着“无版权”时代的老旧思维不放,动辄在原始使用合同中对作者提出过分的要求:“被许可方有权以任何形式(包括但不限于纸媒体、网络、光盘等介质)编辑、修改、出版和使用该作品,而无须另行征得作者同意,亦无须另行支付酬劳。”甚至还要加上“未经被许可方书面同意,作者不得同意任何单位和个人以任何形式使用该作品”等内容。当你碰到这样的“许可条款”时,你需要格外警惕,千万不要签订有这样条款的合同(除非他们的出价足够高,高到你可以直接放弃行使与这部作品有关的包括现在的和未来可能的在内的一切权利,并且之后再也不会为之前的决定而后悔)。否则,签了这样的合同,你基本等于和自己的作品说再见了。要知道,这样的合同虽然“霸王”,但其是合法的,如果你违约,将会付出不小的代价。

(三)(当作品为创作中作品时)连载交稿条款

如果你的作品已经创作完成,那你只需要在签订合同后,把所有作品交付给对方,然后让对方按照自己的计划安排刊登作品即可。但不少作者,特别是文字作品、美术作品的创作者,可能很难一次创作完全部作品,往往是创作一部分内容,就与被许可方签订著作权许可使用合同,在签订合同后再创作剩余的部分。如果你也是这种情况,那么被许可方给你的合同中必然会出现如下的条款。

1. 更新时间及频率。

你可以选择定期更新,即每周/月应更新多少次作品,以及每次应该在每周的周几或每个月的几号更新作品;还是选择不定期,即创作出新内容,则更新,无新内容则不更新,被许可方不得对你做强制性要求。如果你认为自己像"富坚老贼"一样,可能因为打游戏、打麻将或其他各种各样的原因干扰了自己的更新,①那你最好不要选择定期更新。

2. 每次更新作品的数量。

每次更新作品的数量即每次更新作品应不少于多少字/多少格。请注意,如果你选择不定期更新,那么你不需要在合同中设置"每次更新的数量"条款。

(1)文字作品

针对每次更新作品的数量,如果你许可的作品是文字作品的,那么每次创作数量应以字数来计算,这很好理解,唯一需要额外确定的就是字数的统计方式——是使用 Office Word 软件"字数统计"的"字数"统计,还是使用"字符"统计,以及统计时是否包含脚注、尾注、文本框内的字数等。

(2)美术作品(以漫画为代表)

但如果你是一位漫画家,许可给对方的作品是漫画作品,那么你就要仔细地审核并确认自己每次更新的数量了。有不少以漫画作为核心产品的被许可方,在合同文书的撰写上偏向使用"日式风格",常使用"话"这个非标准汉语的语词来规定作者的创作义务,如要求作者"针对本作品,作者每个月(30 天)应完成不少于××话的全新内容的创作"。这样的语言或许新潮,但极其不严谨——"话"在日语中大抵指的是"章节",但其包含多少内容在漫画创作的过程中是完全自由的,有的漫画家可能一"话"需要创作几十页甚至一本书(如

---

① 日本知名漫画家富坚义博(被对他又爱又恨的中国漫迷们亲切地称作"老贼")创作漫画《HUNTER×HUNTER》[中国大陆地区译为"《全职猎人》"(连环画出版社版),中国台湾地区译为"《猎人》"(东立出版社版),中国香港特别行政区采用了"《HUNTER×HUNTER》"原标题(文化传信有限公司版)]过程中,曾经连连创下休刊(停止连载)数周、数十周乃至几年的记录,休刊的原因更是五花八门,包括但不限于经常被网友调侃的"打麻将""打游戏"等。参见谭利娅:《富坚义博被日本网友评为最能拖稿知名漫画家》,载环球网,https://world.huanqiu.com/article/9CaKrnJEjYw,最后访问日期:2021 年 8 月 9 日。另外根据微博网友"富坚义博猎人休刊报时记录"(个人主页:https://weibo.com/fujianyiboxiukan?profile_ftype=1&is_all=1#1610542138456,最后访问日期:2021 年 8 月 9 日)个人统计,截至 2021 年 1 月 8 日,富坚义博的《HUNTER×HUNTER》已经停止连载 768 天。

藤子・F.不二雄先生),有的作者则短短一两页就能搞定(如很多条漫类型的作品)。因此,如果你需要签订的合同中仅仅规定需要创作多少“话”,则相关的条款实际上根本没确定你具体要创作多少内容!

除了“话”以外,使用“页”来表述每次更新的数量也极其不严谨,因为没有明确规定的话,谁也说不清楚,一“页”漫画上究竟应该包含多少内容——是画满完整一个章节,还是每个分镜都能画一页?或者你也可以像“富坚老贼”那样,来个“九连黑”[①]吗?

有问必答

为什么被许可方会不规定每话/页具体要画多少内容?

在此你也许有疑问:“对方都没规定我具体一‘话’或者一‘页’要画多少内容,那我岂不是随便画几张图就能自作主张凑一次更新交稿,然后一部作品可以在连载上时间翻倍,稿费也翻倍,这样明明对他不利才对啊!”

请注意,不要把被许可方当傻子,但凡在交稿条款上规定“宽松”的被许可方,必然会在前文的专有使用权及之后的审核条款和酬劳支付条款上做文章,而最终占便宜的,一定不会是你。所以,切记不要在“每次更新作品的数量”上自作聪明,你的能力允许你每次更新画多少,就在合同上写明画多少!

①格——最佳量词

相较而言,对于“每次更新作品的数量”,最为标准的量词是“格”。作为漫画创作的专业词汇,“格”,即“画面分格”,并不像“话”或者“页”那样会引起歧义,最适合于作为规定每次更新作品的数量的量词。你可以采用如下的表述方式,对每次更新需要创作多少“格”来进行规定,即“作者每周/月应完成不少于×格的创作内容”,或“作者应每×日进行一次更新,每次更新的内容不少于×格”。

如果你创作的漫画类型为常见的多格漫画或条漫,即作品中包含了清晰

---

①　富坚义博创作《HUNTER×HUNTER》过程中的经典“段子”之一。在《HUNTER×HUNTER》第318话中,富坚义博在连续9页的漫画中,除了对白和漆黑的背景外,没有创作任何内容,由此成为了漫画创作“偷懒摸鱼”的典范(虽然这一“偷懒”的创作方法最终的表现效果相当不错)。你可以通过阅读富坚义博的文章([日]富坚义博:《全职猎人》,梁晓岩译,连环画出版社2017年版)来了解该事件。

可见并可以计数的画格的，则类似“作者每周/月应完成不少于×格的创作内容”的条款，已经可以确定你每次更新作品的数量；但如果你创作的漫画的格式完全自由，且画面上并不包含清晰可见的画格，那么这样的条款实际上仍然无法确定你每次更新作品的数量，针对这种情况，可以通过提交分镜稿等方式来明确自己的创作义务。

②提交分镜稿

界定没有画格的自由漫画究竟有多少“格”，最简单的方法是提交作品的分镜稿。对于“分镜”（本书特指漫画分镜）这一概念，漫画圈人士的熟悉程度要远远胜过法律圈人士，其指的是“把作者脑海里的故事，转换成一格格连续性的简单表演画面”①。画分镜是进行漫画创作的基本环节，只有分镜创作完成，作者才能开始草稿、墨线、完稿、成品输出等创作工作。而画格是分镜创作中必备的部分——作者可能在草稿、墨线或完稿阶段擦去或删去画格，但在分镜创作中，画格是不可缺少的。也正因如此，对于格式自由、没有画格用来确定更新作品数量的漫画，以该作品含有画格的分镜进行比对，是确定漫画画格数，并最终确定作者更新作品数量以及是否完成创作义务的最好方法。故如果你创作的是没有固定格式、不含画格的自由漫画，请你在创作过程中，一定要保留作品的分镜稿，用于做比对用。当然，如果你在草稿、墨线等创作阶段仍然保留了画格的话，那么提交草稿或墨线稿也可以起到一样的作用。

此外，在提交了之后你还需要在合同中针对“每次更新作品的数量”做如下补充：“作者应在提交完稿作品的同时，同时提交作品的分镜稿，该分镜稿中应保留清晰可见的画格，用于被许可方进行比对后计算作品的数量（单位：格）。”如果你某次的完稿作品相对分镜做了较大幅度的修改的话，还应写出特别说明函，指出完稿作品做了哪些修改，实际所含的格数多于还是少于分镜所含的格数等。

③特殊画格/特殊分镜的格数计算

对于一般的四格漫画、多格漫画或条漫而言，所有画格的大小都是相同的，计算画格数量也相对容易。但对于有些漫画而言，作者往往会针对某些特殊的情节，画一格画面大小/分辨率远超过一般画格的特殊画格，从而营造转

① 曾建华：《漫画分镜构图学》，清华大学出版社2009年版，第70页。

折、夸张的效果(例如,藤子·F.不二雄先生的非长篇版《哆啦A梦》中,每一个故事结尾都会使用超大的画格)。

这种画面较大/分辨率较高的特殊画格,创作难度及工作量显然要远高于一般画格,而针对漫画本身,这样的特殊画格又是不可或缺的。若在合同中,仍然将特殊画格视为一般画格并计算创作数量,对于作者而言显然并不合理,作者和被许可方往往会因为画格的计算产生纠纷。此外,没有画格的自由漫画,也有可能出现类似的情况,只不过相应的画格计算纠纷出现在分镜创作中(而不是完稿中)而已。

因此,你在签订著作权许可使用合同之前,应当与被许可方交流你的创作方式(而不是具体情节),如果你会针对带有转折、夸张作用的情节,创作大小远大于一般画格的特殊画格,那么你需要指出,这些特殊画格在被计入总画格数时,应当有特殊的计算方法,如一特殊画格应折合多少普通画格,或当你每次创作了特殊画格后,普通画格的创作任务应酌情减少等。

在与被许可方协商一致后,你需要在著作权许可使用合同中增加特殊画格的格数计算条款。首先,你需要列明自己创作的作品中包含几类特殊画格。其次,你需要确定每类特殊画格应折合多少普通画格,或直接将特殊画格与普通画格一起,作为你每次更新作品的数量予以规定。

例如,你创作了一部作品,这部作品中包含三种画格:普通画格,分辨率/画面大小为普通画格4倍(长宽各为2倍)的特殊情节画格,以及分辨率/换面大小为普通画格2倍(长为2倍,宽相同)的叙事画格。正常情况下,你每次更新大致会创作16普通画格、2叙事画格,以及1特殊情节画格,那么你可以与被许可方以如下形式约定自己的创作义务:

(画格种类列明条款)“双方一致认可,作者创作的作品以三种形式的画格呈现:分辨率为__________×__________的普通画格,分辨率为__________×__________的叙事画格,分辨率为__________×__________的特殊情节画格。”

(更新创作作品数量条款——针对固定的创作)“作者每次更新,应至少创作16普通画格、2叙事画格和1特殊情节画格的作品。”

当然,如果你想要更加自由地创作作品,不想每次更新都死板地创作固定数量的各类画格,也可以将第2条进行些许变更:

（更新创作作品数量条款——针对自由创作）“作者每次更新，应至少创作21普通画格或折合计算后相当于21普通画格的作品。双方一致认可，叙事画格和特殊情节画格可折合为普通画格计算，折算标准为1叙事画格＝1.5普通画格，1特殊情节画格＝2普通画格。”

对了，可不要想当然地认为特殊画格的大小是普通画格的4倍，叙事画格的大小是普通画格的2倍，因此折算的时候也应分别按照普通画格的4倍、2倍计算——大小是普通画格的4倍、2倍，可不代表创作难度也是普通画格的4倍、2倍，而相应的折算应当以“创作难度”为基础。

3. 创作作品的其他要求，如文字作品是否需要排版，美术作品是彩色还是黑白，是否需要墨线加工等。

4. 提交作品的格式要求，如文字作品在提交一般的DOCX格式文件时，是否需要同时提交DOC格式文件（不要笑话，有的被许可方可能直到今日，仍在使用Office Word 2000来排版）；提交美术作品时，作品的分辨率及dpi数至少应达到多少。需要注意的是，当美术作品是使用Adobe Photoshop或Corel Painter等程序绘制时，有的被许可方会要求你提交PSD或RIFF格式的源文件等。对此，笔者建议不要提交，因为你不知道也无法确定被许可方是否会把源文件中的图层抠出来给别人使用。

（四）（被许可方的）审核条款

所有《著作权许可使用合同》中，被许可方都会对作品进行一定的审核，这无可厚非，正如当你是演艺工作者时，合作方的广告拍摄方案、表演内容等都需要接受你的审核一样。一般来说，已经完全创作完成的作品，只需要接受一次审核，所谓“成败在此一举”，通过审核则商讨签订合同，不通过审核则双方好说好散，作者和被许可方很少可能因为审核问题产生矛盾。但是，如果你创作的作品还未完成，需要进行连载更新，而被许可方又将其审核作品的权利写入合同，即撰写专门的“审核条款”的时候，你就需要注意了，因为审核条款引起的作者和被许可方的纠纷数量一点也不比排他性条款、酬劳支付这样堪称著作权许可使用合同核心的重要条款引起的纠纷少。

很多引起纠纷的审核条款都具有一个特点——赋予了被许可方近乎完全自由又独断独行的审核权利，在这类条款中，被许可方对作品有所谓“不加解释的否决权”，可以不对作者做任何的解释，就直接宣布作品未能通过审核，从而拒绝刊登作品并拒付酬劳。作者当然无法接受这样莫名其妙的对待,纠纷也就因此而起。

在此你也许有疑问:“优秀的作品是被许可方的生命,任何被许可方都必然希望自己平台上的作品越多越好,怎么还会出现作品刊登已久、未出现违法违规、质量也得到了读者认可的情况下,被许可方突然以审核不通过为名,拒绝作品刊登的,这不是搬起石头砸自己的脚吗?”

有问必答

为什么被许可方会以“审核不过”为名拒绝刊登连载已久的作品?

首先,确实有一部分作品在经历了一开始的“新鲜感”后,会因为作者日渐骄傲自满、作者忙于应酬交际无法维持正常创作而出现严重的质量下滑。但这种情况实际上是非常少见的,在大多数情况下,被许可方以“审核不过”为名拒绝刊登连载已久的作品,主要的原因还是被许可方主动选择放弃作品。

其次,正常情况下,被许可方当然会希望自己平台上的作品越多越好,但维持如此之多的作品所需要支付的成本也是惊人的。无论多大的平台,其掌握的资源都是有限的,不可能为每一部作品都投入足够多的资源。因此,当资源有限时,被许可方必然会对作品进行取舍,有可能前一天你的作品还是被许可方眼中的宠儿,但后一天另一部作品又成了他们眼中的香饽饽,他们迫不及待地想把这部作品捧上前台,但手头已经没有多余的资源,除了牺牲你的作品,即将给你的作品提供的资源赋予这部作品之外没有别的办法。但被许可方又不愿意让自己背上“违约者”的骂名以及责任,因此其便在订立合同时留了审核条款这一“后手”,使其想对你“痛下杀手”时,可以有充分的理由,又不至于让自己落入“违约”的窠臼。

审核是正常且必要的,但你绝不应允许被许可方将审核条款作为戕害你的手段写入合同,因此,必须要规范审核条款的内容。

1. 作者的修改权

在修改审核条款时,你首先应给自己设置进行自我救济的权利,即你应当有权对审核不过的作品进行修改,而不是被许可方连补救的机会都不给你,直接宣告作品审核不通过并予以下架。你还应当要求在合同中规定针对审核不过作品的修改次数,该次数至少应以 3 次为标准,即当你的作品审核不过时,你至少应拥有 3 次重新修改作品(以期达到对方要求),并将修改完成的作品提交给对方再次进行审核的权利。

2. 被许可方应给出书面的修改意见

仅仅要求修改权是不够的,因为即使你在审核条款中增加了修改权,被许可方仍然有可能以支吾其词的方式,只是含糊地告诉你,你的作品审核不通过,而不告诉你为什么你的作品无法审核通过。即使你百遍修改作品,对方仍然可以不对你的作品"放行"。如果这种情况发生,那么针对修改权的规定实际上也就成了一纸空文(甚至还不如没有修改权,至少在没有修改权的情况下你不需要白费功夫修改一部根本不会通过的作品)。因此,你除了要求修改权外,还需要要求对方给你书面形式的修改意见。这种"书面"不一定非得是纸质形式的文件,电子邮件、短信甚至是网络聊天工具产生的聊天记录都可以,但必须要可以再现并对外进行展示,绝对不能是对方简单的口头告知。

3. 拒绝重复修改和实质修改

有的被许可方会通过反复提出相同的要求来瓦解作者的意志和精神,如要求作者反复修改作品分辨率,或反复要求作者修改墨线的精致度,甚至出现"改过来又改回去"等近乎无理取闹的修改意见。优秀的创意工作展示被许可方,一定拥有优秀的审核团队,可以一针见血地指出作品的问题并要求作者有的放矢地进行修改,从而在为自己着想的同时兼顾作者的利益,并尽快推动作品上架。相反,要求作者对同样的内容进行反复修改,则完全是损人不利己或有意为之的"恶行"。

因此,你有权要求,除非对方有证据证明你确实未能达到对方之前提出的修改要求,否则,对方不应向你提出重复的修改要求。该修改要求的"重复"指的是内容的重复,而不单单指的是数据的重复。例如,对方在第一次审核时,要求你将作品的分辨率从原有的 1600 × 1200 调至 1920 × 1440,并要求你相应修改作品细节部分的精细度,你完成了对方的要求,如果此时对方再向你提出修改分辨率并修改作品细节部分的精细度的要求,则相关的要求就属于重复要求,即使对方再次提出的分辨率修改数值变为 2400 × 1800 也是如此。

除非你的作品中涉及某些违反法律法规规定的内容,否则,你还应当拒绝对方直接对作品的情节、内容、人设、主要色彩等实质内容进行修改,这种对作品进行实质修改的权利仅限于你自己享有,对方的直接修改权仅限于尺寸、排版、分辨率(调整不能过大,毕竟你不会希望自己的读者看"高糊"作品)等非实质修改。

4. 审核范围

在正常情况下,审核范围并不是审核条款的重点,毕竟对大多数被许可方而言,正常的"审核范围"只包括作者提交的作品。但笔者在现实中,也确实见过专门制定了"审核范围"条款的合同,因此,当拿到手的合同中出现了"审核范围"时,你还是应当对此保持一定的关注。

针对"审核范围"条款,只需要注意一点:被许可方进行审核的范围一般仅应包括你创作的作品稿件,最多不能超过作品的故事大纲、角色形象设定。除此以外,任何独立于作品本身的关联作品、衍生作品,包括但不限于前传、后传、番外篇、彩蛋作品、"平行宇宙"作品等,都不应成为对方审核的对象,请记住,这些是独立的作品,除非签署与作品本体一样的原始使用合同,否则绝不应向对方进行展示。此外,你还需要注意,应当要求对方针对故事大纲、角色形象设定等不会对外展示的内容进行保密。

5. 参考文本

下面是一个关于"审核条款"的规范文本,以供参考:

"被许可方应在收到稿件__________日内,对作者提交的稿件进行审核,并以书面形式对其提出修改意见。被许可方在__________日内未提出修改意见的,视为作者提交的稿件通过审核。

在提出修改意见后,被许可方应给与作者__________次的修改机会,以及总计__________日的修改时间。被许可方应在书面修改意见中注明需要作者进行修改的内容。除非被许可方有证据证明作者的修改未完成被许可方之前提出的要求,否则,作者有权拒绝被许可方针对同样的待修改要素提出的重复修改要求。

被许可方可对作品内容合法性及排版、错别字、歧义内容、清晰度/分辨率等提出修改意见,但不得对作品的情节、人设、色彩风格等关系到作品完整性内容提出修改意见,除非该等情节、人设、色彩风格等存在违反法律法规规定的内容。"

(五)著作权许可期限、地域条款

1. 许可期限

在酬劳不变的情况下,给予被许可方过长的许可期限,一般都会对作者不利——作品的价值几乎都会随着时间的流逝“水涨船高”,更不用说作者还需要面对因为通货膨胀导致的生活压力。因此,你需要注意许可期限的长度,一般来说,普通的、没有给予特殊优待和照顾的著作权许可使用合同,许可期限最好不要超过两年,如果被许可方向你承诺了如上文中提到的奖励酬劳在内的优待政策(记得要写入合同),那么许可期限可以延长至五年左右。

十年甚至是更长时间的许可使用对创意工作者而言存在较大的风险,除非被许可方如上文中所写,许诺按年度“涨薪”,否则,应当非常谨慎地签订拥有如此长许可期限的合同。此外,无论在什么情况下,许可期限条款中绝对不能出现“永久”“无限期”“永远”“终身”这样的字眼。

在审核许可期限条款时,应明确注明许可期限的开始时间和结束时间,且应精确到日(如本合同中,作者许可被许可方使用________权利的时间为______年____月____日至______年____月____日)。你也可以用一些确定的、必然会成就/发生的条件的成就之日作为许可期限的开始时间及结束时间,如用合同签订日或作品首次刊登在被许可方之日作为许可期限的开始日,但一定要通过补充合同说明这一天是哪一天,且精确到日。

和代言合同中的“许可期限条款”一样,被许可方在许可期限到期时,也拥有立即将你的作品“下架”或“撤展”的义务。

2. 许可使用地域(仅限于APP、网站等)

正常情况下,原始使用中的许可使用地域,一般仅含中华人民共和国大陆地区/内地地区(不含我国港澳台地区),即大陆地区以外的IP应在访问时被系统自动封锁。如果被许可方要求将许可使用地域扩张至我国港澳台地区,甚至是全球的,其应当额外向你支付费用。

3. 本条款特殊性

需要注意的是,许可使用时间、许可使用地域条款针对的仅是那些可以“撤展”,即运营可以删除掉你的作品的创意工作展示平台(如APP、网站等)的被许可方。对于实体形式(纸质)的报纸、期刊的运营方报社、期刊社等而言,一般没有所谓“许可使用时间”的说法,毕竟你不可能要求报社、期刊社在

“许可使用时间”结束后,去把已经售卖出去的印上你的作品的某一期报纸、期刊“回收”,或去消费者家里,把印有你作品的部分撕掉。此外,不同于APP、网站等可以对非中国大陆IP地址的访问者设置“禁令”,报社、期刊社客观上也不能禁止我国港澳台地区或国外读者通过各种渠道购买该报纸、期刊。

(六)著作权许可使用传播平台条款

所谓“许可使用传播平台”,指的是被许可方可以且仅可以在哪些自己运营的传播平台载体展示作者的作品。

对互联网企业而言,许可使用传播平台自然指的是其运营的网站或APP等,你务必需要写明该传播平台的名称。

而对于报社、期刊社而言,许可使用传播平台的范围则更加狭窄——如果被许可方是报社、期刊社的,作者无法对其设置“许可使用时间”和“使用地域”条款,因此只可以在许可使用传播平台条款上进行限制——如果你的被许可方是报社、期刊社的,你应当限制该被许可方只能在自己发行的某一款报纸或期刊的某一期(如果许可使用内容多,一期无法刊载完的,也可以扩大到几期)上展示你的作品,除了该期期刊或报纸,以及包含该期合订本等外,被许可方不得在其他任何一期期刊或报纸上展示你的作品。

(七)署名权条款

对作品行使署名权是著作权法赋予你的不可分割的权利,因此,你当然有权要求被许可方在使用你的作品时,保证你正常行使署名权。被许可方应在展示你作品的传播平台上,按照双方协商一致的方式(包括但不限于署你的真名还是笔名,署名的位置等),为你进行署名。

(八)专有使用权/非专有使用权条款(独家合作/非独家合作条款)

在所有《著作权许可使用合同》中,独家合作/非独家合作条款有一个独特的名字,专有使用权/非专有使用权条款,该名称来自《著作权法》第26条。不过,根据笔者的所见所闻,在现实生活中,很多著作权许可使用合同都会使用“独家许可/非独家许可”、“排他性许可/非排他性许可”或“独占许可/非独占许可”等偏向事实描述的概念来对双方的权利义务进行规定,而不会使用“专有使用权/非专有使用权”的表述。对此,你可以建议被许可方,根据《著作权法》的规定,对该条款进行修改。

专有使用权/非专有使用权条款一般分为以下四类：专有使用权条款（不含自用）、专有使用权条款（含自用）、非专有使用权条款和时限专有使用权条款，其分别指的是：

1. 专有使用权条款（禁止自用）。该条款是最为严苛的专有使用权条款（本书第二章"《民法典》视域下的合同基本知识和通用条款"中提到的绝对独家合作条款），其指的是，在签署著作权许可使用合同之后，除了与你签署著作权许可使用合同的被许可方外，你无权将你的作品许可给其他任何第三方使用，也无权将作品上传至你个人运营的自媒体账号，包括但不限于微博账号、微信公众号、贴吧账号、各大论坛，甚至是个人的朋友圈！签订了绝对排他条款后，你将对你的作品失去所有进行运营的权利。

值得注意的是，根据《著作权法实施条例》的规定，针对专有使用权，如果"合同没有约定或者约定不明的，视为被许可人有权排除包括著作权人在内的任何人以同样的方式使用作品"，所以，如果你的合同中只规定了对方享有专有使用权，而没有进一步的说明，那么法院会默认该专有使用权是禁止你自用作品的。

2. 专有使用权条款（允许自用）。相对于专用使用权条款（禁止自用）而言，该条款对作者的限制稍微小一些。允许自用的专有使用权条款类似广告代言合同中的竞品条款，被许可方一般会在这类条款中强调"竞争因素"，并以列举的形式说明自己的竞争对手，禁止作者向其竞争对手进行使用许可，但不限制作者在自己的自媒体上使用作品。如上所述，如果希望自己在给予了被许可方某些著作权的专有使用权后，可以自行使用相关权利，你务必需要在合同中对此进行明确的规定，否则对方享有的专有使用权将被视为排除了你的自用权利。

3. 非专有使用权条款。这是对你限制最少的一类专有使用权/非专有使用权条款，其允许你在向被许可方许可后，继续向其他与被许可方相似或相同的被许可方进行相同权利的许可。但是，即使签订了含有非专有使用权条款的著作权许可使用合同，对你而言，日后对作品的运作也不是可以完全自由、任意为之的。在签订完非专有使用权条款后，再向其他拟合作的被许可方进行著作权许可使用时，就要注意了，此时，你绝不能和其他被许可方签订含有专有使用权条款的原始使用合同。如果这么做了，将意味着之前与你签订了含有非专有使用权条款的著作权许可使用合同的被许可方，将无法再继续展示、传播你的作品，双方签订的合同也无法正常履行，你将因自己疏忽大意的行为变成违约方！

4. 时限专有使用权条款，即时限转化条款。所谓时限转化条款，是指内容与上述的专有使用权条款或非专有使用权条款相同或相近，但其中的专有使用权并非贯穿合同期限始终，而是存在时间限制。经过一定时间后——可能仅仅是一段固定的时间，也可能是在一段固定的时间内，被许可方未能达成某种合同规定的条件——专有使用权转化为非专有使用权。[①] 不少被许可方为了在保证自己能第一时间“独占”一部新作品，又不愿花过于高昂的代价长时间维持这种存在一定风险的“独占”（有的作品时效性很强，但长时间的“余味”很糟糕），于是便想出了这样的“对策”。虽然时限转化条款包含了所谓的“转化”，但从本质上看，这仍然是专用使用权条款的一种。

除了你认为报酬足够的有偿许可外，笔者不建议签订上述任何一种形式的专有使用权条款。即使你同意了专有使用权条款，也必须在合同中规定，被许可方享有的专有使用权，仅针对与被许可方使用著作权的传播平台具有直接竞争关系的传播平台，如网站对网站、APP，期刊对报纸、期刊等，而其专有使用权，不可针对和被许可方没有直接竞争关系的产品及其生产企业。

例如，你许可一家以展示、传播漫画作为主要经营内容的网站/APP 的公司，以专有使用的方式使用你作品的信息网络传播权，你保护对方专有使用权的义务，仅限于不应再向其他以展示、传播漫画作为主要经营内容的网站/APP 的公司许可。除此之外，无论你将自己的作品定作加工成衍生商品［见本书第九章“衍生商品开发（定作加工）”］并在网络上进行宣传，或许可其他厂商制造含有自己作品元素的衍生商品并在网络上进行宣传，都不应受到限制，也不构成对那些以展示、传播漫画作为主要经营内容的被许可方的违约。

（九）酬劳条款

又到了该谈钱的时候了，一般来说，作者就作品进行许可，可得到的酬劳会分为两部分，基本酬劳和浮动酬劳。

---

① 也有非专有使用权转化为非专有使用权的，但极少见，所以本书不深入讨论。

1. 基本酬劳

首先是基本的酬劳，即被许可方刊登作者多少的作品，就应当向作者支付多少的费用。毫无疑问，你需要关注每许可一定数量的作品，应当获得的酬劳为多少，该酬劳是否含税，该酬劳应该在什么时间发放给你，是现金还是汇款，是有规律地月结还是按每次提交作品的时间不定期结费等。

基本酬劳条款一般非常通俗易懂，但你需要注意以下经常发生在原始使用合作中的特殊问题：

（1）对于基本酬劳的支付，绝不应当附带任何附加条件，请不要答应对方有关只有在阅读数/收藏数/订阅数/点击数/评论数等数据达到多少才能获得基本酬劳的条件，这很可能导致你为被许可方“白打工”。

（2）针对支付酬劳的时间，应当需要向被许可方强调，必须以月付的形式向你支付费用，即一旦某个月份，对方刊载了你的一定数量的作品，对方就应该在这个月份当月或下月的某日或某日之前支付你相应的酬劳。酬劳是你可以从被许可方获得的唯一的直接收入，应当让其尽可能像工资一样，每月都能按时发放到你的口袋里。

不要接受年付甚至更苛刻的“作品完结后再付款”，这将导致你无法正常获得酬劳的危险性大大增加，例如，万一作品还没完结，这家被许可方就倒闭了呢？你是想损失一个月的报酬，还是损失全部的报酬？如果你像青山刚昌[①]或者“富坚老贼”那样，勤奋或不勤奋地连载作品二十多年该怎么办，二十多年后再让被许可方给钱？

（3）连载超过一定时限后，你的酬劳应当按年份上涨。这又回到了之前青山刚昌或“富坚老贼”的例子——如果你的作品可以像《名侦探柯南》那样连载超过二十七年，恐怕无论如何，你都无法接受二十七年一个价钱的酬劳，因此，如果你有心在一家被许可方长期连载，应当提前向对方说明并在合同中规定，自己的基本酬劳绝不能几十年都一个价。

2. 奖励酬劳

相对于基本酬劳，难理解且容易产生争议的是所谓的“奖励酬劳”（又称“浮动酬劳”）。“奖励酬劳”类似于广告代言合同中的“对赌收益”，指的是若

---

① 日本知名漫画家，著有《名侦探柯南》《剑勇传奇》等，其中，《名侦探柯南》自1994年连载至今。

作者的作品可以达到一定的条件的,被许可方将在基本酬劳之外向作者发放一定的额外奖励。

对于奖励酬劳,你需要注意的是,如果奖励酬劳条款是附条件生效的,那么,相应的条件必须清晰明确,可以客观判断其实现与否。有些被许可方会在与作者签约的时候,就奖励酬劳方面给作者画一个"大饼",虚无缥缈地许诺当作品"达到一定的人气"或"受到广泛的欢迎"的时候,会给作者如何高的奖励,从而获得了作者的信任。但当作者在签约后去讨要奖励酬劳时,却被被许可方以种种理由予以拒绝,从而引发纠纷。

因此,在签约时,像上述的"一定的""广泛的"这类意思含糊的形容词,绝对不能出现在奖励酬劳条款中。正常情况下,奖励酬劳条款所附的条件,最好是那些可以客观反映,同时被许可方无动机主动"造假"的信息,包括阅读量/点击量、点赞量、关注人数等。

有问必答

支付奖励酬劳时,被许可方会对客观数据"造假"吗?

在此你也许有疑问:"你告诉我要用哪些可以客观反映的信息作为奖励酬劳实现的条件,但说实话,即使是这些可以客观反映的信息,例如点击量、阅读量之类,也掌握在被许可方手里,难道他们就不会篡改这些数据,从而降低给我的奖励性酬劳吗?"

被许可方当然有篡改数据的能力,但大多数情况下,其没有篡改数据,特别是将数据改少的动机。因为对于被许可方而言,阅读量、点击量、评论数、关注数这样的数据几乎是其运营的"生命",其广告费、融资、外在口碑等皆仰仗于此,被许可方通过一部高阅读量、点击量、评论数、关注数的作品,可以获得的利益,也要高于其向作者本人发放的酬劳。因此,为了克扣金额不多的作者奖励酬劳,而篡改并减少如此重要的数据,是得不偿失的行为。

当然,现实中确实有极少一些实力不济的被许可方,会为了一部分麾下的"香饽饽"作者的利益而篡改数据,将其不器重的作者的数据添加给其器重的作者,并将相应的奖励支付给前者。然而,这样"穷酸",连多一点额外奖励都拿不出、非要依靠不诚信地篡改数据,从一名作者身上剥夺利益来奖励另一名作者的做法,在现实中实在太过少见。笔者认为,你不需要太过担心这种小概率事件。

（十）违约条款

以下的行为可被视为是原始使用合同中的特殊的严重违约行为：

1. 被许可人违反著作权许可使用期间、地域条款规定，超期、超地域使用作者的作品，达到一定次数的（该次数可以为一次）；

2. 被许可方违反著作权许可使用传播平台条款，超范围使用作者的作品，或将作品许可给合同外第三方使用，且经作者劝说、提示后仍不改正的；

3.（若双方签署了专有使用权条款的）作者在违反专有使用权条款的规定后，又将被许可方享有专有使用权的作品著作权赋予其他合同外第三方行使，且经被许可方劝说、提示后仍不改正的。

第 七 章

著作权许可使用(衍生使用)

或许有些创意工作者可以“安贫乐道”,仅靠数量不多的著作权许可使用(原始使用)费用安然度日。但对于更多的创意工作者而言,如此“不为五斗米折腰”的生活可能并非其所想所愿,绝大多数创意工作者想成为的,是托尔金,是马里奥·普佐,是斯蒂芬·金,是汉斯·季默,希望得到的是自己的作品被改编成剧本,摄制成或者融入电影、电视等,投上大银幕和小荧幕,并随着光影的跳动传向全世界。

因此,著作权许可使用(原始使用)仅仅是创意工作者在文体产业从业的第一步,而远远不是全部。若想要在此基础之上进一步提高自身的影响力,并大大提高自身收入,那么将作品改编为或融入其他形式的、影响力更广的作品,几乎是一条必经之路。因此,哪怕你还处在只能进行著作权许可使用(原始使用)、收取为数不多的稿费的阶段,你也应当“未(金钱)雨绸缪”,对创意工作中含“金”量更高的著作权许可使用(衍生使用)有所了解。

请注意,本章中有诸多内容与“参加演艺活动”和“著作权许可使用(原始使用)”两章结合紧密,请将三章比较阅读。

一、业务了解与风险防控

归根结底,著作权许可使用(衍生使用)与著作权许可使用(原始使用)一样,都是著作权许可使用的一种,只不过二者许可给被许可方使用的权利不同而已。因此,就大多数业务了解与风险控制项目而言,本章和前一章区别不大,你主要需要关注以下几点即可:

（一）衍生使用的业务内容

我们在前一章区别“原始使用”和“衍生使用”时，已经讨论过著作权许可使用（衍生使用）的概念，所谓衍生使用，指的是许可对方使用自己作品的部分著作权后，对方可以以该作品为基础或素材，由该作品“衍生”出一部新的作品或录音录像制品的（本书称为“衍生作品”），而这部新的作品的著作权，或与录音录像制品有关的合法权益，是归属于对方的。

合作方对你的作品进行衍生使用的主要情形包括：

1. 将你创作的小说、漫画等改编为剧本，并将改编完成的剧本摄制成影视作品的；

2. 将你创作的剧本摄制为影视作品的；

3. 将你创作的作品的全部或部分“嵌入”自己的作品，使之成为自己作品的素材的一部分的，如将你创作的音乐作品变为其视听作品的片头曲、片尾曲、背景音乐等。

（二）提前应对作品被盗版和滥用

相对于原始使用，衍生使用中的盗版现象的猖獗程度一点也不低，更重要的是，相对于原始使用，作者对衍生使用中盗版现象的核实难度要更大。与针对原始使用类的盗版、滥用（“盗图”“盗文”等进行传播），作者可以通过搜索内容等方式发现自己被侵权的事实不同，衍生使用类的盗版会产生新的类型的作品，作者仅仅使用文字搜索、识图搜索等，根本无法发现自己被侵权了，绝大多数作者，哪怕亲眼见过侵权自己的衍生使用类盗版作品，都无法想象，这部作品真正的“父母”竟然是自己——即使伟大如黑泽明，都无法在1961年，自己的作品《用心棒》上映时，想象到这部明明是在描写日本武士的电影，竟然会在4年后“摇身一变”，成了大洋彼岸的一部“意面西部片”①——《荒野大镖客》（*Per un pugno di dollari*），以至于“电影天皇”气从中来，直接写信给《荒野大镖客》的制片方：“拍得不错，但这是我的电影。”②

---

① 20世纪60年代红极一时的美国西部片类型，此类电影多以美国西部拓荒时代作为时代背景，表现美国牛仔彼时的生活、遭遇等，知名演员克林特·伊斯特伍德、亨利·方达等都曾出演此类电影。由于此类电影多由意大利电影公司制片拍摄，因此其被称为“意大利西部片”（Italian Western）或“意面西部片”（Spaghetti Western）。

② John Patterson, *Why Hollywood Can't Get Enough Akira Kurosawa Remakes*, The Guardian (Sep. 1, 2011), https://www.theguardian.com/film/2011/sep/01/akira-kurosawa-remakes.

我们在前一章中提到过盗版的“外贼”和滥用权利的“家贼”,这两种侵权行为同样适用于本章。相对而言,“家贼”即滥用权利的不良被许可方,其侵权行为更容易被发现。可以通过以下统计了相关行业内公司制作的作品记录的资讯网站,查询你的被许可方具体制作了哪些电影,并根据与这些电影相关的资料,查询被许可方是否滥用了你许可的权利,包括但不限于超越了你规定的衍生作品数量(见下文)进行了改编、摄制,或将你未许可其使用的作品进行了改编、摄制等。

电影、电视剧:IMDb(https://www.imdb.com/)、时光网(http://www.mtime.com/);游戏:GameSpot(https://www.gamespot.com/)。

但想要发现盗版的“外贼”,大概只能依靠群众的力量了。可以在自己的自媒体账号、官方网站等页面上,设置举报信息征集启事,请求自己的粉丝向自己提供自己的作品被侵权的线索等。

(三)谨慎选择衍生使用的合作对象

很多赫赫有名的作品乃至虚拟形象,都经过了不止一次的改编、摄制、制作等,而且进行改编、摄制、制作并创作出新的影视作品的被许可方可能都不是一家公司,而合作方水平的参差不齐,也导致了不少赫赫有名的作品乃至虚拟形象都出现过黑历史。以广为人知的,由杰克·科尔比和乔·西蒙创作的漫画形象“美国队长”/“史蒂夫·罗杰斯”(“Captain America”/“Steve Rogers”)为例,该漫画形象曾被数次搬上大荧幕。仅就真人影视作品而言,除了由漫威娱乐制作、曾在2011年至2019年在我国上映的“漫威电影宇宙”系列中的《美国队长》三部曲及《复仇者联盟》四部曲(由美国演员克里斯·埃文斯出演“美国队长”的版本)外,[①]历史上至少还有以下真人出演版本的“美国队长”系列影视作品:

1944年电影《美国队长》,由美国演员迪克·珀塞尔(Dick Purcell)出演

---

① 即使是这些由漫威娱乐打造的“漫威电影宇宙”中与“美国队长”有关的电影,其间也经历过制作方的变动。虽然“美国队长”版权所在的漫威娱乐早在2009年就已经被迪士尼集团(The Walt Disney Company)收购,但无论是2011年上映的《美国队长:第一复仇者》(*Captain America: The First Avenger*),还是2012年上映的《复仇者联盟》(*Avengers*),其制片均是由迪士尼集团的主要竞争对手派拉蒙电影公司(Paramount Pictures)和漫威娱乐一起负责。至于迪士尼集团旗下的华特·迪士尼电影公司(Walt Disney Pictures)接手“漫威电影宇宙”中的含有“美国队长”角色的电影制作工作,要等到2014年上映的《美国队长:冬日战士》(*Captain America: The Winter Soldier*)。

“美国队长”，本片制作方为共和国电影公司（Republic Pictures）；1979 年电视剧《美国队长》，由美国演员莱博・布朗（Reb Brown）出演“美国队长”，本片制作方为环球电视公司（Universal Television）；1990 年电影《美国队长》，由美国演员马特・萨林杰（Matt Salinger）出演“美国队长”，本片制作方为 21 世纪电影公司（21st Century Film Corporation）、贾德兰电影公司（Jadran Film）和漫威娱乐。

而这三部电影/电视剧在 IMDb 上的平均评分是 5.5、3.6 和 3.2，前者堪称糟糕，后两者则是纯粹的“灾难”。

如果想让自己的作品在被改编、摄制、制作的过程中，成为“漫威电影宇宙”中的《美国队长》系列一样的经典，而不是变成 1979 年版或 1990 年版《美国队长》那样的“灾难”，那么在选择衍生使用的被许可方时，应当关注该公司是否有过与你作品相同题材作品的制作经验，以及其是否有过成功进行衍生使用创作的优秀作品等。

（四）资质查询

谈到资质查询，你可能会回想起“参加演艺活动”一章中有关拟拍摄电影者、拟拍摄电视剧者的资质问题，这没错。不过，在影视公司上门，向你表示希望获得你创作的小说、漫画、剧本等的改编权时，你只能要求其向你出示摄制电影许可证、电视剧制作许可证等资质证照，以证明其拥有合法的从业资质。但是，你无法像“参加演艺活动”一章一样，去“电影电子政务平台”和“电视剧电子政务平台”查询其备案情况——对方正是为了获得剧本而联系你的，在没有剧本的情况下，他们可备不了案！

但如果对方联系你的目的，是希望使用你创作的音乐作品作为其电影的主题曲、片尾曲等，那么你仍然应当在“电影电子政务平台”和“电视剧电子政务平台”网站上查询其备案情况。

（五）涉诉情况查询

在查询拟衍生使用你的作品著作权的欲合作方涉诉情况时，你应当重点关注其是否曾和与其影视作品相关的作品的原作者发生过争议（包括欠费争议，以及损害作品完整性争议等），以及该欲合作方是否曾作为欠款方对外发生过纠纷等。

二、业务合同审核

在著作权许可使用(衍生使用)业务中,核心的业务合同为《著作权许可使用合同(衍生使用)》,简称衍生使用合同。衍生使用合同中的诸多内容,与前一章中讨论过的原始使用合同是一致的,因此,在本章中,我们仅将讨论衍生使用合同的特殊之处。

与原始使用合同一样,如无特殊说明,在讲解衍生使用合同内容时,你将被统一称为作者,而由你向其进行著作权许可使用的合作对象将被称为被许可方。

(一)许可使用内容、许可使用权利条款

1. 许可使用内容

与原始使用合同一样,在衍生使用合同中,你的作品同样是可以"拆开"进行许可的。马里奥·普佐的《教父》供弗朗西斯·科波拉拍摄了一部半的《教父》,普佐在原著中关于老教父维托·科里奥尼年轻时经历的内容全部出现在了科波拉的《教父 2》中;而托尔金的一部《霍比特人》,更是供彼得·杰克逊拍出了《霍比特人》三部曲。所以,在进行许可时,并不一定非得将自己的整部作品许可给对方,完全可以分章节、分部分进行许可。

甚至不要说完整的作品,仅仅一个美术作品形象和少量的人物设定,就足以改编、摄制、制作出数部电影了。例如,克里斯托弗·诺兰导演创拍摄的"黑暗骑士系列蝙蝠侠三部曲"(由英国演员克里斯蒂安·贝尔出演的"蝙蝠侠"版本),仅仅使用了比尔·芬格与鲍勃·凯恩创作的漫画形象"蝙蝠侠"布鲁斯·韦恩和几个重要配角的角色设定,以及《蝙蝠侠#497》漫画中著名的"骑士陨落"[1]情节,其余内容完全由三位编剧克里斯托弗·诺兰、乔纳森·诺兰和大卫·高耶原创。[2]

2. 许可使用权利

根据被许可方使用你作品的目的的不同,你许可其可以使用的权利的种

---

① 指的是超级反派贝恩折断了蝙蝠侠的脊椎,使蝙蝠侠瘫痪的情节。参见 Doug Moench, Jim Aparo, *Batman #497* (*Batman*, *Volume* 1), DC Comics, 1st edition, January 1, 1993。

② 你可以在以下网站阅读这三部电影的剧本: David S. Goyer, *Batman Begins*, https://stephenfollows.com/resource-docs/scripts/batman_begins.pdf; Christopher Nolan, Jonathan Nolan and David S. Goyer, *The Dark Knight*, https://www.nolanfans.com/library/pdf/thedarkknight-screenplay.pdf; Christopher Nolan, Jonathan Nolan and David S. Goyer, *The Dark Knight Rises*, https://www.imsdb.com/scripts/Dark-Knight-Rises,-The.html。

类也不尽相同,对于希望把你创作的小说、漫画等改编成剧本的,那么你需要许可对方使用自己作品的改编权;对于希望把你创作的剧本摄制成电影作品、电视剧作品的,那么你需要许可对方使用自己作品的摄制权。这两种许可中,被许可方可获得的权利是比较明确的。

3. 音乐作品衍生使用的特殊性

但对于希望将你创作的音乐作品进行衍生使用,作为其影视作品中的音乐的被许可方,你应就此许可对方使用的权利,目前无论是学术界还是实务界,都存在争议。笔者就曾见过诸多德高望重的法学界前辈们提出完全不同的观点,有人主张许可改编权,有人主张许可放映权和广播权,甚至有人主张许可汇编权。对此,为避免双方对权利定义不清,导致日后发生争议,笔者建议,当你需要将音乐作品许可给他人作为电影作品、电视剧作品的影视音乐时,你可以不设许可使用权利条款,而以下述事实叙述条款取而代之:"作者许可被许可方使用作者创作的音乐作品______________,将该音乐作品作为被许可方创作的电影作品(电视剧作品)______________的□片头曲/□片尾曲/□正片中背景音乐。"其中,"□"内打"√"的,表示你同意被许可方使用你的音乐作品的用途,可多选。

不过,除此之外,在其他一些情况下,被许可方希望就音乐作品获得许可使用的著作权种类还是比较明确的。例如,被许可方可能要求获得你的音乐作品的表演权,由自己的演员来进行表演,以增加音乐和影视作品的结合程度,提升观众对电影和电影音乐的沉浸感。在电影《狮子王》(1994 年版)中,由英国音乐人埃尔顿·约翰和蒂姆·莱斯为本片创作的电影主题曲 *Can you feel the love tonight*(《今晚你是否感受到爱》),就在整部电影中播放了两遍,第一遍播放于电影正片中,与电影剧情结合紧密,并由电影的两位主要的配音演员马修·布罗德里克和莫伊拉·凯利演唱,且歌词相对于蒂姆·莱斯创作的原词有所改动;第二遍则在全片结束、开始放送片尾字幕时播放,由埃尔顿·约翰本人演唱。[1]

此外,有的被许可方还可能会要求你许可其使用音乐作品的复制权、广播

---

① Alice Dewey Goldstone, Don Hahn, Sarah McArthur, Thomas Schumacher, *The Lion King*, Walt Disney Pictures & Walt Disney Animation Studios Present (1994); Elton John, Tim Rice, *Can You Feel the Love Tonight*, Lyrics by Tim Rice, Composed by Elton John, Performed by Elton John.

权、信息网络传播权,或要求你许可其使用音乐作品作为其预告片的背景音乐,以在其线下线上的活动、资料中,播放、展示你的音乐,为自己的影视作品提供宣传用。

4. 许可使用内容数量、许可使用权利种类应与酬劳成正比

别忘了,许可对方使用你作品的内容越多,许可给对方使用的权利种类越多,你从对方处获得的酬劳就应当越多。例如,当你对音乐作品进行许可使用时,许可对方将你创作的音乐作为自己影视作品的片头曲/片尾曲/正片背景音乐,并同时许可对方使用作品的表演权、复制权、表演权、广播权、信息网络传播权时获得的酬劳,就应当比仅许可对方将你创作的音乐作为自己影视作品的片头曲/片尾曲/正片背景音乐时更多。

(二)衍生作品条款

除了许可使用内容数量、许可使用权利种类外,另一项与你获得的酬劳数成正比的概念是对方使用你作品的最终目的(这是亚 UN 使用合同中不存在的),即对方到底需要把你的作品改编、摄制、制作成多少部。如果用生活中的例子来形容,衍生使用就好像是"借鸡生蛋",对方借走鸡的时间越长,借去的鸡生的蛋越多,付给你的费用也应该越高。在衍生使用中,许可对方使用你的作品进行改编、摄制、制作产生的衍生作品的数量越多,进行改编、设置、制作的总时间越长,你就应获得更高的收入。

我们在上文已经说过,一部作品不一定只能被改编、摄制、制作为一部衍生作品,你创作的作品的内容体量越大,或内涵越丰富,其可以被改编、摄制、制作为衍生作品的形式、数量就越多。而被许可方使用你的作品改编、摄制、制作的衍生作品的形式、数量越多,其可获得的收益就越多,被许可方自然也应该向你支付更高的酬劳。

因此,在审核修改衍生使用合同时,要确定被许可方使用你作品的目的是什么。请注意,此处的目的,指的是"最终目的",而不是"直接目的",例如,有些被许可方希望将你的小说、漫画等改编成剧本,剧本就是其衍生使用的直接目的,可是你想想就知道,对方千辛万苦拿到你作品的改编权,肯定不是为了单单写一部剧本就完事了,他们一定是要把这部剧本拍成影视作品的。

1. 衍生作品的形式

首先应确定,对方希望使用你的作品,最终改编、摄制、制作出什么形式的

衍生作品，是影视作品，还是游戏（计算机软件/电子出版物）？如果是影视作品，是电影、电视剧，还是新兴产生的“网络大电影”？如果是游戏，那么是什么媒介的游戏，是单机，还是网游？游戏的类型是 FPS（第一人称射击）、RPG（角色扮演）还是卡牌，等等，都需要确定清楚。

不过无论如何，对方希望使用你的作品改编、摄制、制作出的衍生作品的类型越多，你的收入就应当越高。

2. 衍生作品的数量

除了衍生作品的形式外，另一个重要的关注点是衍生作品的数量，即对方希望使用你的作品，最终改编、摄制、制作出多少数量的衍生作品。对方希望使用你的作品改编、摄制、制作出的衍生作品的数量越多，对方可以就此获得的收益也就越高，你的收入就应当越高。

但关于何为此处的“数量”，以及如何计算、确定衍生作品的“数量”，看似简单，实务操作中却可能是个老大难的问题——你可能等到被许可方创作出衍生作品后，都搞不清楚，对方用你的作品到底创作出了几部衍生作品。对此，笔者给出以下的衍生作品数量的计算方式，以供参考：

针对需要在国内（不含港澳台地区）上映、发行的电影、电视剧、游戏、录音录像制品（电子出版物）等（要求衍生作品在国内上映、发行几乎都是），可以衍生作品取得的许可证数量或批准文号数量为基础，计算衍生作品的数量。在我国，无论是电影还是电视剧，无论其上映于何平台，都需要取得电影公映许可证或电视剧发行许可证，游戏目前也需要取得批准文号等，因此，电影衍生取得一个电影公映许可证的，该证书中记载的电影计为一部衍生作品；电视剧取得一个电视剧发行许可证的，该证书中记载的电视剧为一部衍生作品；游戏取得一个国家新闻出版署批准文号及 ISBN 号的，计为一部衍生作品；录音录像制品（电子出版物）取得一个 ISBN 号的，计为一部衍生作品。

例如，吴宇森导演拍摄的《赤壁》电影，虽然分别名为《赤壁（上）》和《赤壁（下）》①，听起来好像一部电影的上、下两部。但因为《赤壁（上）》和《赤壁

---

① 此为中国内地片名，这两部电影在中国香港地区申报香港电影金像奖时，使用的名称分别为《赤壁》和《赤壁：决战天下》，载香港电影金像奖官方网站，http://www.hkfaa.com/winnerlist28.html，http://www.hkfaa.com/winnerlist29.html，最后访问日期：2022 年 4 月 28 日。

(下)》分别取得了一个公映许可证号(前者为电审故字[2008]第36号,后者为电审故字[2008]第128号),因此这就是两部电影,而非一部电影的上、下两部。

看完笔者对如何区分“部”如此小心翼翼的唠叨,你可能会觉得笔者在“小题大做”,“用得着这么麻烦吗?我还能分不清几部是几部?”如果真的如此,那不妨看看以下这个例子:

1965~1967年,苏联电影史上最杰出的史诗作品之一,改编自列夫·托尔斯泰的史诗小说《战争与和平》,由苏联国宝级导演谢尔盖·邦达尔丘克导演、苏联举全国之力拍摄的《战争与和平》上映。对此,你认为列夫·托尔斯泰的小说被改编成剧本后,一共被摄制成了几部电影作品?

你可能会脱口而出:“肯定是一部作品!不还是《战争与和平》吗?”然而,如果细看《战争与和平》的上映时间,你便能发现问题:“怎么一部电影可以上映两年多?”

没错,《战争与和平》不是一次性上映的,而是分为四个部分——《战争与和平1:安德烈·博尔孔斯基》(Война и мир 1: Андрей Болконский)、《战争与和平2:娜塔莎·罗斯托娃》(Война и мир 2: Наташа Ростова)、《战争与和平3:1812年》(Война и мир 3: 1812 год)和《战争与和平4:皮埃尔·别祖霍夫》(Война и мир 4: Пьер Безухов)——相继在1965年至1967年上映的。

此时你可能想改口:“哦,看来《战争与和平》和你之前说的《赤壁(上)》、《赤壁(下)》类似,实际上是四部电影?”

然而,在1969年第41届奥斯卡颁奖礼上,奥斯卡组委会却将“最佳外语片”奖项颁发给了《战争与和平》,而不是其任何一个部分。[①] 这一点与《赤壁》系列完全不同——《赤壁(上)》和《赤壁(下)》各自以一部电影的名义参加了第28届、第29届香港电影金像奖评选。[②]

一部,还是四部?在此,你是不是对《战争与和平》到底该算是几部电影感到糊涂了?别急,由于苏联自列宁时代开始便像中国、法国一样,对电影采取

---

① 《战争与和平》的获奖信息及登记名称,载奥斯卡官方网站,https://www.oscars.org/oscars/ceremonies/1969,最后访问日期:2021年6月15日。

② 香港电影金像奖官方网站,http://www.hkfaa.com/winnerlist28.html,http://www.hkfaa.com/winnerlist29.html。

审查放映制度,[①]那么在两年内分四部分上映的电影,必然需要经过四次审查,每部分均应获得一次批准,因此,《战争与和平》当然是四部电影。

(三)著作权使用许可期限、使用地域条款

1. 使用许可期限长度

在衍生使用中,被许可方使用你作品的期限当然也应受到限制。这种使用许可期限更类似于原始使用中的报纸、期刊等的使用期限,即"必须在某个时间点前完成",而没有如同 App、网站一样"下架"的说法。

你应在合同中规定,被许可方应当在合同规定的著作权使用许可期限内,完成衍生作品的创作。但由于被许可方希望通过衍生使用达到的目的,包括但不限于制作影视作品、游戏等,不仅技术难度大得多,过程中面对的来自外界的风险也要远远高于原始使用,因此,衍生使用合同中的著作权使用许可期限,正常都会长于甚至远长于原始使用合同,被许可方拟制作电视剧的,一般可以达到 5 年,而拟制作电影、游戏特别是内容复杂的"3A"游戏的,使用许可期限甚至可以达到 10 年。当然,这不是说,所有衍生使用合同中的著作权使用许可期限都必须达到 5 年或 10 年,达不到就是作者的不对。许可使用期限的长度仍然应当和你获得的许可费用成正比,对方向你支付的许可费用越高,其就可以享受越长的许可期限。此外,许可期限也应当与衍生作品的类别及其制作难度有关。例如,一款"3A"游戏要求数年的许可期限很正常,可一款三消卡牌游戏如果也要求数年的许可,恐怕就让人贻笑大方了。

2. 使用许可期限到期后的后果

即使给了被许可方 5 ~ 10 年的使用许可期限,对方可能仍然无法完成衍生作品的创作。如果这种情况真的发生,那么你直接不分青红皂白地宣布著作权使用许可期限结束,让对方已经创作到一半或者几乎完成的衍生作品"胎死腹中",实在是太过"残忍",别忘了"信条十 · 公平公开公正地进行合作,以诚待人"。笔者建议,你可以在合同中再给被许可方一次机会。在使用许可期

---

① 列宁在其《电影业务指令》一文中指出,所有待放映电影都应经过人民教育委员会的审核,并在人民教育委员会进行登记,参见《列宁文集》(卷 42),莫斯科进步出版社 1971 年版,第 388b 页。本注释翻译自伯纳德 · 伊萨克斯(Bernard Isaacs)翻译的英文版本,英文版本原文收录于马克思主义互联网档案馆网站,https://www.marxists.org/archive/lenin/works/1922/jan/17.htm,最后访问日期:2021 年 6 月 15 日。

限到期,对方仍然未能完成衍生作品的创作的情况下,被许可方可以选择和你签署补充合同,延长使用许可期限。当然,延长绝不是免费的,对方应当就延长使用许可期限再次向你支付许可费,而且相对于原来的许可费用,就延长使用许可期限应付的费用数额应当有所增长。毕竟,相距被许可方上次向你付费,可能已经过去了5年甚至10年之久。

3. 使用地域

考虑到衍生使用高昂的制作成本,衍生使用的被许可方一般需要海外发行或海外合作(如业务外包)才能收回成本,鉴于"信条十·公平公开公正地进行合作,以诚待人",笔者认为,不宜仅仅将使用地域限制在中华人民共和国大陆地区,对方可在我国港澳台地区以及国外对衍生作品进行发行、销售等。

但是,"不限制在中华人民共和国大陆地区",绝不代表被许可方可以就此"撒手",直接不在中华人民共和国大陆地区进行衍生作品的发行、销售等,为了你个人的知名度,在你最重要的市场——中国大陆的提高,笔者建议,你应当要求被许可方,必须在中华人民共和国大陆地区对衍生作品进行发行、销售等。

(四)衍生创作限制/保护原始作品完整权条款

保护作品完整权是《著作权法》赋予作者的不可剥夺的权利,但在衍生使用中,其重要性比原始使用中体现得更加明显,因为衍生使用可能产生所谓"戏说变成胡说,改编变成瞎编"的问题。

每个作者都希望自己的作品以最原汁原味的方式被搬上大银幕或小荧幕,但遗憾的是,在现实生活中,大多数作品的作者想要实现这一要求的难度非常大,特别是影视形式的衍生作品,其创作并不是完完全全的复制粘贴,编剧的剧本结构设置、导演对镜头语言的要求,乃至于作品的时长,甚至为了过审或获得受众更多的评级,都可能导致衍生作品内容相对于作者创作的原作品发生变化。而这些变化并不一定就是不好的。很多衍生作品中相对于原作品的变化,完全可能成为衍生作品的画龙点睛之笔,甚至是不朽的经典。例如,那句出现于1994年央视电视剧《三国演义》第69集中并风靡于二次元世界的台词"我从未见过有如此厚颜无耻之人",是电视剧完全原创的,在罗贯中《三国演义》第九十三回"姜伯约归降孔明　武乡侯骂死王朗"中,诸葛亮并没有说过这句话。

笔者建议，在保护作品完整性的问题上，你应坚持“抓大放小”原则。对于那些“大”的内容，如故事框架（基本情节）、时代背景、主角设定、作品基本理念等，被许可方应当尊重你的想法，并根据你在合同中设置的基本要求进行创作，但对于具体的细节内容，笔者建议，作者就不要太过深究了。毕竟，写小说、画漫画和写剧本是两回事，写剧本和拍电影、做游戏又是两回事。连史蒂芬·安布罗斯这样的写作大家，都直言不讳地指出：“我知道怎样写书，但对写电影剧本和连续剧却一窍不通。”[①]如果只创作了小说、漫画的作者对各种细节过度地“严防死守”，不但存在“外行指导内行”的重大嫌疑，还会导致被许可方压力徒增，并在跟着作者“亦步亦趋”的情况下，无法发挥自己的创造力，最终对衍生作品的质量产生消极影响。

（五）其他工作条款

除了获得改编权、摄制权、录音录像制品制作权等权利外，有时候，被许可方还会要求作者为其提供一些其他服务，例如，被改编、摄制的作品的作者可能会被被许可方邀请，担任其顾问甚至是制片人，而音乐作品的作者可能会被要求重新对作品进行表演，并录制一份新的拷贝供被许可方创作作品用，如果你被提出相应要求的，你应当参考本书内容，与被许可方另行签订一份劳动合同（你被邀请担任顾问、制片人的，若你已有为你缴纳社保的正式工作，则应签订一份劳务合同）或演艺合同（你被要求重新表演自己创作的音乐作品的）。

（六）署名权条款

根据《著作权法》的规定，在衍生使用中，被许可方使用你的作品改编、摄制、制作产生的新作品的著作权，归被许可方所有，除了需要遵守你在合同中设置的许可使用内容数量、许可使用权利种类、衍生作品条款的限制外，对方可以自由地使用这些衍生作品，包括但不限于出版、发行剧本、游戏等，对电影、电视剧进行发行、广播权许可、信息网络传播权许可等。

---

① 史蒂芬·安布罗斯为美国历史学家、军事历史题材作家、新奥尔良大学历史学教授，毕生创作过20余部相关题材作品，最著名的莫过于曾被美国家庭录像公司（Home Box Office，即曾经制作《权力的游戏》《大西洋帝国》《西部世界》《真爱如血》等美国知名电视剧的HBO）制作为迷你剧的《兄弟连》。安布罗斯的多部作品，包括但不限于《兄弟连》《艾森豪威尔传》《空军战士》《责任·荣誉·国家：西点军校史》《美国边疆的开拓》等曾在我国出版，其中《兄弟连》《艾森豪威尔传》更是一版再版。本段中，有关安布罗斯自嘲自己完全不懂如何写剧本的表述，参见［美］斯蒂芬·E. 安布罗斯：《兄弟连》，王喜六、祁阿红等译，译林出版社2014年版，第2页。

但是,被许可方在以任何方式使用衍生作品的过程中,仍然需要保障你对署名权的行使。被许可方必须要在所有使用衍生作品的媒介中,以双方协商一致的方式,标明其创作的衍生作品,由你创作的作品改编、摄制、制作而来。

(七)专有使用权条款

几乎所有进行衍生使用的被许可方,都会要求获得你作品相应著作权的专有使用权,毕竟,谁都不会希望自己花了大代价制作出成本高昂的电影、电视剧、游戏之后,市场上突然出现一部题材、内容和自己的作品完全一样,但质量却和自己的作品"天差地别"的作品冒出来扰乱市场。考虑到被许可方就衍生使用支付的较为高昂的酬劳,这一要求不无合理性,如果对方给了你足够的报酬,你可以同意给予对方专有使用权。当然,对那些免费的衍生使用许可,例如,使用你创作的音乐作品作为其视听作品或录音录像制品的一部分,然后上传至视频网站的,这种衍生使用中,你基本无法得到直接的收入,因此你不应给予被许可方著作权专有使用权(对这种合作,笔者甚至连非专有使用权都不建议你给)。

(八)违约条款

除了通用的严重违约行为,及已经在讲解原始使用合同中提到的严重违约行为外,衍生使用合同中还应设置如下特殊的严重违约行为:

被许可方违反保护作品完整权条款规定,损害作品完整权,且经作者劝说、提示后仍不改正的。

第八章

出　　版

无论互联网经济的大潮如何发展，对于创意工作者，特别是那些可以印制为图书的作品（典例如文字作品、美术作品、摄影作品等）的作者而言，捧起一本或更多本署着自己大名或笔名的纸质书，绝对是从业生涯中最富有成就感的时刻了。出版图书，不但代表着一定金额的稿费收入，还能带来作品获得认可的成就感，并通过实体图书市场这个区别于网站、App、杂志等的平台，给作者带来更大的知名度。

相较于出版可以带来的利益，出版合同中所存在的风险基本是本书所提到的所有合同中最低的，可以说没有之一。这一点要归功于我国对出版机构实行严格的准入机制，以及正规出版物必须根据法律法规规定获得国际标准书号（ISBN）、CIP 核字号（用于验证图书是否为正规出版物）等复杂的许可及备案。以上两点决定了，相对于普通企业，出版机构整体上要受到更多的监督，而从事其业务所需要在监管、合规上付出的成本也更高，因此，相对于原始使用合同等与普通企业签署的合同，出版合同给作者带来风险的可能性要小不少。当然，即便如此，出版合同中仍然有一些固有的风险需要你认真对待。

一、业务了解与风险防控

（一）一本书是如何出版的？

在正式审核出版合同前，你首先需要搞清楚一个问题："一本书到底是怎样出版的？"

1. 谁在运作出版事务？

不少新人作者，在这个问题上会情不自禁地“想当然”——“出版只有出版社能做，所以肯定是出版社/出版公司来帮我出版啊！”这种“想当然”实际上存在对图书市场的误解。根据法律法规规定，出版业务当然只有出版社/出版公司可以从事，①但策划一本图书的出版并最终完成整个出版工作，可并不需要出版社时时刻刻亲力亲为，事实上，图书行业中的出版主要分为两类：

（1）由出版社直接主导的出版业务，即前述的“想当然”情境中的出版，由出版社负责联系稿件、出版及之后的推广销售，这是常规出版模式（以下简称常规出版）；

（2）由图书策划、销售公司、工作室（以下简称图书公司）主导策划、由出版社按照出版流程和规范予以出版。在现今的图书市场中，有不少出版业务是由非出版单位的图书公司主导的，图书公司会主动在民间发掘自认为有潜力的作品，在拿到稿件后再去与出版社联系具体的出版事宜，并由出版社进行出版，之后图书的宣传、推广、销售等，仍由图书公司完成。这是一种合作出版模式（以下简称合作出版）。

两种出版模式的核心区别在于，常规出版的主导者是出版社自己，因此其一般没有“得不到书号”的风险，合作出版则不然。如果一家出版社想出版一本书，只要这本书内容合法，出版社自己就可以“拍板”做这件事，当然书号最终还需要国家新闻出版署审批，但如果一家图书公司想出版一本书，其“拍板”的决定实际上是没有任何直接作用的，图书公司必须要联系一家出版社、获得出版社的同意、与出版社合作，才能出版这本书，这多出的一道“工序”，导致了相比常规出版，合作出版多了一项特殊的风险，即如果没有作为主合同（作者和图书公司签订）第三方的出版社愿意合作出书，那么只依靠图书公司是无法出版书籍的。

2. 坐在我对面的是谁？

上述内容绝非在出版社和图书公司间分个高低，笔者并不是说常规出版

---

① 《出版管理条例》第9条规定“报纸、期刊、图书、音像制品和电子出版物等应当由出版单位出版。本条例所称出版单位，包括报社、期刊社、图书出版社、音像出版社和电子出版物出版社等”及第21条规定“出版单位不得向任何单位或者个人出售或者以其他形式转让本单位的名称、书号、刊号或者版号、版面，并不得出租本单位的名称、刊号”，在我国，仅有正规出版单位有权出版各类出版物。

一定要优于合作出版，更不是说图书公司递过来的合同就一定是“洪水猛兽”。实际上，国内优秀的图书公司近年来促成了大量的高质量的出版合作，这些企业与各大出版社良好的合作关系也大大降低了“没有出版社愿意出书”的风险。

但一个不得不提的事实是，合作出版模式的固有风险是实然存在的，即“没有出版社作为合作方的图书公司实际上无法进行图书出版”。在现实中，确确实实存在一些公司，这类公司并没有任何出版社作为长期、稳定的合作对象，甚至没有任何成功出版图书的经验，但他们往往会隐瞒真实的信息，对作者谎称自己可以出版图书，在正式签署合同时，递上的却并非出版合同，而是法律性质天差地别的“出版代理合同”，即由这些公司作为代理人，再去找其他有出版社作为合作方的正规图书公司（非出版社）协商出版事宜。这些通过欺骗作者来获得作品代理权，而非直接进行作品出版的公司，就是我们日常所说的“版权掮客”或“图书掮客”。

通过上述手段，“版权掮客”可以在不知不觉间，将大量作品的代理权囤积在自己手里。可至于作者什么时候才能出书，作品什么时候才能被推向市场，他们可不会回答这个问题，他们与作者签署的合同中也不会包含相应的条款。

有问必答

“版权掮客”——不赚“小钱”的囤积者

你可能会疑惑：“你刚才告诉我，‘版权掮客’根本不会关心我们的作品什么时候出版，可是，如果他们想赚钱的话，即使他们没有出版社作为合作者，他们也应该及早促成图书的出版，然后收取中介费之类的费用才对，既然如此，他们怎么可能会不关心作品的出版时间呢？”

在这，你可真是“轻看”了“版权掮客”们的“视野”和“胃口”。现在的“版权掮客”们，早就不满足于赚图书出版后的“跑腿钱”那些“小钱”了（或者无力为之，因为他们并不具备那样的人力和人脉），他们的经营模式，已经变成了“囤积更多的作品”→“在市场上形成自己‘版权大鳄’的形象”→“将囤积的版权的代理权进行资产证券化或直接转卖”。简言之，“版权掮客”们在做的是囤积大量作品的商业开发代理权后，再将该等代理权进行打包“甩卖”，既然如此，需要被打包出售代理权的未出版作品的数量自然是越多越好，至于作者们的作品的出版时间，自然是他们不愿意关心，甚至避之唯恐不及的问题。

因此，在进行风险控制的过程中，你需要注意区分正规的图书公司和“版权掮客”。不过，虽然“版权掮客”们有花样百出的手段，但对他们的识别方法却并不复杂，你可以通过如下的方法让他们现出原形：

(1)首先上网搜索希望与你合作的企业的网站，如果一家企业自称从事图书策划、销售并涉猎图书出版业务，却连自己的网站都没有，那真是不知道他们是怎么进行图书策划、销售业务的。记住，千万不要以为在搜索引擎上搜到了网站的链接就万事无忧，你一定要打开该企业的网站，仔细看看这家网站是否还在运营，以及网站上是否展示了该公司曾经成功策划出版的图书的名称、数量。

(2)在各大电商网站搜索该公司的名称。一般来说，为了推广本公司图书的销售，正规的图书公司都会与电商网站在搜索词汇上达成一致，只要你搜索该公司的名称，网站页面上就会出现该公司策划的图书；反之，如果你搜索一家公司的名称，却什么书都搜索不出来，那至少可以说明，这家公司在处理和电商网站的关系这件事上做得是很不到位的；也有一种可能是他们根本就没有在售图书。

(3)在“全国企业信用信息公示系统”查询这家网站的经营范围。正规图书公司的经营范围一定会包括“出版物批发”“出版物零售”的；反之，如果一家公司的经营范围只包括“咨询服务”等大而泛的业务，那这家公司何以证明自己在出版市场上的专业性？

(4)当然，最重要的是，“版权掮客”绝对不会联合出版社向你提供出版合同，他们只会向你提供“出版代理合同”“著作权商业开发合同”之类奇怪的文件。

如果一家企业符合以上论述中“版权掮客”特点，同时在和你交流的过程中，大谈图书出版市场如何迅猛发展、他们拥有多么先进的交易理念等内容，却对图书出版的细节和法律问题等闭口不谈，那么基本上你可以认定，坐在对面的就是一家“版权掮客”。

(二)谨防“假出版”

一般作品都可以通过实体书和电子书两种媒介进行出版，实体书当然是最常见的出版形式,但在21世纪的今日,如果出版社要求同时出纸质书和电子书,也没什么好奇怪的。但如果你同意以电子书的形式出版作品,就要注意自己将要面对的另一种风险了——自己的作品到底出版了没有?

“书出版了没有?这也是个问题吗?”看到上面一段后,你可能会直截了当地质疑笔者。诚然,对于常规的实体书出版,除了某些胆大妄为的盗版商外,该等“诈术”发生的可能性很小,但在电子书出版中,其出现比率可不算低,特别是对于不了解“电子书”“电子出版物”的作者而言更是如此。

首先要说明下到底什么是法律法规规定中的“电子书”。在现实中,“电子书”是一个被利用到泛滥的概念,几乎所有不以纸张而是以电子设备作为载体进行阅读的作品,都会被冠以“电子书”的名号,有不少人甚至认为,如果自己的作品可以在亚马逊kindle或苹果apple read等阅读App上进行展示、阅读等,就已经完成了电子书的“出版”,这种观念是错误的。

在我国,法律意义上的“电子书”,表述为“电子出版物”,根据《电子出版物出版管理规定》第2条的规定,其指的是“以数字代码方式,将有知识性、思想性内容的信息编辑加工后存储在固定物理形态的磁、光、电等介质上,通过电子阅读、显示、播放设备读取使用的大众传播媒体,包括只读光盘(CD-ROM、DVD-ROM等)、一次写入光盘(CD-R、DVD-R等)、可擦写光盘(CD-RW、DVD-RW等)、软磁盘、硬磁盘、集成电路卡等,以及新闻出版总署认定的其他媒体形态”。

法律上的“电子书”究其本质而言,仍然是“书”,其出版和实体书的出版一样,“必须按规定使用中国标准书号”(《电子出版物出版管理规定》第21条)且“须在电子出版物载体的印刷标识面或其装帧的显著位置载明电子出版物制作、出版单位的名称,中国标准书号或国内统一连续出版物号及条码,著作权人名称以及出版日期等其他有关事项”(《电子出版物出版管理规定》第23条)。反之,如果一部作品没有获得标准书号,就上传至网络并对公众开放,那么这部作品实际上并没有被出版,而仅仅是信息网络传播权许可而已,与本书第六章所述的著作权许可使用(原始使用)无异。

有些合作方向作者提出的“出版电子书”的承诺,但其没有能力或不愿为一部作品花费成本获得书号,又不愿舍弃发布、传播这些作品的利益(此类“出版方”很可能同时在经营网络阅读业务或为其他第三方提供阅读物),于是便哄骗作者称其会为作者的作品提供“电子书出版”服务，事实上却仅是将作者的作品发布在自己开发的阅读软件或再许可给第三方使用而已，这是需要谨防的“假出版”。

“假出版”不但会导致作者失去通过出版作品所获得的成就感，甚至还会导致那些签署了含有专有使用权条款的《著作权许可使用合同（原始使用）》的作者违约，作者在正常出版作品时，一般不会违反《著作权许可使用合同（原始使用）》中的专有使用权规定（因为被许可方一般没有出版图书的权利），很多被许可方甚至会鼓励作者出版作品。但如果以“假出版”的方式对作品进行许可使用，那么作者实际上相当于把被许可方享有的独家信息网络传播权再次许可了一遍，这毫无疑问将构成对被许可方的违约。

（三）避免“买一赠一”式出版

无论你以实体书、电子书还是以二者兼有的形式出版作品，你都应当从中获得收入，而不能稀里糊涂地进行“买一赠一”式的出版。

“买一赠一”式的出版条款在目前的出版市场上已经相当罕见，但并非绝对没有，有些出版方可能会在合同中约定这样一条条款：“在合同有效期内，出版方独家拥有上述作品在中国大陆地区以纸质图书出版、发行上述作品中文版的专有使用权……作者同时许可出版方以电子出版物形式对作品进行出版，出版方无需就作品以电子出版物形式的出版向作者支付任何形式的费用。”若合同中设置了这样的条款，出版方仅需要向作者就实体书形式的出版支付报酬，而针对电子书形式的出版，出版方无须支付报酬。

“买一赠一”对部分作者而言还是相当具有迷惑性的——如果合同直接规定“无偿出版”，那么显然正常人都不会答应，但如果合同中规定了“有偿出版一部分，无偿出版一部分”，那有的作者可能会受“退一步海阔天空”思想的影响，答应这样的条款。这就导致了作者本来可以收“双份钱”的出版变成了“买一赠一”，作者不但无法从电子书出版中获得收益，“免费”的电子书出版甚至还会影响实体书的销量，从而导致实体书重印、增印的可能减小，影响作者的收入。

除非你出书的目的在于获得更大的影响力，而不是获得出版收入；否则，在出版作品的过程中，都应当确认，无论以哪种形式出版作品，都应从出版中获得收益，切忌无偿允许合作方对作品进行出版。

(四)选择最佳的出版合作方

排除"版权掮客""假出版""免费出版"等可能给你带来的困扰后,你还应当选择最适合的出版合作方。如果你的作品足够优秀,那么想必不会只有一家出版合作方来与你探讨合作,那么,在众多潜在的合作对象中挑出最优的出版合作方就有了独到的意义。这种"最佳",可以从两个方面解读,一是出版合作方最适合出版你的作品;二是出版合作方本身是一家优秀的企业。

1."最专业的"

有的作者可能认为,只要有合法、有资质的合作方愿意出书,那么挑出出价最高者出书,就已经"万事大吉",完全没必要考虑这种出价最高的合作方是否最适合出版自己的作品。这样的想法不能说是错,但就个人的职业发展而言,显然有些片面。

笔者在大三选修《中国法律思想史》时,老师曾经在课堂上发出过这样的感慨:"研究明代孝宗朝文渊阁大学士丘濬的法律思想是一件很矛盾的事,一方面,丘濬的作品《大学衍义补》确实是个法律思想研究的宝库;但另一方面,这本书目前的出版社确实有些让人头疼,这本书,中华书局、上海古籍出版社或者社会科学文献出版社这样以出版古籍闻名的出版社都没有出版,唯一一家出版单位的主要出版方向却是通俗读物、幼儿读物之类,如果你按学术规范的要求把出版社名称写进论文,那到了论文评议的时候,特别容易出问题。如果评议你论文的专家是专业研究明代史的,知道《大学衍义补》就这一个版本,那还好说,要是评议专家没研究过明代史,不知道《大学衍义补》到底有哪些版本的话,那他一定会认为你根本没好好找资料,不去找专门的古籍类资料出版社的版本,而是随便找了个版本瞎凑合事,这印象分一下就降下来了。所以你们以后写论文的时候,一定要尽可能去找专业出版社出版的资料,不要随便抓个不知名的版本就拿来写论文。"

笔者对这段教诲至今牢记于心,但笔者的一位专攻法制史的朋友应该没听过这段话,在撰写论文时,大概是嫌去图书馆借中华书局版的《三国志》麻烦,他竟然拿了本逛超市时买到的某不知名出版社的10元本"中华文化宝库系列"《三国志》当起了参考著作,最后还把这本书及其出版社写进了毕业论文,结果不出意外,被导师痛骂一顿,原因就是"不认真对待论文写作工作,随便找了本书就敢放到论文里"。

列出以上两个例子只为说明一点：一部作品的出版方，是完全有可能影响这部作品的社会评价甚至是作品质量的。通过出版作品获得版税并不应是出版的唯一目的，除了赚版税这笔“当下”钱外，让自己的作品以装帧精美、设计出色的形态流传于世，同样应当是作者们在出版作品时需要考虑的因素。如果作者在专业的出版社出版作品，至少可以获得以下的好处：

(1)专业的出版合作者出版的作品，其装帧、设计、印刷质量等，由于受到从业经验的影响，一般会更契合文体产业的行业需求，符合所在行业读者的审美，更容易获得读者的认可；

(2)专业的出版合作者在业内有着良好的口碑，其出版的作品更容易获得公众的信任，销量一般会更好，作品获得再版/加印的可能更大；

(3)专业、高质量的出版合作者由于其专业性，更容易获得包括但不限于影视、翻译等行业的从业者的青睐，作品也更容易被其他领域的从业者发掘，作者的经济收入和社会影响力都会因此而扩大。

专业、适合的出版合作者，对于作品的出版而言是至关重要的。因此，笔者个人甚至建议，在有选择的情况下，即使牺牲一些经济利益，作者们也应当选择那些出版本行业书籍专业、有经验的出版机构，来出版自己的作品。当然，与文体产业相关的图书，绝大多数内容较为通俗，可以选择的出版社范围也要比其他部分行业的从业者出版时大，这也是在文体产业从业的幸运之处。

因此，如果作者在出版作品时，有选择的权利，那么针对合作者的选择，笔者有以下的建议：

(1)既专业又优秀的合作者当然是最佳的选择。

(2)专业比名气更重要。笔者所在的法律行业有个段子，大意是“写出书来挑出版社一定要专业，不能只挑名声大的。少年儿童出版社名气够大牌子够响，哪个律师敢写本法律评注放少年儿童出版社出版的?”虽然出版文体产业相关的通俗作品，在出版社上的选择，比法律书籍或其他学术类作品的选择范围要大得多，但这不意味着任何合作者，特别是出版社(相较而言，图书出版公司的影响没有那么大)都可以成为作者们出版作品的选择对象。当出版作品时，你应当尽可能选择那些有过与自己的作品属于同一题材作品出版经验，或至少在通俗读物出版上有所建树的合作方。

(3)如果你的作品的出版是由图书公司主导的，请你尽量建议图书公司选择在通俗读物、流行文化、艺术、美术、动漫等方面有出版经验的出版社进行合作。

2."最有经验的"

除了从专业性的角度进行考察外，你当然还应当确认该合作方作为一家出版行业企业，是否有足够多的出版经验，你可以从以下几个方面入手：

(1)若合作方是出版社，则你应在各大图书销售网站及合作方官方网站上查询该合作方促成出版的图书，及图书的销量、评价、出版社质量等，销量越高、评价越好越高，越能体现其经验的丰富老道，当然，在关注图书的评价时，你应当重点关注有关装帧、设计等图书质量方面的评价。

(2)若合作方是图书公司，请查询该公司是否出品过冠以该公司名字的品牌图书，如果能出品冠名品牌图书，则说明该公司与出版社有着相当高的合作默契，出现"没有出版社愿意出版"的风险的可能性就越小。

(3)最重要的是，查询合作方促成过多少与你的作品题材相同或相似的书籍的出版。

(4)向同行打听。如果你身边有出版过类似书籍的朋友，那么向其打听各个出版合作方的业务水平，也是个不错的选择。但你要注意收集多方的信息，尽量避免一家之言给你造成的干扰。

(五)涉诉记录查询

当然，不要忘了，查找这家欲合作单位的涉诉记录和被处罚记录，重点关注其和创作者之间是否有过冲突，以及是否曾经发生过著作权侵权等事件。

二、业务合同审核

在出版业务中，核心的业务合同为《作品(出版物)出版合同》或《著作权许可使用合同(出版)》，根据出版物类型的不同，其也可能被称为《图书出版合同》《电子书出版合同》等，以下简称出版合同。

出版合同仍然属于著作权许可使用合同的一种，和《著作权许可使用合同(原始使用)》《著作权许可使用合同(衍生使用)》均有相近之处，但相较而言，出版合同的内容更加"格式"化，这是由于新《著作权法》和《出版管理条例》等法律法规对出版的规定相当翔实，一家出版社如果想出版一本书，必须严格遵照与出版有关的法律法规的规定，而不是"想怎么来就怎么来"(而针对本书论及的大多数业务,《民法典》《著作权法》等都没有如此细致的规定),因此,居心不良者很难像其他两种著作权许可使用合同一样,通过虚设本方权利、无谓削减本方义务等手段戕害作者的利益。不过这不意味着你可以对出版合同“听之任之”。为最大限度保护自己的利益,你还是应当着重关注如下几个可能会出现在合作内容条款中的点。此外,相较于别的业务,在出版业务中,你本人在不知情的情况下违约或被触发对其他合同的违约的可能性要更高,因此应当尤为注意。

如无特殊说明,在讲解出版合同时,你将被统一称为作者,而最终为你出版书籍的出版社将被称为出版方。记住,所有的出版合同,都必须有出版社参与,图书公司没有单独出版图书的资格,其只能和出版社作为一方一起与你签署出版合同。

(一)许可使用内容、许可使用权利条款

1. 许可使用内容

与其他著作权许可使用对作品内容数“荤素不忌”不同,在出版中,出版方一般仅会接收并出版有一定体量的作品。毕竟,只有薄薄几页的作品售价不会高,甚至连申请 ISBN、CIP 等的成本都无法弥补,所以,如果你只是写了或画了几页作品,那么最好不要奢望会有出版社愿意帮你出书,等到自己作品“成型”后再说。

2. 许可使用权利

为进行出版,你应许可对方使用你作品的复制权、发行权(并注明其可以发行的出版物的形式),但需要注意,许可对方使用你作品的汇编权、翻译权、改编权、摄制权时,要经过慎重考虑。

3. 电子书出版的特殊要求

如果你同意出版方以电子书的形式出版你的作品,你一定要确认,出版方是真真切切地根据《电子出版物出版管理规定》的规定在为你出版作品,而不是在搞名为出版实为原始使用之类的名堂。为避免对方在合同上动手脚从而在争议发生时逃避责任,你可以在合同上加上这样一条条款来明确对方的出版责任:

“在合同期限内,作者许可出版方在中国大陆地区,根据《电子出版物出版管理规定》的具体要求,以电子出版物的形式出版、发行上述作品中文版的专有使用权。”

在你的作品以电子书的形式出版后，请不要忘了检查成品上是否按《电子出版物出版管理规定》的要求载明电子出版物制作、出版单位的名称，中国标准书号或国内统一连续出版物号及条码，著作权人名称以及出版日期等其他有关事项。

（二）装帧条款

任何一位作者都希望作品以自己眼中最出色的样子被呈现在世人的眼前，这种出色既包括外观靓丽，也包括尺寸合适、用料考究。而想要达到前述目的，规定详细的装帧条款就变得尤为关键。装帧，即指“书画书刊的装潢设计（书刊的装帧包括封面、版面、插图、装订形式等设计）”，条款主要包括两部分，分别是规格用料，设计条款。如果你对图书装帧比较了解，可以事先跟出版方商定规格材料、装帧工艺等细节，经双方确定后写入合同。鉴于图书装帧所涉知识比较专业，正规出版方在图书装帧设计上都有着丰富的经验，编辑会根据图书内容、类型、篇幅等元素作出符合市场需求的设计建议，并征求作者意见，因此绝大多数情况下，笔者建议在合同中约定概况性条款，如“本作品开本、用纸、设计等装帧事宜由甲乙双方协商确定”。

1. 规格用料

规格用料条款是一个纯粹的登记条款。简言之，希望自己的书以怎样的规格、材质等展现在读者的面前，包括：

（1）装帧形式，即书籍是采用平装还是精装的方式进行包装，平装和精装二者的区别主要在于书籍封面是否使用硬质纸壳、编织物等特殊材料制作，相较而言，精装书更易保护，具有更高的收藏价值，但售价也因此更高，从而影响图书销量。

（2）开本，即书籍的尺寸有多大，市面上常见的通俗读物类书籍多使用 32 开和 16 开两种长方形开本，绘本、口袋书等特殊的书籍可能使用正方形的开本或小尺寸的开本进行印刷。

（3）纸张，即书籍使用怎样的纸张进行印刷，一般用于图书印刷的纸张包括胶版纸、铜版纸、纯质纸、轻型纸等各种印刷纸，有的珍藏版图书可能采用瓦楞纸、牛皮纸等进行印刷。不同的纸张也会直接影响图书的售价，并影响图书的销量。

(4)装订方式,即书籍采用怎样的方式进行装订。目前图书市场上最常见的装订方式,包括骑马订(主要针对薄页书)和胶装两类,也有环装、线装等特殊装订方式。不同于装帧形式、开本、纸张等“一眼可见”的概念,由于有关装订方式的知识专业性较强,笔者建议,除非以下几类特殊的、存在明显过错的情况发生,否则,你应当接受出版方对于装订方式的意见,这些存在明显过错情况包括:①使用明显与图书装订的实际需求不符的装订方式的。如骑马订一般只能用于几十页的“小册子”型图书的装订,出版方却要求针对厚本书使用骑马订方式进行装订。②使用不符合行业惯例的装订方式的。如线装装订方式在现代社会中,一般只用于古籍等极少数图书的装订,充满时尚感的通俗作品使用线装装订可能会显得不伦不类,因此,除非你的作品是古风题材的,否则,不要使用线装装订自己的作品。

2. 设计条款

设计审核条款,指的是应当如何对图书的外观构成部分,包括但不限于图书的封面、护封、书脊、扉页、封底,以及可能的图书赠品(如书签)等,进行规划设计的条款。其主要由以下内容构成:

(1)谁来负责设计

为了整个装帧工作的系统进行,图书设计一般都是由出版方负责,或由出版方委托第三方负责的。但在现实生活中,也不能排除作者本人设计图书装帧的可能,特别是对于以美术作品作为主要内容的书籍更是如此。

(2)几套设计文案,几张图片

一般而言,一部图书只需要一套设计文案,但如果作品在出版的过程中有精装和普装两个甚至更多的版本,且作者和出版方同意对不同版本进行不同的设计,或至少设计几套方案进行备选的,那么一部图书就不止需要一套设计方案了。

此外,正常情况下,对一张图片进行裁剪、折叠、缩放等,即可完成装帧设计主体部分(包括封面、书脊、扉页、封底,这些部分一般使用一张完整的图片)乃至护封、赠品的制作,但是,如果出版合同双方都认为,图书各外观构成应当使用不同的图片,才能体现“匠心独运”,那么设计者就需要提供更多的图片才能满足这一要求,也就要承担更多的设计义务。因此,在签署合同的过程中,你可以对图书设计需要几套设计方案,以及进行设计需要你提供多少张图片等进行明确约定。

(3)何时完成设计

设计工作在何时完成,将直接影响到图书能否按期印刷、出版。因此,在出版合同中可以约定,设计者应在何时完成设计并提交工作成果。

3. 审核条款

无论设计工作由哪一方负责,另一方都应当有对设计方案进行审核并提出意见的权利,这种审核既可以从相关设计是否有美感、符合市场需求的角度出发,也可以从设计是否符合法律法规的规定方面出发。

无论哪一方拥有该审核权,审核权条款中都应包含如下内容:

(1)审核方对设计方案进行审核后有修改意见或建议的,应当以书面的形式提出,且给出明确的改进方案和理由。这样的规定虽然实践起来相对烦琐,但其可以让审核方谨慎地提出各种意见和建议,而不是随随便便信口开河,从而最大程度地避免类似互联网上那些段子一样对设计方案改来改去的"甲方乙方"的故事发生;

(2)审核方针对设计方案提出的合法合规建议,必须在设计方案中得到落实。由于存在违法违规内容的设计文案会被监管部门要求重新修改并导致成本增加,甚至会被完全禁止出版,因此,任何针对设计方案存在违法违规内容,要进行修改并使其可以符合法律法规规定的要求,都必须作为最终意见在设计方案中被落实。

4. 印刷前义务条款(打样条款)

在电脑上确认过的设计方案,并不一定能100%在实体书上得到"重现",甚至可能出现印刷书与设计方案"天差地别"的现象。因此在审核并确定设计方案后,出版方应至少制作一本样书,经双方确认无误后,方可进行正式的印刷。

(三)出版日期条款

即使提前收到了版税,你恐怕也不会希望自己的作品一直被压在厚厚的废纸堆里"不见天日"。因此,有必要对出版日程进行约定。一条简略如下的条款即可满足你的全部要求:"出版方应在收到符合出版要求的稿件后____________个工作日内出版本作品。"

正式出版物的标准书号和CIP数据需要国家出版管理部门审批,因此出版方都会在合同中规定相应免责条款，如出版管理部门审批或不抗力（如防疫管控）等。

（四）合法性承诺和权利完整性承诺

我们在本书第二章已经探讨过合法性承诺和权利完整性承诺。与其他业务中的合作方相比，出版方对于合法性承诺和权利完整性承诺的要求会更加严格，诸如作品不得侵犯他人著作权在内的合法权利、作品不得违反法律法规内容等，一般都会被出版方直接分项列举写入出版合同，且作者如有违反，一般会被列为严重违约。

不仅如此，针对合法性承诺和权利完整性承诺，除了诸如不得侵权、不得违法违规等常规内容外，出版方还会从出版行业内部规定出发，向作者提出相应的作品修改要求，这些要求包括但不限于：

1. 对于某些涉及特定历史时期、特殊法律法规的概念等，作者须根据出版方的要求进行修改，或使用特定的定义；

2. 作者在创作作品的过程中须严格注意学术规范，对引用的作品内容，必须根据出版方提供的学术规范要求进行注释，标注引用内容的作者、出处等。

（五）专有出版权条款

不同于其他两种著作权许可使用合同，出版合同中一般没有“专有使用”这个概念，取而代之的是“专有出版权”。《著作权法》第 33 条规定：“图书出版者对著作权人交付出版的作品，按照合同约定享有的专有出版权受法律保护，他人不得出版该作品。”该规定表明，在签订出版合同后一定时间内（一般以合同有效期为限），作者不得许可其他出版机构出版作品。

专有出版权属于典型的“法定独家合作权”，但请注意，《著作权法》对出版方的权利保护仅限于“作者不得许可其他出版机构出版作品”，即使为了出书许可给出版方“专有出版权”，你仍然可以正常进行以复制权为基础权利的、本章之后两章中提到的衍生品开发业务等。

（六）权利保留条款

一般来说，出版社没有如互联网企业那般热爱“互联网生态”，除了出版业务外，其不太关注作品以其他媒介进行的商业开发，一般也不会试图揽取出版

外的其他作品的权利开发业务从而“摆”作者一道。但在一份出版合同中,有利于作者的权利保留条款也是需要认真考虑的:

“除本合同中明确约定许可出版方,根据《著作权法》《出版管理条例》等规定,出版作品必须的专有出版权、复制权、发行权外,其余与作品相关的权利均归属于作者。未经作者的事先书面同意,出版方不得行使本合同授权范围之外的权利。”

当然,经出版合同双方协商一致,作者也可以将作品的汇编权、翻译权、改编权、摄制权授予出版方。

(七)酬劳条款

能通过出版一本书“赚多少钱”,想必是作者们在出版合同中最关心的问题了。决定作者通过一本书究竟能“赚多少钱”的,则是酬劳条款,由于出版中通过图书获得的酬劳多为“版税稿酬”,因此酬劳条款也常被称为版税条款。

根据收入及其计算方式的不同,酬劳条款一般分为两种,第一种是固定酬劳条款,即作者出一本书拿多少钱的酬劳是固定的,出版社给了作者这笔钱后,书的销量再高,也与作者本人无关;第二种则是比率酬劳条款,即版税条款,在此类条款中,作者通过出版一本书能够获得的酬劳,可以用一个简单的公式来计算:版税稿酬 = 书籍零售价 × 计酬册数 × 酬劳比率(版税率),书籍零售价、计酬册数和酬劳比率,即为此类版税条款的三个核心概念。

1. 书籍定价

想必没有人会在几十年的人生历程中一本书都不买,而只要你购买一本实体书,就能在书籍封底的右下角发现书籍的定价,即这本书对外销售的话,可以“卖”多少钱。

针对定价条款,你应当注意如下问题:

(1)若在签订合同时可以确定定价,则合同中的定价只有一个,数字应该是明确的。你或许了解,图书销售过程中,会有出版方或书商对图书进行打折,即降价销售来促销,但此类打折或降价销售和你没有任何关系,可不是说出版方要打折了,所以给你分配的酬劳也就因此下降了。

(2)很多情况下签订合同时并不能确定图书定价,对此也不必过于担心,正规出版方会根据市场需求确定合适的图书定价,并会征求作者意见。出版方一般不会因为要支付版税稿酬就刻意压低定价,毕竟出版方的销售收入也跟图书定价息息相关。

2. 酬劳比率(版税率)

一本书卖出去后,不可能所有的销售收入都归作者所有,作者只可以从中分得固定比率的“一部分”酬劳,这个比率就是稿酬比率(版税率)。考虑到图书的印刷、销售、宣传成本都由出版单位承担,因此作者可以分得的版税率不会太高,正常情况下为8%～10%,当然有的优秀作者可以索取更高的版税率。具体的版税率如何,还需要你和出版方进行商议。

版税率可以是固定的,如你可以直接在合同中规定,版税率为8%;也可以按计酬册数或印刷批次设置梯次的稿酬比率,如可以规定,计酬册数在三万册以内的,稿酬比率为8%,而计酬册数超过三万册的,超出三万册的部分的稿酬比率为10%,如果你对自己的作品质量有充足的自信,你可以选择在合同中设置梯次的稿酬比率。

3. 计酬册数

决定酬劳总额的最后一个概念为计酬册数,即用来计算版税稿酬总额的册数,可以是图书印刷册数(印数)也可以是图书实际销售数,具体情况由出版合同双方协商确定。现行法律法规对图书的各版次印数没有做规定或限制,因此具体的印数可以由你和出版方进行商议。如果出版方在首次印刷出版之外,重印、加印图书的,则其应当按照出版合同中规定的标准,向你另行支付酬劳。如果双方约定以实际销售数为计酬册数,你可以通过出版社查询销售册数,根据稿酬计算公式得出版税总额。

但请注意,你享有一项法定的权利,即图书脱销后要求加印的权利。《著作权法》第34条明确规定:“图书出版者重印、再版作品的,应当通知著作权人,并支付酬劳。图书脱销后,图书出版者拒绝重印、再版的,著作权人有权终止合同。”因此,对于那些“有钱不赚”脱销也拒绝重印、再版的出版方,你可以直接向法院起诉要求其履行重印、再版义务,或直接解除双方合同。

4. 总酬劳数额和酬劳支付时间

如果能够在签出版合同时确定零售价、版税率和计酬册数,那么确定总酬劳数额是一件顺理成章的事。但还是请你“不辞劳苦”在合同上注明总的酬劳数额(并注意,和所有金额条款一样,同时写明大小写),并确定精确到日的酬劳支付时间。

5. 赠书条款和折扣价购书条款

部分慷慨的出版方会在版税之外，赋予作者两项额外的权利，一是获得赠书的权利，二是可以折扣价购书的权利。针对这些权利，你需要注意以下几点：

（1）明确约定可以获得的赠书的数量；

（2）明确约定出版方向你提供赠书的方式，是自提，快递，还是专人送货上门；

（3）若赠书在你正式签收前发生损毁，出版方应无偿为你提供调换；

（4）如果出版方向你提供折扣价购书的权利的，该权利也应在合同中体现，并确定折扣价购书的具体价格或折扣等。

（八）违约条款

出版合同中的违约条款一般比较简单，除前述提到的违反合法性承诺和权利完整性承诺外，通常情况下严重的违约情形，就是作者违反合同规定，在合同期限内，许可其他出版机构出版作品的情形。

第九章

衍生商品开发(定作加工)

读罢前三个章节,你似乎对著作权许可使用这种只能等着别人向你付费,而难以主动出击的各项业务有些怨念?那已经独立创作出作品的你,为什么不尝试着利用作品这块“富矿”,自己赚点小钱呢?对于刚出道的创意工作者而言,进行衍生商品开发,不但可以通过销售衍生商品填补家用,更可以通过衍生商品的流通反向推动作品的影响力,可谓一件“两全其美”的好事。

不过,有其优则必有其弊,衍生商品开发业务除了可以给创意工作者们带来丰厚的收入、扩大影响力外,还会给新人创意工作者们带来意想不到的风险。在本书所涉的所有可以获得“收益”的业务中,本章所述的以定作承揽的形式开展的衍生商品开发业务,可能带来的风险甚至是最大的。一旦选错业务,那么你不但可能丢掉作品,引起违约、侵权责任,甚至还可能面临行政处罚乃至坐牢的风险。

不过,也没有必要就此“反其道而行之”,将衍生商品开发业务视为“洪水猛兽”,并将其束之高阁。只要注意衍生商品开发业务过程中的风险,并尽早做好应对,衍生商品开发业务完全可以只发挥优势为你所用,并为你的从业之路“添砖加瓦”。

一、业务了解与风险防控

(一)了解“衍生商品开发”

衍生商品开发,顾名思义指的是生产、加工、销售带有创意工作者创作的作品元素的各种商品,并因此获利的行为。对于具体的开发的"商品"种类,法律法规并无限制,但凡是国家法律法规允许合法生产销售的商品,都可以被纳入衍生商品开发的范畴。最适合用于衍生商品开发的作品,当然是美术作品,特别是漫画。除此以外,摄影作品,特别是那些不涉及肖像许可使用的摄影作品也很适合用于开发衍生商品。

(二)不要碰食品!

不少新人创意工作者在看到衍生商品开发的契机后,第一时间想到的衍生商品必然是"食品"。这不仅仅是因为"民以食为天"的古训太过深入人心,更是因为"文化"—"食品"的结合本身已经有了不计其数的成功实例,诸如《哆啦 A 梦》和《面包超人》等知名作品,都开发了为数众多的结合了作品元素的食品品牌(你可以在日本国神奈川县川崎市的藤子·F. 不二雄纪念博物馆,或日本国神奈川县横滨市的面包超人博物馆买到这些食品)。正因如此,生产销售食品对进行衍生商品开发而言,似乎是个可以借鉴、参考的不错选择。

然而,在此必须首先声明,笔者不建议任何新人创意工作者以食品作为欲开发的衍生商品。原因在于,我国现行的法律法规对食品生产、加工设置了严格的标准,刚出道的新人创意工作者几乎不可能投入相应的成本生产符合要求的食品,而出于规模的限制,新人创意工作者亦不大可能找到符合法律法规要求的代加工厂家为其生产食品,若要强行为之,则生产出来的食品有极大的可能,面对各种各样的风险,而相应的风险绝非刚出道且面临经济能力、社会经验双重不足的新人创意工作者可以承担的。

1. 成本高昂的直接生产食品

自己生产、自己监督当然可以更大程度保证生产出的食品的质量,但直接生产食品的成本是相当可观的。我国对食品生产采取严格的许可证管理体制,根据《食品安全法》第 35 条规定,国家对食品生产经营实行许可制度。从事食品生产、食品销售、餐饮服务,应当依法取得许可。

因此,如果要直接生产带有自己作品主题的食品,新人创意工作者首先要根据《食品安全法》的规定获得食品生产许可证。而根据《食品安全法》的规定,想要获得食品生产许可证,应至少向当地行政机关提交如下申请材料:

(1)具有与生产经营的食品品种、数量相适应的食品原料处理和食品加工、包装、贮存等场所,保持该场所环境整洁,并与有毒、有害场所以及其他污

染源保持规定的距离;

(2)具有与生产经营的食品品种、数量相适应的生产经营设备或者设施,有相应的消毒、更衣、盥洗、采光、照明、通风、防腐、防尘、防蝇、防鼠、防虫、洗涤以及处理废水、存放垃圾和废弃物的设备或者设施;

(3)有专职或者兼职的食品安全专业技术人员、食品安全管理人员和保证食品安全的规章制度;

(4)具有合理的设备布局和工艺流程,防止待加工食品与直接入口食品、原料与成品交叉污染,避免食品接触有毒物、不洁物。

以上申请材料,包括但不限于场所、设备、人员等,所产生的成本,根本不是初出茅庐、可能连“温饱”都难以解决的新人创意工作者可以承担的,况且开发衍生商品本身只是“赚点余钱”而已,新人创意工作者若亲力亲为购买这么一套完整的设备并聘用相关人员,完全是“鞍子大过马价钱”的得不偿失,最终的结果很可能是本钱都回不来,更不用说购买这么多设备、租赁这么多场地、雇佣这么多人员,还会导致创意工作者们在工作上应接不暇,甚至直接影响本职工作的质量。因此,除非你一开始就有同时涉足食品业的想法和资金,否则,直接生产食品并销售,对于你而言,是一个可以毫不犹豫被否定的选项。

2. 先天不足的定作加工食品

你或许会产生疑问:“如果我没有能力和资本直接生产食品,那么定作加工食品是否可行呢?找一个代加工食品厂,让他们替我加工一些食品和包装,我自己拿来卖,应该就没有申请认证和购买生产工具产生的成本了,也就切实可行了吧?”

诚如你所想,定作加工食品相对直接生产加工食品而言,成本的确要低得多,但这并不代表定作加工食品的风险会相应变小。实际上,定作加工食品可能带来的风险,相对于直接生产加工食品,不是变小了,而是变大了。

如“成本高昂的直接生产食品”一节所言,直接生产食品,最大的好处,在于只要你本人有一颗对公众安全的良心(笔者相信你必然有),你自己可以通过监督生产加工的过程,尽最大可能提高食品质量和保障食品安全,但对于定作加工而言,这种直接的监督过程恐怕就不复存在了,生产厂家至多会让你“看一眼场地设备”,至于希望像对待自己的厂子一样天天盯着,恐怕生产厂家是不会给你这样的机会的。

你或许会说“只要我委托有实力的大厂生产，就不会存在质量问题了。”但请你仔细思考下，作为一名初入行业的新人，你有多少财力，可以定作多少数量的食品，以正常情况下新人创意工作者可以承担成本的区区几百件几千件小食品，有实力的大型食品厂是否会接你的单子并为此调整生产线、拨派工作人员并承担风险？答案想必是否定的。而在没有有实力的大型食品厂愿意接受这样数量稀少的订单的委托的情况下，你真的可以放心地将自己的委托交给那些看起来就不怎么正规的小型食品厂吗？

3. 严格的食品安全责任

我国现行法律法规中就食品安全为食品生产者、经营者设置的严格的法律责任也是笔者不建议新人创意工作者涉足食品生产加工的原因。在本书其他章节中，新人创意工作者可能遭受的最严重的后果，不过是“丢掉”一部作品。然而，作为直接的食品生产加工者，除了民事、行政责任外，最高甚至可能承担刑事责任，如《刑法》第 143 条规定，生产、销售不符合食品安全标准的食品，足以造成严重食物中毒事故或者其他严重食源性疾病的，处 3 年以下有期徒刑或者拘役，并处罚金；对人体健康造成严重危害或者有其他严重情节的，处 3 年以上 7 年以下有期徒刑，并处罚金；后果特别严重的，处 7 年以上有期徒刑或者无期徒刑，并处罚金或者没收财产。

因此，作为既无经验亦无精力“统筹一切”的新人创意工作者，完全没有必要为了想象中的那一点贩售食品的收入，承担如此巨大的风险。在任何情况下，笔者都不推荐你自行开发生产食品作为衍生商品。

（三）也不要碰化妆品！

就衍生商品开发而言，食品还有个“难兄难弟”，那就是化妆品。我国现行法律法规对化妆品生产销售的规定，与食品同样严格，相应的成本、风险，也绝非新人创意工作者可以承担的。可不要看了些所谓的“自制某某化妆品售卖”的小视频，就觉得此事毫无法律风险——那些当事人没有被处罚，可能仅仅是因为其违法违规行为尚未被发现而已，可不要以为你也可以“无忧无虑”地效仿他们的做法！

（四）选择合适的衍生商品

最合适作为衍生商品进行开发的商品，应当是那些生产销售无需严格的特殊资质要求(但相应的生产厂商必须领取营业执照),也不大可能对消费者人体健康造成太大危害的商品,如文具(如笔记本、明信片等)、简易工艺品(如礼盒)、装饰用日用品(如扇子、冰箱贴等)等。

(五)以定作加工进行开发

"成本高昂的直接生产食品"一节中,针对直接生产加工食品的缺点的论述,同样也适用于其他风险没那么大的衍生商品——自己购置机器,租赁厂房,雇佣员工,生产数量不多的衍生商品是毫无必要的也是得不偿失的,而直接生产加工食品所能带来的好处,如"直接加工、保质保量"等,通过衍生商品定作加工合同中细致的规定,同样也可以获得,因此你完全没必要自己生产加工衍生商品,笔者建议你签订一份定作加工合同,并以定作加工的方式生产衍生商品。

需要注意的是,以定作加工的方式生产衍生品,不需要你许可给加工厂商使用你的作品的复制权等。虽然对方根据你的要求在为你进行加工生产,但是,这一过程是你自己在行使你自己的权利。虽然少见,但确实有受托生产加工作品衍生商品的厂商会向作者提出,要求获得作品的复制权等著作权的使用权,请注意,这样的要求对你而言,既不合理也无必要,因此你不应许可对方使用你的作品及其权利。

(六)涉诉信息查询

当然,切莫忘记在"中国裁判文书网"搜索合作方的涉诉信息,特别是其是否出现过产品质量责任等。除此之外,在可行的情况下,笔者建议你还可以在生产厂家所在地的工商部门网站上,进一步检索,该公司是否曾经遭受过产品质量方面的行政处罚等。

二、业务合同审核

以定作加工进行衍生品开发,核心业务合同为《衍生品开发合同(定作加工)》,与"创意工作篇"中的任何一种合同都不同,本合同是"创意工作篇"中唯一不属于著作权许可使用合同的合同,其属于《民法典》规定的承揽合同(《民法典》第771条)。为便于你的理解,本书从你在合作中的身份"定作人"的角度出发,将其简称为"定作合同"。如果你需要签署定作合同时,无论其名字叫“定作合同”还是“承揽合同”，都是一样的。但请注意，此处是“定作”而不是“订作”。

定作合同中的一些条款可以在出版合同中找到其“亲戚”，如规格用料条款、设计条款、打样条款等，由于定作合同具有较为简单的合同结构，此类条款在定作合同中，一般会各自作为独立条款出现，而不是像出版合同中一样，作为分条款合并出“装帧条款”。此外，定作合同是本书所涉的合同中唯一一种没有讨论“独家合作/非独家合作”的必要的，特别是对你能承担得起的小订单更是如此，无论你对对方还是对方对你，都没有承诺“独家合作”的必要。

如无特殊说明，在讲解定作合同时，你将被统一称为定作人，而为你进行承揽加工的厂家将被称为承揽人。

（一）定作商品条款

在定作合同中，你首先应当明确规定，你需要通过承揽人生产加工什么样的商品，确定其名称（包括你自己为该商品起的名字，以及其通用名称），数量等。

（二）规格用料条款

在本书“出版”一章中，笔者曾经提到过出版合同中的规格用料条款，而在定作合同中，同样有与之类似的规格用料条款，即你希望使用怎样的材料制作你希望开发的衍生商品，你就应当将其在规格用料条款中进行明确。

例如，如果你心仪的衍生商品是扇子，那么你就应当在合同中明确，扇子的扇面用料是什么（是塑料、棉布、纸、麻，还是丝绸？），扇子的龙骨支架用料是什么（是木头、塑料，还是石头？），是否需要套袋，套袋使用什么样的等。

如果你心仪的衍生商品是礼盒，那么你就应当在合同中明确，盒子是单层的还是多层（复合）的，每一层应当使用怎样的材料，礼盒内是否有内衬，是否需要配提拉带，提拉带应当使用怎样的材料等。

即使你心仪的衍生商品是最简单的书签或明信片，你也至少应当明确，书签或明信片应当使用怎样的纸张，是牛皮纸，还是铜版纸，抑或是磨砂纸？

……

当然最后，不要忘记明确商品的尺寸、形状（你可以以标注了数据的样图提出要求）等。

请注意,虽然生产上述的大部分衍生商品并不需要特殊的资质,但是国家对于不少商品或生产此类商品的原材料等,都有相应的国家标准(例如,根据《学校卫生工作条例》第27条,供学生使用的文具、娱乐器具、保健用品,必须符合国家有关卫生标准),而要求承揽人以不低于国家标准生产相关商品,有利于保障商品的质量。因此你还应当在合同中约定,承揽人在生产衍生商品的过程中,应以与此类商品相关的国家标准相同(或更高)的标准进行生产。

(三)设计条款

设计条款指的是规定被承揽的衍生商品应当由哪一方设计、何时完成设计的条款。不同于"出版"一章中的图书设计,笔者认为,在可能的情况下,衍生商品的设计工作应当全权由定作人也就是你本人负责,这样可以最大限度生产出符合你所想的商品。除了在条款中规定设计由定作人负责外,为了督促自己尽早完成设计任务,避免不必要的时间浪费,你还应当在力所能及的范围内,设置自己何时完成设计,并尽早提交设计稿件用于衍生商品的加工。

请注意,因为设计工作是由你负责的,相关的设计成果的知识产权毫无疑问应当归你所有,承揽人不得以任何合同规定外的方式使用该设计成果。此外,你还应当在合同中规定,在双方合作过程中,若出现任何工艺问题导致的不合格商品部分,承揽人不得以任何名义私自处理废弃物(如私自销售等行为),所有废弃物应由你统一处理。

(四)打样条款

想必你已经从很多渠道看过"买家秀"和"卖家秀"的笑话,而你恐怕也不愿意让这样的笑话发生在自己身上,因此,在定作合同中,设置一条打样条款(这类似于"出版"一章中的"印刷前义务")是非常必要的,其可以让作为定作人的你,通过对承揽人生产的样品的审核检验,最大可能避免"货不对版"风险的出现。只有在你对样品审核无误后,承揽人才能进入正式的成品生产环节。

1. 样品生产

打样条款第一部分是样品生产,即承揽人应当在什么时间前完成规定数量的样品的生产,并提交给你进行审核,相关日期应精确到日,包括承揽人开始生产的日期,承揽人完成生产的日期,以及你最迟收到承揽人邮寄/送货上门的样品的日期等。

2. 样品审核

打样条款的第二部分是样品审核条款，即你在收到承揽人邮寄的样品后，你应在多少日内完成审核，并且根据审核结果对样品进行处理。审核期限对于你而言是一项义务，因此可以尽量简单化处理，需要注意的是根据审核结果，如何处理样品的相关事宜：

(1)如果你在审核的过程中发现，样品与合同中的要求，如色差、有无异味等方面，差距太大，以至于根本无法满足你承揽该商品所能实现的目的(出售/作为礼品赠与第三方)的，且返工无助于产品质量的改进或返工后的商品仍然无法满足你的需要的，则证明承揽人根本无力加工你要求的商品，在此情况下，你有权单方终止本合同；

(2)如果你在审核的过程中发现，样品与合同要求有差别，但经过改正、弥补可以实现需求的(如替换材料等)，则对方应在你意见基础上生产新的样品并重新交付你予以审核，但样品数量可以减少，如果因此导致整个工期延误的，对方还应当承担相应的违约责任；

(3)若审核过程中发现样品符合你的要求的，则你可以直接通知对方开工生产成品，交付的样品可直接作为成品留存；

(4)对“废样”的处理。审核未能通过且无法通过改进予以弥补的样品，即为所谓的“废样”，若审核过程中产生废样的，此类废样不得作为成品的一部分，对方也不得要求返还此类废样，而应作为废弃物由你本人进行相应的销毁处理。

3. 生产条款

若承揽人生产的样品符合你的要求，那么你就可以要求承揽人开始成品的生产了，这时就需要生产条款发挥其作用。生产条款的内容与前文的样品生产类似，主要包括承揽人应该何时完成总数为多少的成品的生产。你应当额外注明，成品生产的标准应不低于通过你审核的样品的质量。

(五)发货/运输条款

生产完成的商品一般需要“送货上门”，即承揽人应当选择怎样的方式将货物送至你指定的地点。你可以根据实际情况的不同，约定对方采用快递(若采用快递方式，建议注明快递厂家)还是专人送货上门的方式送货。

除了运输方式外,发货/运输条款中还有一项重要的内容是货物在途运输过程中,发生风险时的风险的承担。虽然《民法典》对此有规定,但为了最大可能避免争议,笔者建议你还是应当约定,货物在由你进行初次验收完毕,并出具验收报告前,所有的货物灭失风险,均应当由承揽人承担。

(六)验收条款

与样品一样,成品也必须通过你的验收后才能算对方履行了义务。验收条款一般包括两方面的内容,一是对于数量的审核,如果验收发现对方交货数量不足的,则对方应当补充交货;二是对于质量的审核,如果验收发现对方生产的成品有不符合要求的,则对方应当重新生产同等数量的商品,验收时不符合要求且无法通过修补进行弥补的废样应当由你进行销毁。

(七)质保责任条款

完成验收并不意味着对方生产加工的商品就从此绝无问题,除了明信片、笔记本这种低价、结构简单且一眼就可以看出质量好坏的商品外,诸如工艺品等结构较为复杂的商品,可能会在一段时间之后才发生质量问题,因此,对此类商品,应当设置必要的质保期限,即如果在对方交货后一定期限内(一般为6个月到1年),商品发生质量问题的,你或者消费者可以联系厂家进行货物调换或维修。

(八)付款条款

在本书十二个章节的大多数业务合同中,你都是接受金钱的一方(即使在可能有“变数”的经纪合同中,你也有很大可能是接受金钱而不是发钱的一方),但在定作合同中,你将变成支付金钱的一方。付款是你在定作合同中最主要的义务,因此应当谨慎对待。

针对付款,除了所有业务合同中都需要注意的“多少钱”“何时付”“怎么付”的问题外,出于定作合同的特殊性,关于付款,笔者主要有如下的建议:

1. 要求对方先开发票,你在见票后再付款,这样可以避免承揽人违约发生时缺乏必要的证据。且你应在合同中明确,如果对方迟延开票,那你同样有权迟延付款,且无需承担任何责任。

2. 付款应当分批次,笔者不建议你“大笔一挥”全部付清,正常情况下,付款正常至少应有两个阶段,签订合同时支付一部分,在成品验收完毕后再支付一部分。当然你也可以选择分更多批次支付费用，如签订合同时支付一部分，样品验收完毕时支付一部分，成品验收完毕时再支付最后一部分。

（九）违约责任条款

定作合同中特殊的严重违约主要包括以下情形：

1. 承揽人生产的最终成品无法通过定作人审核，根本无法实现进行售卖或作为礼品赠予的基本目的，且通过返工加工等补救手段无法就行修复的；

2. 承揽人生产过程中使用了违反国家标准的材料，或以低于国家标准的方式生产，导致定作人在工商检查中遭受处罚的；

3. 承揽人在没有经过定作人书面许可的情况下，使用定作人作品的著作权，进行包括但不限于商品设计的，如承揽人利用定作人提供的商品设计图纸，私自或向第三方提供商品生产、销售或其他侵权行为的，或私自将废弃物留存并继续销售的。

当然，秉持公平公开的原则，你也可以允许承揽人设置两条针对你的严重违约条款，包括：

1. 定作人提供的设计图案涉及任何形式的侵权，并造成第三方向承揽人请求侵权损害赔偿的。

需要注意的是，在本书其他章节的业务合同中，合同双方均需要为合同的履行提供智慧成果（作品），因此双方都需要承担对第三方知识产权侵权，导致合同无法履行时的违约责任，唯在本章中，所有与合作有关的作品都是由你来提供的，因此该责任仅应由你来承担。

2. 定作人在无任何理由的情况下，拒绝支付费用的。

第 十 章

衍生商品开发(著作权许可使用)

除了前一章所述的定作加工、自行销售外,还有一种衍生商品开发方式,也可以起到为你增加收入、扩大名声的作用,这就是以著作权许可使用进行的衍生商品开发,即将自己的作品许可给实体商品生产厂家,由其生产带有你创作的素材元素的产品,并支付给你许可使用费用。

相较自主定制加工的衍生商品的“自由”,著作权许可使用形式的衍生商品开发,似乎又重新回到了以往“受制于人”的情境中,你能做的只是许可对方使用自己的作品,收取许可费用,与衍生商品有关的再多的“精彩”都与你无关。但是,著作权许可使用形式的衍生商品开发也有其独到的优势。首先其风险要小不少,且如果创意工作者可以与大企业合作,那么大企业的品牌效应还能反向推动创意工作者个人作品的知名度。不仅如此,若以定作加工的形式进行衍生商品开发,则大多数创意工作者会受制于技术能力,只能开发制作文具、手办等技术、安全要求不高,无需特殊资质的衍生品。而如果以著作权许可使用的方式开发衍生品,那么创意工作者将不再受技术的制约,包括自己无法自主生产或无法放心委托生产的食品、化妆品等,也能由获得了合法资质的厂商进行开发。

与委托加工、自行销售相比,对外授权类衍生商品开发业务的历史一点不短,也不乏成功的案例。历史上,诸如华纳的“路尼通”系列(LOONEY TUNES,包括兔八哥、达菲鸭、翠迪、傻大猫等知名卡通形象)、日本的《少年JUMP》杂志中的多部漫画,都曾与所在国或其他国家的知名企业合作,推出以卡通形象作为核心宣传素材的商品,并收益不菲。有大量定作加工的衍生商品的“哆啦A梦”系列,其同样与诸多知名服装品牌、食品品牌等一起,推出过相当数量的“联名款”衍生商品。

一、业务了解与风险防控

(一)“抓大放小”选择被许可方

进行著作权许可使用,所能开发的衍生商品种类,要远多于定作加工可以开发的衍生商品种类,而问题也就接踵而至——“选择多了,风险也多,那我应该选择怎样的被许可方与我合作?”

在此,笔者的建议是,你应该“抓大放小”,即一般宜选择大型企业作为自己的被许可方进行许可,这可以尽可能减少著作权使用许可可能给你带来的风险,而且也无需进行过多的查证。若无法选择大型企业进行合作,只能选择小型企业进行合作时,则你应当关注其资质、有无处罚记录等。此处的“大型企业”,笔者界定为那些你“耳熟能详”的,可以很方便在超市、便利店买到其生产的商品的企业。

(二)代言是代言,许可是许可

有些创意工作者拿到企业的合作要约,特别是一些小企业的要约时,双方都会误以为创意工作者的身份就是电视广告中“星光闪耀”的明星,创意工作者明明签署的是本章所述的《衍生品开发(著作权许可使用)合同》,但却连广告代言人的工作也一块做了。这样的合作当然是完全不必要的,其不但没有给创意工作者增加额外的利益,反而会给创意工作者带来额外的风险。

我们在“演艺工作篇”的“广告代言”一章中,已经花了足够的篇幅和笔墨讲了广告代言业务,想必读过该章后,你应该可以区分广告代言和本章中的衍生品开发(著作权许可使用)之间的区别——广告代言许可被许可方使用的是广告代言人个人的肖像等人格权,被许可方看重的,是广告代言人本人的外在形象对外产生的影响力。而以著作权许可使用进行的衍生品开发中,你许可对方使用的,并不是你的肖像等人格权,而是作品,即赋予对方部分动漫作品的复制权等知识产权,而被许可方看中的,实际上是你的作品在美学等方面产生的吸引力,而并非你本人的影响力。

你当然可以在进行著作权许可的同时，担任被许可方的广告代言人，如果你选择这么做了，记得你要签的是两份合同——《广告代言合同》和《衍生品开发(著作权许可使用)合同》，应该收的，也应该是两份钱。

(三)涉诉情况和相关资质

如果选择与大型企业特别是业务广泛的大型综合企业合作的，那么你很可能会在查询涉诉情况时，发现其有一大堆涉诉经历，这不足为奇，重点关注其是否作为著作权使用被许可方，与许可方发生过冲突和纠纷！

二、业务合同审核

在著作权许可使用进行的衍生商品开发业务，核心的业务合同为《衍生商品开发(著作权许可使用)合同》(以下简称许可开发合同)。如果我们说，“演艺工作篇”中的直播是“演艺工作中的创意工作”，那么，在“创意工作篇”中，衍生品开发(著作权许可使用)大概就属于“创意工作中的演艺工作”。许可开发合同虽然属于著作权许可使用合同的一种，但审核过程中需要注意的要点，反而和“演艺工作篇”中的代言合同有诸多类似之处，甚至称二者为“兄弟合同”也不为过。我们可以用一个表格(见表10－1)来说明代言合同和许可开发合同中的相近条款：

表10－1　代言合同与许可开发合同的对比

<table>
<tr><td>合同名称</td><td>代言合同</td><td>许可开发合同</td></tr>
<tr><td rowspan="8">“兄弟”条款</td><td>代言商品条款</td><td>衍生商品条款</td></tr>
<tr><td>广告内容合法性条款</td><td>广告内容合法性条款</td></tr>
<tr><td>竞品条款</td><td>专有使用权条款</td></tr>
<tr><td>肖像使用许可条款</td><td>许可使用内容与许可使用权利条款、衍生作品条款</td></tr>
<tr><td>许可期限条款</td><td rowspan="2">著作权使用许可期限、使用地域条款</td></tr>
<tr><td>合作地域条款</td></tr>
<tr><td>适当营销条款</td><td>适当营销条款</td></tr>
</table>

如表10－1所示，加粗部分的条款，代言合同和许可开发合同有一些不同，而未加粗部分的条款，除了相关概念表述外，实质内容基本一致。本章中，我们仅讨论这些实质内容有区别的条款，而实质内容基本无区别的条款，则请你参

考“广告代言”一章中的相关内容。除此之外，许可开发合同中的部分条款亦与两种《著作权许可使用合同》颇为类似，因此相关内容亦参考相关合同即可，我们亦不再本章中赘述。

如无特殊说明，在讲解许可开发合同时，你将被统一称为许可方，而由你向其进行著作权许可使用的法人及其他组织将被称为被许可方。

（一）许可使用内容与许可使用权利条款

1. 许可使用内容

与其他著作权许可使用合同不同，许可开发合同中，被许可方一般不需要一部完整的作品作为素材进行生产，一些特色鲜明、没有连贯情节的内容就可以满足其需要。

你可以允许对方直接在你的作品中选择一定数量的内容使用，也可以由你自己选择一定数量的、个人认为满意的内容许可给对方使用。但无论采取哪种方式，最终许可使用给对方的作品内容的数量、分辨率、尺寸等应该是明确的。

2. 被许可使用权利

许可开发合同中，被许可方希望获得的著作权种类一般要多于其他著作权许可使用合同，其中，仅制作衍生产品的被许可方，需要你许可其使用作品的复制权。如果被许可方还需要制作广告的，那么根据广告类别的不同，你还需要许可对方使用作品的信息网络传播权、改编权或摄制权等。但被许可方使用这些数目繁多的权利时，需要受到下文“衍生作品条款”的限制。

3. 修改限制

你在许可开发合同中进行许可的，一般是已经发表并小有影响力的作品，因此在此类合同中，除了必要的大小、尺寸等内容的调整外，被许可使用的内容一般是不允许被许可方进行二次编辑的，在被许可方挑选好自己认为合适的被许可内容后，被许可方无权要求创意工作者们为其履行修改义务，被许可方本身也无权直接对作品进行实质的修改。

4. 审核权

当然，别忘了审核。你对被许可方制作的衍生商品（含其包装），以及各种形式的广告等衍生作品，享有审核权，被许可方应当将相关的设计，提交给你审核，且经你审核确认后，被许可方方可使用。被许可方还应当承诺，其在实际使用被许可使用的内容的过程中，不得偏离经你审核后的样稿，你亦应拥有对成品的审核权。

(二)衍生作品条款

但是,如果你需要许可对方使用作品的改编权的,一定要严格参考“著作权许可使用(衍生使用)”一章中的“衍生作品条款”,限制对方使用你的作品改编成的衍生作品的形式及其用途。你应规定,对方仅能将改编、摄制你的作品形成的视听作品、美术作品等,作为衍生商品的宣传广告使用,而不可以将其制作为电影、电视剧或编辑成图书进行发行、销售等。

(三)专有使用权条款

我们在“著作权使用许可(原始使用)”和“著作权使用许可(衍生使用)”中反复强调过,如果你许可被许可方使用作品著作权的专有使用权的,这种专有使用权应仅限于其使用媒介的直接竞争商品。这在本章中也是一样。当你许可被许可方使用你作品的著作权制造、宣传衍生商品时,你应在合同中明确规定,你仅有义务不向与这些衍生商品拥有直接竞争关系的同类商品(参考代言合同中的“竞品条款”)的生产销售厂家,许可相同的著作权。除此之外,你从事其他本书提到的业务并进行必要的著作权许可,都应是自由的、不受限制的。

(四)违约条款

许可开发合同中的特殊严重违约行为,与代言合同类似,但由于许可开发合同不存在活动出席,也不含肖像使用许可等,因此代言合同中与活动出席或肖像使用许可相关的严重违约行为,不适用于许可开发合同。

许可开发合同中的特殊严重违约行为主要包括:

1. 许可方违反专有使用权条款的规定,向与衍生商品拥有直接竞争关系的同类商品的生产销售厂家,许可相同种类著作权的使用权,经被许可方劝说、提示后仍不改正的;

2. 被许可方在专有使用权条款之外,使用其他许可方未通过合同许可被许可方使用的权利的;

3. 许可方或被许可方违反适当营销条款的规定,且前述的违约行为达到一定次数的。

第四篇

人事工作

俗话说："一个篱笆三个桩，一个好汉三个帮。"独立在文体产业中奋斗或许可以获得所有的成就和收益，但奋斗过程可能会过于艰难。在独立奋斗时，你或许会期盼有人给你引介可以对接的资源，也可能期盼获得一份暂时可以让你糊口的工作，在衣食无忧的情况下再潜心提高自己的表演或创作能力。如果有这样的想法，那么你就需要在"人事"方面，和更多的人打交道，这也就引出了本书最后一个篇章——人事工作。人事工作主要包括两项业务，劳动及经纪。

与经纪业务及其业务合同经纪合同关系最密切的法律法规，仍然是《民法典》，特别是《民法典》合同编，此外，在涉及一些特殊合作时，经纪业务还可能受到经济公法，或者一些行业协会制定的自律规定的影响。而劳动及其业务合同劳动合同与本书中的任何一项业务及其业务合同都不一样，劳动合同的法律法规"楔子"并非本书标题中的《民法典》或《著作权法》，而是《劳动法》与《劳动合同法》，因此我们将把劳动放在本书最后一章中予以学习。

理论上来说，人事工作的两项业务并不对文体产业从业者"设限"，一名文体产业从业者，既可以签署劳动合同去打工、就业，也可以签署经纪合同获得经纪方引介的各种合作及资源，但在现实中，就人事工作相关的合作，针对主要业务范围不同的文体产业从业者，合作企业可能会选择签署不同的人事工作合同：针对除了运动员外的演艺工作者，合作企业一般倾向于与其签署经纪合同；而针对创意工作者，合作企业会更倾向于签署劳动合同；而运动员则会同时签署劳动合同（如俱乐部）和经纪合同，甚至连经纪合同都不止签一份（包括转会/交流经纪合同和一般商务开发经纪合同）。合作企业之所以会与不同的文体产业从业者签署不同的人事工作合同，有其不同的考虑，我们将在接下来的两个章节中分别进行讨论。

第十一章

经　　纪

当谈到娱乐明星或者运动员时，即使是从未踏入过文体产业的人，也会从铺天盖地的新闻中，了解到“经纪人”这一职业。经纪人被誉为文体产业从业者的“大管家”，从商业谈判到合同签署，从宣传推广到权益维护，从形象打造到危机公关……经纪人团队无微不至地打理着文体明星们的一切，其中更是诞生了唐金①、豪尔赫·门德斯②、米诺·拉伊奥拉③等世界闻名甚至可以撬动整个行业的业界翘楚。

由上述成功的经验看，经纪业务对包括运动员在内的演艺工作者而言，显然颇为重要。不过，这可不意味着创意工作者就此与本章内容“绝缘”。在欧美日韩等国家和地区，经纪业务在创意工作者的职业发展中，同样具有极高的地位，诸如斯坦·李、宫崎骏、斯蒂芬·金这样的创意工作“大明星”，均有自己成熟的经纪人团队（虽然斯坦·李老爷子和他的前经纪人奥利瓦雷斯之间的故事一点都不愉快），由经纪人团队为创意工作打点各项事务几乎是件再顺理成章不过的事。在我国，对诸多没有多少资源的创意工作新人而言，相关经纪人口中的“资源”“未来”“发展”等，甚至成了创意工作新人们努力试图抓住的救命稻草。

然而，由于相关的管理体制不够完善，目前看来，文体产业经纪在我国的整

① 美国拳击经纪人，旗下客户包括阿里、泰森、霍利菲尔德等。

② 葡萄牙足球经纪人，旗下客户包括克里斯蒂亚·罗纳尔多、穆里尼奥、德赫亚、迪玛利亚等。

③ 意大利足球经纪人，旗下客户包括保罗·博格巴、伊布拉希莫维奇、吉安路易吉·多纳鲁马等。

体发展仍不算特别成熟,从业人员的专业素质也是参差不齐,“不顾一切疯狂揽客”“有想法无执行力”“有金点子无好人品”者在经纪人群体中并不罕见,甚至连某些顶级企业都可能在经纪的法律问题上闹出笑话。这就需要文体产业从业者在享受该业务带来的福利时,时时注意擦亮眼睛,正视经纪人和经纪业务,既能避免自己个人形象、作品乃至整个职业生涯遭到不良经纪人的侵害,又能理解经纪人工作对自己巨大的意义,维持自己和经纪人“休戚与共”的合作关系,最终实现双方利益的平衡,推动彼此事业的发展。

一、业务了解与风险防控

(一)什么是经纪人?

从法律法规特别是《民法典》原文理解什么是“经纪人”,会让大多数没有系统学过法律的人“晕头转向”,因此笔者在此尝试用简单的事实概念解释什么是本书中所说的“经纪人”,即文体产业经纪人。简言之,经纪人,指的是以获得佣金为目的,为文体产业从业者提供商业运作、市场开发、品牌开发、包装推广等服务,引介各类来自第三方的商业合作,促成文体产业从业者与第三方达成交易,并从文体产业从业者经由前述交易中获得的收入中,分得一定比例的佣金的自然人、法人和其他组织。经纪人不仅仅包括自然人,也包括法人,即拥有很多经纪业务工作人员的经纪公司。

现实生活中,根据佣金获得方式的不同,经纪人可以分为两种,固定佣金制经纪人和收益分成制经纪人,前者只要为文体产业从业者提供了上述的一项或多项服务,则无论文体产业从业者是否因这些服务获得了收入,都需要向经纪人支付固定金额的佣金。由于固定佣金制需要文体产业从业者在还没获得收入的情况下,先向经纪人支出成本,因此该合作模式不受文体产业从业者欢迎,这也导致了固定佣金制经纪人几乎在市场上“绝迹”。

在目前的文体产业中,几乎所有经纪人都是收益分成制经纪人,即其需要先通过提供各种服务,帮助文体产业从业者获得收入,再从这些收入中抽取固定比例的分成作为自己的佣金。本书下述的“经纪人”,如无特殊说明,均指收益分成制经纪人。

(二)经纪人:不是“恩主”,不是“奴仆”

当你面对经纪人时,你必须要做到破除目前文体产业常见的、特别是文体产业新人对经纪人的两种极端态度。要记住,经纪人是你平等的合作者,其既不是你的“恩主”,也不是你的“奴仆”。

最近几年来,笔者曾经在多个网站上看过讲述经纪人(尤以娱乐业经纪人为甚)“伟大”的文章,这些文章动辄称经纪人为艺人的“半个老板”,反复诉说没有经纪人的艺人的职业生涯多么艰难乃至人生多么悲惨,似乎不把日韩那套兴盛已久的“经纪方独大”的体制引入中国誓不罢休。这些文章实际上正是目前国内的文体产业市场一种不良风气的文字映射:不少经纪人在面对文体产业新人时,抱有一种高高在上的姿态,动辄声称“我给你带来了资源”“没有我谁会关注你”之类的,除了不断压低价格外,甚至还想通过合同获得文体产业新人作品的知识产权,而初出茅庐的文体产业新人往往很吃这一套,甚至在遭遇不公平对待时动辄用网络上的“甲方乙方”段子安慰自己,这种“苦中作乐”或许可以帮助其暂时平复自己的心态,但充其量不过是饮鸩止渴而已。

但反过来,有些文体产业从业者则走入了另一个极端,这些文体产业从业者似乎在闲暇时间看了太多“霸道总裁”网文,在以“霸道总裁”自视的同时,认为经纪人不过是应当在面对自己时战战兢兢的“小打工仔”,他们在面对经纪人时毫无任何尊重态度,动辄声称“是我让你有了收入”“没我你还赚什么钱”之类,甚至还会以“私联”合作方(见下文“禁止私自收酬条款”)等方式,使经纪人无法正常获得佣金收入。

以上两种做法均会导致文体产业从业者和经纪人的关系走向恶化乃至破裂,且导致文体产业从业者整个职业生涯的受挫——前者会让文体产业从业者变成毫无主见的“待宰的羔羊”,而后者会让文体产业从业者变成自高自大的“孤家寡人”。

那么,什么才是面对经纪人时正确的态度呢?别忘了“信条十·公平公开公正地进行合作,以诚待人”!正确的态度,是从一开始就把自己放在和经纪人平等的地位上。你应当明白,经纪人与文体产业从业者之间达成合作只有一个目的,那就是双方都能赚到更多的钱,既不是经纪人在向文体产业从业者施恩,也不是文体产业从业者在向经纪人施惠。

笔者相信,会认真阅读本书直到最后一个章节的你,是一名所谓的“霸道总裁”的可能性微乎其微,在和经纪人的关系上,你更可能处于比较弱势的地位。切记,面对经纪人,你可以“退让”的极限,是具体收益的分成,如“信条一·‘文体产业的寒冬’≠‘自我保护的寒冬’”所言，对方具有优势地位，最多只能影响处于劣势的文体产业从业者的议价权，文体产业从业者最多只能接受在提供的产品的价格上稍微“吃亏”，经纪业务也是如此，如果对自己的知名度、影响力等没有充足的信心，你可以在收益分配比例上向经纪人进行一些让步，但仅此而已。至于作品著作权等内容，一定要对对方“寸土不让”！

（三）只有“本本”才能当经纪人？

在上文提到的那些动辄强调经纪人“伟大”的文章中，其作者除了会强调经纪人的劳苦功高外，还经常会夸赞经纪人个人水平的“高明”。这些文章往往称，经纪人和律师、注册会计师一样，都是通过了艰难的考试，获得了国家背书的证书的认可，因此，他们在文体行业的从业素质当然要“高人一筹”。笔者曾服务过的某些客户也曾向笔者咨询过：“是不是只有‘持证经纪人’，才能给艺人做经纪，没证做经纪都是违法的？”

如果你也正为委托经纪人的要求是否真的如此严格、不委托“持证经纪人”是否属于违法等问题焦躁不安，请先吃一颗“定心丸”——除了现场演出艺人和足球、篮球运动员外，其他文体产业从业者完全没有“必须委托持证经纪人”的法律法规强制命令，委托未持证的经纪人当然也不属于违法行为。那些声称“没证做经纪都是违法的”的文章，要么就是没有搞清必须持证才能“上岗”的经纪人的范围，要么就是别有用心地欺骗读者。

存在于文体产业中的所谓“经纪人证”，实际上包括两种，文化娱乐产业的“中国演出行业演出经纪资格证”和体育产业的“体育经纪人登记培训与能力测评证书”，用来称赞经纪人“高人一筹”的多是前者，然而，从这一证件的名称上，你大概就能猜出端倪——这一证件是针对演出这一活动的，而不是针对人的。没错，根据《演出经纪人员管理办法》的规定，“演出经纪资格证书是专职演出经纪人员的从业资格证明”。所谓的“演出”，在“参加演艺活动”一章已经提过，其指的是营利性的现场演出。

而针对文体产业从业者与现场演出无关的事务，目前并没有法律法规规定，文体产业从业者必须委托持有演出经纪资格证的经纪人，为该等事务提供经纪服务，而由未持有演出经纪资格证的合作伙伴为该等事务提供经纪服务，也绝不是违法行为。因此，如果你不是以现场演出作为主要事业的艺人（包括但不限于任何形式的创意工作者、主播、影视剧演员等），你就完全没有必要在委托经纪人的问题上“认证不认人”。

当然,演出经纪资格证仍然是一个非常有用的证照(否则包括笔者在内的各位持证人就不会费心费力地去考取该证照了),对于以现场演出作为主业的艺人,如歌手、唱跳艺人、偶像艺人等更是意义非凡,在我国,演出经纪机构想要申请从事营业性演出经营活动,有 3 名以上拥有演出经纪资格证的专职演出经纪人员是其前提(《营业性演出管理条例》第 6 条),相比未持证人,持有演出经纪资格证的经纪人显然可以更容易地创办演出经纪机构,并更加主动地从事、举办营业性演出。因此,针对以现场表演作为主业的艺人,笔者个人还是推荐你选择持有演出经纪资格证的经纪人,以助力个人的职业发展。当然,这仅适用于该持证经纪人如实告诉你演出经纪资格证的作用的情形(而不是告诉你“只有持证才能给艺人做经纪”)。相对于持证与否,笔者更建议你选择一位诚实善良的人作为合作伙伴。

(四)运动员经纪特殊性

如果你是一名足球运动员或篮球运动员,那么你对经纪人的选择可能就没有艺人或创意工作者那么自由了。在上文中,哪怕是针对以现场表演作为主业的艺人,笔者也仅是建议其选择持证经纪人,但对于足球运动员或篮球运动员而言,选择一名持证经纪人为自己操办与转会/交流相关的事务,可不仅仅是笔者建议,而是根据规定必须为之。

《体育法》第 39 条明确规定:“全国性的单项体育协会管理该项运动的普及与提高工作,代表中国参加相应的国际单项体育组织。”对于一名职业运动员而言,遵守所在项目全国性单项体育协会制定的各项规定,可谓从业基本职业伦理之一,而这些须遵守的规定中,自然也包括对使用经纪人的规定。

目前,绝大多数的全国性单项体育协会还没制定自己的经纪人管理规定。已经制定了经纪人/经纪活动管理规定的全国性单项体育协会,包括中国足球协会和中国篮球协会,因此,职业足球运动员和职业篮球运动员须根据所在协会的相应规定,委托符合相关规定的、持有所在协会颁发的证照的经纪人。

1. 足球

中国足球协会于 2018 年出台了《中国足球协会球员代理人管理规定》。根据《中国足球协会球员代理人管理规定》第 40 条第 5 款,球员必须寻求已注册的代理人为其提供转会服务。违反该规定的球员,可能会被根据该管理规定第

48 条，处以警告、罚款、停赛、取消转会资格、取消注册资格、停止参加足球活动等处罚。

2. 篮球

而针对篮球运动中的经纪人管理，中国篮球协会亦于 2019 年出台了《中国篮球协会经纪活动管理办法（试行）》（笔者很荣幸地参与了该管理办法的起草工作）。该管理办法第 75 条规定："除本办法另有规定者外，球员和俱乐部违反本办法行为还包括：（一）球员委托除中国篮协经纪人、经纪公司及中国篮协经纪人、或经中国篮协备案的 FIBA 经纪人外的自然人或公司、实体或组织就交流活动①从事本办法规定的经纪活动的……"违反此规定的球员，亦可能会被根据该管理办法第 76 条的规定，被处以警告或严重警告、罚款人民币 2000 元至 10 万元、禁止参加或进行国际交流活动和/或国内交流活动、禁止参加篮球竞赛活动、列入体育市场黑名单等处罚。

3. 海外

NBA 堪称全世界对经纪人管理最为严格的文体产业联盟之一。在 NBA，主要负责对经纪人进行考核、管理的组织是 NBA 球员工会（NBPA，就是你可能在各种渠道听说过的，克里斯·保罗担任主席的那个组织）。NBA 球员工会在《NBA 球员工会经纪人管理办法》中②明确规定，NBA 仅会批准由获得 NBA 球员工会认证的经纪人③代为协商谈判的球员和球队间签署的合同。

4. 必须委托持证经纪人参与的业务

不过，足球运动员和篮球运动员（包括国内和 NBA）必须委托持证经纪人参与的事务，仅限于与转会/交流相关的事务，包括但不限于转会、租借、以自由身份签约、球员合同交换等。针对与转会/交流无关的事务，例如商业代言、参

---

① 所谓"交流活动"，根据《中国篮球协会经纪活动管理办法（试行）》第 8 条规定，"指就球员的加入、续约、租借、转会等事宜和相关的活动"。你可以将交流活动理解为通常意义的"转会"。

② 相关规定详见于《NBA 球员工会经纪人管理办法》（NBPA Regulations Governing Player Agents）第 1 条，你可以在 NBA 球员工会官方网站（https://nbpa.com/agents）页面阅读该规定。

③ 为保护球员利益，所有拟在 NBA 为球员担任经纪人者，除了应满足基本的学历要求外，还需要接受球员工会组织的背景调查，并根据球员工会提出的要求进一步提供其他材料。球员工会对经纪人资格采取考试制度，拟成为经纪人者应当接受球员工会组织的专业培训，参加并通过由球员工会组织的书面考试，考试的内容为合同核心条款、合同谈判及其他旨在为球员提供高质量服务所必要的内容，未通过考试者将无法成为经纪人。不仅如此，球员工会还制定了标准格式的球员经纪合同，要求所有经纪人都得与运动员签署该标准经纪合同（而不得绕开标准文本另签合同）。

加活动、为投融资提供建议等，无论中国足协、中国篮协还是 NBA，都没有要求运动员在此类事务中同样须委托协会认证的持证经纪人的规定，因此针对这部分事务的处理及相关服务的提供，运动员们没有必要非得委托协会持证经纪人。

（五）拒做“甩手掌柜”

有些文体产业从业者认为，正因为经纪人扮演了自己“大管家”的角色。所以，自己所有和业务相关的工作，都只需要交给经纪人操办，自己完全可以不管不问当“甩手掌柜”，甚至连签约工作都不需要自己动笔。如果你真的有这样的想法，那你阅读以下两个故事，希望其可以给想做“甩手掌柜”的你敲响警钟。

上文我们已经说过，NBA 堪称全世界对经纪人管理最为严格的文体产业联盟之一。但即便如此，NBA 至今仍然发生了不止一次因为经纪人的原因而导致球员利益受损的事件。

1. 安东尼・卡特“超期门”事件

2003 年，迈阿密热火队的安东尼・卡特在赛季结束后，拥有一份总价值为一年 410 万美元的球员选项（所谓“球员选项”，指的是在通知/签约截止日前，安东尼・卡特本人有权单方决定是否签署这份价值 410 万美元的合同，如果其同意签署，那么热火队不得提出异议或拒签），上赛季表现不佳、不可能签到比该合同更高价的安东尼・卡特毫无疑问会执行该球员选项。但离奇的是，安东尼・卡特的经纪人比尔・达菲竟然犯下了一个低级到不能再低级的错误，被安东尼・卡特全权交办签约事项的他，竟然忘了在截止日前告诉热火队，安东尼・卡特愿意执行该球员选项！最后的结果是安东尼・卡特因为超期而错失了一份超过 400 万美元的大合同（按照 NBA 工资帽比例计算，这份每年 410 万美元的合同大致相当于现在的一份接近每年 1000 万美元的合同），只能与圣安东尼奥马刺队签下一份年薪 70 多万美元的新合同，而比尔・达菲不得不“自掏腰包”①补给了安东

① ESPN. Com News Services, *Agent to Pay \$3 Million to Cover Mistake*, ESPN(Aug. 4, 2003), https://www.espn.com/nba/story?id=1589409.

尼·卡特超过300万美元。[①]

2. 马库斯·莫里斯"签约门"事件

"超期门"事件发生时间已久,而2019年发生的"签约门"事件则足够"新鲜"。2019年夏天,NBA出现了一起轰动的"签约门"事件,马库斯·莫里斯在口头同意与圣安东尼奥马刺队签订一份2年2000万美元的合同的情况下[②],突然变卦,转而与纽约尼克斯队签署了一份一年1500万美元的合同[③],这一"失信"行为让马库斯·莫里斯遭受了来自各界的谴责。

然而,这一选择并不符合常理,因为洛杉矶快船队曾经提供给了马库斯·莫里斯一份3年4100万美元的合同[④],但马库斯·莫里斯却拒绝了这份报价,并选择了口头答应和马刺队签下一份时间更短、收入更少的合同。

当时盛传,马库斯·莫里斯的经纪人里奇·保罗不想让马库斯·莫里斯加入洛杉矶快船队,与自己最大的客户、效力于快船队同城死敌洛杉矶湖人队的

---

① 在2003年,"超期门"事件作为经纪人坊间口口相传的教训似乎已经结束。没想到在13年后,雅虎体育的记者凯利·德威尔在2016年,重新还原了一系列"超期门"事件之后发生的情况,揭示了事件可能没有一般人想得那么简单[该报道参见 Kelly Dwyer, *Anthony Carter is Still Paid Yearly by His Agent*, *13 Years After a Contract Mishap*, YAHOO(October 4, 2016), https://sports.yahoo.com/news/anthony-carter-is-still-paid-yearly-by-his-agent-13-years-after-a-contract-mishap-210455760.html]。2003年,安东尼·卡特年薪400多万美元的合同已经是热火队急于甩掉的烂合同之一(简言之,NBA对签约所有球员的总薪金数额有限制,该限制金额即为"工资帽",2003年"工资帽"为4000多万美元,安东尼·卡特的薪水占了球队总"工资帽"的近1/10),但正常情况下,安东尼·卡特根本不可能拒绝执行球员选项,结果,热火就突然碰上了"超期门"这么个天上掉下来的"馅饼",利用因此腾出来的400多万美元的薪金空间,热火先是签下了拉马尔·奥多姆作为球队"二当家"杀入了当年的季后赛,接着又在下一年用奥多姆等人换来了"大鲨鱼"奥尼尔,为2006年的夺冠奠定了基础。此外,犯下了"弥天大错"的比尔·达菲也不是什么初出茅庐的愣头青,作为NBA最著名的经纪人之一,其在1985年就开始了自己作为NBA经纪人的职业生涯(参见 Ric Bucher, *Agent Bill Duffy*, ESPN(Nov. 11, 2002), https://www.espn.com/espn/magazine/archives/news/story?page=magazine-20021111-article34),旗下的知名客户包括但不限于史蒂夫·纳什、拉简·隆多、乔金·诺阿、卢卡·东契奇等,这样一名经验丰富的经纪人,竟然犯下了如此低劣的错误,实在是让公众难以相信和理解。

② See Kurt Helin, *Spurs Reportedly Sign Marcus Morris for Two-years*, *$20 Million*; *Make Series of Moves*, NBCSPORT(Jul. 6, 2019), https://nba.nbcsports.com/2019/07/06/spurs-reportedly-sign-marcus-morris-for-two-years-20-million-make-series-of-moves/.

③ See Kurt Helin, *Marcus Morris Reportedly Agrees One-year*, *$15 Million Contract with Knicks after Backing Out with Spurs*, NBCSPORT(Jul. 11, 2019), https://nba.nbcsports.com/2019/07/11/marcus-morris-reportedly-agrees-one-year-15-million-contract-with-knicks-after-backing-out-with-spurs/.

④ See Frank Isola, *The Marcus Morris Situation has Rekindled Fire between Spurs*, *Knicks*, The Athletic(Jul. 19, 2019), https://theathletic.com/1085119/2019/07/19/isola-the-marcus-morris-situation-has-rekindled-fire-between-spurs-and-knicks/.

勒布朗·詹姆斯“为敌”①,正因如此,在“签约门”事件后,马库斯·莫里斯才炒了里奇·保罗的鱿鱼。② 虽然马库斯·莫里斯和其兄弟马基夫·莫里斯都否认③了这种说法,但在接受“体育网”(https://theathletic.com/)专访时,马库斯·莫里斯却给出了前后矛盾的说法,他虽然声称里奇·保罗支持他接受快船队给出的合同,但同时又声称“当时我以为自己别无选择,以为马刺的合同是我唯一拥有的东西”。④ 似乎完全不知道快船给出的金额更大、时间更长的合同一样。种种迹象都表明,里奇·保罗在及时传递快船队开出的大合同这件事上,确实犯了不小的错误,无论该错误是有意的还是无意的。⑤

以上例子已经足以说明,如果你将所有事务都全权交给经纪人操办,自己只是在毫不上心的情况下甘做“傀儡”的话,那么经纪人一个“疏忽”就可以造

---

① Ethan Sears, *Marcus Morris Denies Rich Paul Nixed Clippers Deal Because of LeBron James*, NYPOST(Jul. 23, 2019), https://nypost.com/2019/07/23/marcus-morris-denies-rich-paul-nixed-clippers-deal-because-of-lebron-james/.

② See John Karalis, *Marcus Morris Turned Down $41 Million from Clippers before Spurs, Knicks Mess, Firing Agent Rich Paul*, MASSLIVE(Jul. 15, 2019), https://www.masslive.com/celtics/2019/07/marcus-morris-turned-down-41-million-from-clippers-before-spurs-knicks-mess-firing-agent-rich-paul-report.html.

③ 马库斯·莫里斯的否认采访参见下一脚注,马基夫·莫里斯的否认采访参见 Mike Chiari, *Markieff Morris Denies ‘Crazy’ Rumor about Marcus, LeBron, Rich Paul, Clippers*, BLEACHERREPORT(Jul. 18, 2019), https://bleacherreport.com/articles/2846086-markieff-morris-denies-crazy-rumor-about-marcus-lebron-rich-paul-clippers。

④ 本段“体育网”针对马库斯·莫里斯的专访,参见 Shams Charania, *A Conversation with Marcus Morris on Free Agency, His Knicks Switch and Mutually Parting with Rich Paul*, The Athletic(Jul. 22, 2019), https://theathletic.com/1089628/2019/07/22/charania-a-conversation-with-marcus-morris-on-free-agency-his-knicks-switch-and-mutually-parting-with-rich-paul/。

⑤ 里奇·保罗究竟是如马库斯·莫里斯所说,劝说其接受快船的合同,还是同样“如马库斯·莫里斯所说”,隐瞒了快船的报价,导致马库斯·莫里斯认为自己“别无选择”,不得不答应马刺的报价,如今已不得而知,当事人自己似乎也已经将相关事件“翻篇”。但耐人寻味的是,如果里奇·保罗曾经支持马库斯·莫里斯和快船签约,那显然马库斯·莫里斯是自己不愿意去快船,才拒绝了这份报价的,但仅仅半年多以后,马库斯·莫里斯就在一起交易中被送到了他“不愿意去”的快船,对此,马库斯·莫里斯不但未见任何失望之情,还于交易当天的凌晨4点在社交媒体上难掩激动之心地发出了“Let's get it!”的呐喊[参见马库斯·莫里斯个人推特账号2020年2月7日(交易当天)凌晨4点24分所发推文,该推文截图参见 Farbod Esnaashari, *The LA Clippers are Already Welcoming Marcus Morris: ‘My Brother Back With Me’*, FORBES(Feb. 7, 2020), https://www.forbes.com/sites/farbodesnaashari/2020/02/07/the-la-clippers-are-already-welcoming-marcus-morris-my-brother-back-with-me/?sh=1e569d237116]。此外,马库斯·莫里斯随即在2020年与快船队签下了一份长达4年的合同(Ohm Youngmisuk, *Marcus Morris Agrees to Return to Clippers on 4-year, $64M Deal, Source Says*, ESPN(Nov. 20, 2020), https://www.espn.com/nba/story/_/id/30356190/marcus-morris-agrees-deal-return-clippers-sources-say)。

成你巨大的损失。虽然上面这些NBA球员的最后结局都算不错，但这可绝不是你可以同样懈怠的理由。要知道，NBA球员就算当甩手掌柜，他们的身后也有NBA球员工会，以及像《NBA球员工会经纪人管理办法》这样详尽的规定来保护他们的利益，而一般的文体产业从业者，可根本没有这样可以保护自己合法权益不受经纪人工作疏忽侵害的“守护者”！

（六）“一个字都不能少”

除了在足球、篮球运动员与持证经纪人就转会/交流相关事务签署的经纪合同中，双方的权利义务通过法律法规和行业规范的规定可以确定大致的范围之外（像NBA还有格式文本），在经纪业务中，经纪人应当向你提供的服务，几乎全部仰仗于合同的规定。也就是说，经纪人只应当为你提供合同中规定了的服务，而合同中未规定的服务，经纪人完全不必为你提供（这一点有些像后一章的劳动合同，不过主要的义务履行人是对方而不是你）。

因此，在签订经纪合同的过程中，你应当尤为关心有关服务内容的规定，你需要对方提供给你什么样的服务，就应当将这些服务内容一字不落地全部写入合同。

（七）涉诉情况和相关资质查询

当然，不要忘了“信条五·防君子而不防小人”的合同，在仔细审核合同前，你应当首先对欲合作方的各项和经纪有关的资质、涉诉情况等进行查证，所需的工作具体包括：

1. 无论你是演艺工作者、运动员还是创意工作者，也无论你希望委托的是哪一类的经纪人，你都应当查证此人，以及其所在的经纪公司的诉讼情况，并重点关注此人与其所在的经纪公司是否与文体产业从业者发生过经纪合同纠纷。

2. 如果你是以现场表演作为主业的艺人，欲合作方是声称自己持有演出经纪资格证的经纪人，你应当要求其提供演出经纪资格证原本给你查验，并关注证照是否还在有效期内。如果你还不放心的，可以向证件后的发证机构打电话咨询。

3. 如果你是足球运动员或篮球运动员，欲就转会相关事务与协会持证经纪人合作，你应当要求其提供足协或篮协向其颁发的球员代理人/经纪人证书，除此之外，你还可以在中国足球协会网站（http://www.thecfa.cn/）、中国篮球协会网站（https://www.cba.net.cn）搜索“球员代理人”/“经纪人”关键字，并查实公示的球员代理人、经纪人名单中是否有欲合作对象的名字。[①]

二、业务合同审核

在经纪业务中，核心的业务合同为《经纪服务合同》，其亦可能被称为《经济合作合同》《经纪人合同》等（以下简称经纪合同）。如无特殊说明，在讲解经纪合同内容时，你将被统一称为文体产业从业者（之所以使用这个泛称，是因为实在没有更精准的概念可以概括经纪合同中的被服务群体了），而对方当然是经纪人。

（一）基本合作条款

经纪合同中的基本合作条款，以经纪服务的内容为核心。经纪人应当通过签署经纪协议向文体产业从业者说明提供哪些服务，这是经纪合作的基础，也是经纪合同中最重要的内容之一。根据目前业内的现状，经纪人需要为经纪人提供的服务，至少应包括如下内容：

1. 宣传服务；
2. 业务洽谈与商业开发服务；
3. 演出活动承办服务；
4. 法律、财会服务。

上述四大类服务每一类都包含若干种具体的服务，你应当将所有种类的具体的服务事无巨细地全部写入合同。需要注意的是，对四项服务设置合作期限时，这四项服务的具体合作期限不一定非得相同，彼此可长可短。

1. 宣传服务

所谓宣传服务，顾名思义，指的是由经纪人为文体产业从业者提供的一系列有宣扬、推广作用的服务的总和，即经纪人应当通过各种可能且合法的手段，提高文体产业从业者的知名度，并以此增加文体产业从业者获得经济收益的可能性。除了极少数“淡泊名利”的文体产业从业者以外（这部分文体产业从业者

---

① 中国足球协会、中国篮球协会已分别公示了 2021 年备案球员代理人、经纪人名单，参见中国足球协会：《关于公布 2021 年球员代理人名单的通知》，载中国足球协会网，http://www.thecfa.cn/qttz/20210125/29252.html；中国篮球协会：《2021 年度中国篮协经纪人备案公示名单》，载中国篮球协会网，https://www.cba.net.cn/footerjjr/index.jhtml，最后访问日期：2021 年 6 月 15 日。

应该不会阅读本书),"扬名立万"可谓每一位文体产业从业者的奋斗目标,而广泛传播的美誉对于文体产业从业者提高收入的作用也是不言而喻的,因此宣传服务可谓是最重要的经纪服务,甚至比经纪合同的"本体"服务——业务洽谈与商业开发还重要。故而在你签订经纪合同时,宣传服务是你应当要求经纪人为你履行的必不可少的义务。

在将宣传服务这一概念写入协议后,下一步你要做的就是明确经纪人应当如何为你提供宣传服务。如果经纪人对你承诺其可以为你提供宣传服务,那么其至少需要在合同中明确两点,一是其掌握的可以利用的宣传资源,二是其可以提供的整体宣传服务方案。在互联网产业蓬勃发展的今日,对文体产业从业者的宣传和推广,基本都集中在互联网上,因此,无论是经纪人掌握的宣传资源还是可以提供的整体宣传服务方案,也应当以互联网为基础进行。

(1)宣传资源

为文体产业从业者提供宣传,可不是在集贸市场支个摊子用大喇叭呐喊,派十几个兼职的学生在大街上发传单(恰恰相反,文体产业从业者应当避免这种"发传单""喊喇叭"式的宣传),或者经纪人"红口白牙"来一句"我可以为你提供宣传"就可以完成的。经纪人在经纪合同中承诺其可以为文体产业从业者提供宣传服务的前提是,其已经掌握了一定的可以自由利用的宣传资源。

所谓的宣传资源,务必满足如下要求:首先,经纪人宣称的宣传资源应当为其自身所掌握,这样其才可以基本无额外成本(无须产生费用)、自由地使用这些资源提供宣传,诸如在门户网站首页上购买宣传通告稿件位置,或自称可以利用其他"关系好"的明星的自媒体账号为你提供宣传的,不符合为经纪人自身所掌握、无额外成本的特征,因此称不上是"宣传资源"。其次,宣传资源应当与移动互联网联系紧密,才能满足互联网经济大潮下进行宣传的需要。因此,本书所述的经纪人提供的宣传资源,应限于互联网网站及各大网站的自媒体账号(包括但不限于微博、微信公众号、各大视频网站运营账号等)等。最后,但凡能被经纪人称为"宣传资源"的网站、账号等,应当有一定累积的用户量,如网站应当有一定的后台访问人数,各大网站账号应当有一定数量的粉丝积累等,如果一处网站只有寥寥几百的访问量,一个账号只有几十个粉丝,那这样被戏谑为"单机版"的资源根本无法完成宣传的目的,自然也称不上是所谓的"宣传资源"。

如果经纪人确实掌握了如前所述的宣传资源,那么你应当将此等宣传资源及其在签约时的关联信息和具体数据(包括但不限于网站/主页网址、访问人次、平均阅读数、平均评论/点赞/转发数、粉丝人数等),记入合同。

(2)宣传服务方案

仅仅拥有宣传资源,对你而言是绝对不够的,经纪人还应当设计可以让这些宣传资源完整发挥作用的宣传服务方案,即其应如何利用自己掌握的宣传资源,为你提供宣传服务。

关于具体的宣传服务方案如何制定、如何表述,“一千个经纪人有一千个哈姆雷特”,本书中没有“硬性”的建议,但是,无论是文字深情款款还是言简意赅的宣传服务方案,都至少应当包括如下内容:

①向公众进行宣传,即经纪人应当通过各种方式,让公众了解到和你有关的信息和动态,包括但不限于:在本公司官方网站上建立你的个人页面,该页面应载明你的以往业务经验、学历背景及其他闪光点等,并设置你个人的社交媒体账号链接;在本公司网站新闻网页和公司社交媒体账号上及时更新你的行程等;使用拥有转发功能的公司社交媒体账号为你提供转发等。由于向公共进行宣传基本没什么额外成本,因此此类宣传应当是“多多益善”,或你至少应当明确,除了一次性建好即可以长期展示的个人信息网页外,每个月经纪人应当至少为你提供多少次各种针对公众的宣传,如为你提供多少次个人账号的转发,报道多少次你的行程信息等。

②向专业合作方进行宣传。仅仅有公众带来的关注和流量是不够的,相对于此,文体产业从业者,特别是艺人等,关乎职业生涯发展的最重要的合作还是来自于专业业务合作,如演出、代言等。因此,经纪人有义务向专业人士宣传、推荐你,包括但不限于向影视公司(剧组)、电视台(综艺节目制作组)、营业性演出公司、寻求代言合作的企业、版权运营方(杂志期刊、版权运营网站)发送你的信息等。当然,不同于向公众进行的宣传,向专业人士进行的宣传可能产生各种额外的成本(可能需要长期甚至异地现场的洽谈),而且此类宣传针对的各种专业合作机会并非任何时候都有,因此,针对向专业合作方进行的宣传,一般无法设置最少宣传次数。

宣传服务方案可以写入合同,作为合同的一部分,也可以单独列为附件。

2. 业务洽谈与商业开发服务

(1) 业务洽谈与商业开发服务的必要性

如果你没有上文所述的，对自己社交、谈判、缔约能力足够的自信，那么在经纪合同中，业务洽谈与商业开发服务对你而言是必不可少的。即经纪人不但需要通过宣传服务帮助你获得各种可能的合作机会，还需要对合作机会的各个流程进行把关，协助你完成相应的谈判、签约工作等。

笔者在上文中谈到，即使你自认为自己能力出众，可以处理一切与合作相关的事务，笔者仍然建议你，除非你有足够独特的不可替代性（如在某项体育运动上是国内唯一的世界级选手，某部引起了巨大轰动的作品的创作者），否则，请谨慎考虑自己做完全部谈判、签约工作。如果你长此以往只让经纪人做你的"大号喇叭"和"电子邮箱"，且经纪人仅能从你这获得极少的宣传服务费用时，那么经纪人恐怕不大愿意长时间将更多的资源向你倾斜，甚至将同样的资源给自己培养出的其他文体产业从业者。

此外，还不要忘了，正常情况下，同时兼营宣传服务和业务洽谈与商业开发服务的经纪人，仅可从其促成的交易中收取佣金，文体产业从业者无须向经纪人支付任何固定费用。但如果你只允许经纪人为你提供宣传服务，那么你应当向经纪人支付宣传服务的固定费用，这相当于增加了你的固定支出。

(2) 可提供服务的业务的限制

如果你是一名职业足球运动员或篮球运动员，签署经纪合同时，不持有中国足球协会、中国篮球协会颁发的球员代理人/经纪人资格的经纪人，必须在经纪合同中承诺，其仅会就与转会/交流活动无关的业务（如参加活动、商业代言等），向你提供业务洽谈和商业开发服务，而不得就转会/交流活动向你提供该等服务。

如果你是一名创意工作者，签署经纪合同时，笔者建议，你应当仅同意经纪人在演艺工作相关业务（这正体现了创意工作和演艺工作日益融合的趋势）、著作权许可使用（衍生使用）和衍生商品开发（著作权许可使用）业务上为你提供业务洽谈和商业开发服务。至于著作权许可使用（原始使用）和出版，你自己就可以通过被许可方（含出版方在内）公开的联系方式向其投稿，何必要让"中间商赚差价"？

(3)拟定详细的工作清单

同意由经纪人为文体产业从业者提供业务洽谈和商业开发服务,可不是说经纪人可以“荤素不忌”什么业务都揽,也不是说经纪人可以“两眼一抹黑”像发小广告一样给任何企业发送文体产业从业者的信息。在签订经纪合同前,经纪人和文体产业从业者务必要制定一份内容详尽的业务洽谈和商业开发工作清单,和宣传方案一样,该工作清单既可以直接写入合同,也可以单独列为附件。

工作清单的内容应至少包括:

①欲合作业务合法性。并不是所有的经纪人都了解,与经纪合同外第三方开展业务还需要注意合法性问题。因此,你需要提醒经纪人,在业务洽谈和商业开发的过程中,一定要关注欲合作方从事相关业务是否合法(如直播、演出等是否获得了合法资质,欲邀请你进行代言的商品是否可以使用广告及代言人)。你可参考本书各章节中关于“业务了解和风险防控”的内容,就业务合法性问题,向经纪人提出建议。

②宣传信息的发布方式。在任何情况下,像牛皮癣一样地发“小广告”都是一件令人厌恶的事,更不要指望这些“牛皮癣”可以帮你获得业务。所以你务必要在合同中禁止经纪人不加选择地肆意推送你的信息。至于其他经纪人进行业务洽谈和商业开发的手段和方式,无论是利用人脉内部推荐也好,进行招投标也罢,经纪人务必向你写明完整、系统的工作流程,甚至包括相应的风险应对等。

③从业建议的提供。有的时候,“只做真正的自己”可能是与真实的市场需求脱轨的,而自称拥有文体产业从业经验的经纪人,理应为你提供从业相关的意见和建议,包括但不限于为你如何打造个人对外形象提出建议、即时向你提供最新的行业动态等,当然,这些建议也应以书面形式,尽可能清晰、易懂地呈现给你。

3. 演出活动承办服务

在经纪合同中,大名鼎鼎的“经纪人证”,即演出行业经纪资格最能发挥作用的时刻,莫过于演出行业经纪资格是可以为文体产业从业者直接举办各种演出活动的前提。请记住,只有拥有一家演出经纪机构的控制权的经纪人,才有可能合法地举办营业性演出,也只有这样的经纪人才可以向你承诺进行演出活动的承办工作。

4. 法律、财会服务

法律、财会服务大概是基本合作内容中最容易被理解的一项服务，你需要注意的是，如果经纪人向你承诺提供该等服务，那么相关服务应当由经纪人聘请第三方专业人士，包括但不限于律师、注册会计师等为你提供，而不是由经纪人本人来当你的律师、注册会计师，这出于两点原因：

首先，经纪人是否能提供法律、财会方面的专业服务，恐怕值得商榷。特别是财会方面的知识，毕竟，法律至少会在考取演出经纪资格证时学习一些（虽然完全不系统），可财会知识在考试中几乎完全不涉及。

其次，即使经纪人本人拥有律师执业资格或注册会计师执业资格，笔者依然建议你非常谨慎地考虑是否由经纪人同时担任你的经纪人和律师、注册会计师（即使笔者就同时拥有律师执业资格和演出行业经纪资格）。千万不要忘了，在很多方面，经纪人与你是存在利益冲突的，而由其一人将业务、法律、财会工作“一肩挑”，某些居心不良的经纪人将拥有更多的机会乃至权力，通过提供含糊不详甚至错误的法律、财会知识和信息，来侵夺你的利益。相对于由经纪人为你提供法律服务，受到严格的职业规范限制、所在协会（律师协会、注会协会）更是设置了专门的监督投诉通道的专业中介服务人士，明显是一个对你和对经纪人而言都更优的选择。

即使你同意同时由经纪人为你提供法律和财会服务，你也需要注意，绝不应赋予经纪人在此二项服务上的独家合作权，正如正常提供法律、财会服务的律师或注册会计师都不会要求其客户独家性地只能聘请其提供法律或财会服务，而不能同时聘请其他律师或注册会计师一样。如果经纪人在经纪业务中，为你扮演律师或注册会计师的角色，你也应当有权同时聘请其他律师或注册会计师为你提供独立的法律或财会服务。

（二）（仅针对艺人的）培训条款

除了基础服务条款外，不少仅针对艺人拟定的经纪合同中还会出现一项特殊的服务条款，这就是所谓的培训条款，其也可能被不同的合同制定者称为“造星条款”或“孵化条款”。所谓培训，是指经纪人本人认为，一位艺人的能力尚不足以在娱乐圈立足，所以经纪人会从各方面，包括但不限于妆容、形体、衣着、谈话方式、专业技能等各个方面对艺人进行“培训”，帮助艺人获得成功。

培训条款是一条不大可能出现在创意工作者或运动员的经纪合同中的条款(除非某位创意工作者或运动员有同时涉水娱乐圈的想法,但鉴于其工作强度及接受团队管理的要求,这一点很难做到),基本上,其只会出现在艺人的经纪合同里。对于培训条款究竟是好还是不好,笔者不做主观评价,只提醒你注意以下几点:

1. 经纪人愿意为艺人主动提供培训,一般意味着经纪人更看好艺人的未来(其不可能主动培训"不可造之才"),愿意与艺人建立更加密切的合作关系,甚至愿意承担更大的风险(因为为艺人提供培训是需要经纪人先期投入成本的);

2. 反过来,正因如此,在与艺人的合作关系中,经纪人将掌握更大的话语权,并有依据分得更多的收入,这是由其事先承担了培训的各种开支及相应的风险决定的;

3. 如果经纪人能提供详细的培训方案,那么这对于艺人提高自己的综合能力、增强自己在业界的竞争力等,都非常有帮助;

4. 反过来,如果一名艺人完全按照经纪人的培训方案成长,那么其可能失去"做自己"的可能,即无法按自己理想中的各种特点(形象、衣着、主要对外展示的技艺等)发展自己的事业。

如果你愿意冒险,获得分成比例更大的收益,并始终想在事业发展的过程中"坚持自我",那么笔者建议你不要接受培训条款。

但反之,如果你更想求稳妥,更想获得长期、稳定的收入,那么你可以考虑接受培训条款,但前提是,经纪人可以给你一份系统、详细的培训方案,而不是仅仅提了"培训"二字就"挟训要价"。

至于非艺人的文体产业从业者,包括运动员、创意工作者,除非你已经下定决心将事业往艺人方向转变,甚至愿意为此退役或中断创作生涯,否则,为避免经纪人的培训与你自身服从团队管理、进行训练和创作的基本工作内容相冲突,笔者不建议你接受培训条款。

(三)(文体产业从业者的)最终决定权条款

所谓最终决定权,指的是针对任何由经纪人接洽、谈判的拟合作项目,文体产业从业者拥有最终是否选择合作、缔约的权利。在经纪合同中,最终决定权应当作为制衡独家合作条款和禁止私联条款的重要手段,由文体产业从业者而不是经纪人享有。最终决定权的重要性在整个经纪合同中数一数二,但却极少有文体产业从业者会像关心自己的收入一样关心最终决定权,在现实生活中,文体产业从业者将签约大权完全托付给经纪人、自己"撒手不管"的情况比比皆是。

我们在上文中已经说过,不要说那些连合同都难以解决的利益冲突,即使是经纪人的"工作疏忽",都可能给你造成巨大的损失。而为了避免这些损失出现,最好的方法就是将所有合作的最终决定权掌握在自己手里,给合作上一道"双保险",你应当在经纪合同中约定,对任何经纪人接洽的合作项目,你有权最终决定是否合作,所有针对合作项目签署的合约,必须由你本人和经纪人一同出面进行签约。如果你还担心,即使在经纪合同中规定了最终决定权由你掌握的情况下,经纪人仍然"越俎代庖"的话,那么你还可以在向经纪人开具的授权书中(正规企业在进行合作时都会要求经纪人出具的法律文件)规定,经纪人对你的代理权限为一般代理,只包括代为联系,代为接洽业务,不包括独立签约(代理签约)。

但同时,别忘了"信条十・公平公开公正地进行合作,以诚待人"!设置最终决定权条款的目的,是让你保护自己的合法利益,而不是为了让你搞"一言堂",并因此随意戕害经纪人的合理利益。在掌握最终决定权的情况下,你也应提出承诺,保障经纪人的合法利益不受损失。你应承诺,你不会无合理理由就拒绝经纪人为你接洽的各种业务,只有在经纪人接洽的业务存在合法性问题的(如其接洽的代言业务违反《广告法》等法律法规的规定、根本不可使用代言人的,或者演出业务需要和其他"失德艺人"合作的,等等),该业务完全不符合你和经纪人一起为你一直打造的对外形象的(如要求一直对外展示健康、热爱运动的形象的你为高糖饮料、高脂食品等代言)情况下,或者该业务与你已经告知经纪人的自营业务有利益冲突的情况下,你才会直接拒绝经纪人接洽的合作。可不要在业务接洽上使"小孩子气",仅仅因为"这个品牌别的代言人我不喜欢"等站不住脚的理由拒绝合作!

(四)即时通信条款

在上文中我们已经提到,在经纪业务合作的过程中,文体产业从业者和经纪人之间因为利益纠葛,可能会发生各种各样的冲突和矛盾,而及时的沟通交流正是可以最大程度将这些冲突和矛盾"化解于无形"的手段。及时的沟通交流,在合同中的体现即为"即时通信条款"——请注意,是"即时"而不是"及时”,“及时”是不够的。经纪双方中任何一方一旦接到合作对象发来的合作信息,应当第一时间通知对方,以防对方不了解具体情况继续开发该合作对象的竞争对手的相关业务,从而避免经纪合同双方因为“到底该做哪个业务”而产生冲突,并节省双方的工作时间,提高双方的工作效率。

(五)合作地域条款

经纪人可以在多大的地理范围内为文体产业从业者提供经纪服务,可以以下原则确定:“有规定从规定,无规定从经验。”

“有规定从规定”,指的是如果有法律法规、规章制度等对经纪人提供经纪服务的地理范围有规定的,则从其规定。如上文提到的一些关于经纪人的法律法规、规章制度,都明确限定了经纪人提供服务的地理范围。例如《中国篮球协会经纪活动管理办法(试行)》第 8 条规定:“本办法所称经纪活动指在为准备、参与中国篮协管理、主办、授权管理的或以其他方式参与组织的竞赛活动。”而《NBA 球员工会经纪人管理办法》则规定,经纪人是在为 NBA 球队和球员之间缔结合同的过程提供经纪服务。因此,中国篮球协会经纪人可以合理合规地为参加中国篮协旗下赛事(这些赛事一般只会在中华人民共和国境内,因此服务范围应为中华人民共和国,且不含在中华人民共和国境内拥有自己独立的篮球协会的香港特别行政区、澳门特别行政区、台湾地区)的运动员提供转会/交流方面的经纪服务,如果该经纪人没有 NBA 球员工会颁发的经纪人执照,那么,该经纪人无权在合同中要求运动员,在前往 NBA 参赛后,仍然由该经纪人继续为运动员提供转会/交流方面的经纪服务。

“无规定从经验”,则是指如果没有法律法规、规章制度规定经纪人可以在多大的地理范围内提供服务的,那么文体产业从业者授权经纪人提供服务的地理范围,应当以其拥有在哪些国家地区提供过经纪服务的经验为基础,可不要轻易同意对方在“全球”为你服务的要求。

(六)独家合作条款

绝大多数经纪人都会要求与文体产业从业者独家地进行合作,即其会要求文体产业从业者不得在其之外另外聘请经纪人提供经纪服务,由于经纪人仅能从其为文体产业从业者促成的交易中收取酬金,如果文体产业从业者同时拥有多个经纪人,那么每名经纪人都会同时面临被其他经纪人“抢生意”导致辛苦努力后“颗粒无收”的风险，因此，经纪人要求文体产业从业者与其独家性地合作是正常的。

1. 独家合作的类型

我们在“《民法典》视域下的合同基本知识和通用条款”一章中已经讲过，存在于各类合同中的独家合作条款，一般包括法定的独家合作条款和约定的独家合作条款两种，而经纪合同可能同时包括这两种独家合作条款。经纪合同中的独家合作条款，既可能来自于法律法规及其他规章制度规定，也可能来自于双方约定。来自于法律法规的独家合作条款，主要存在于运动员签署的专业经纪合同，即针对上文所述的必须委托持证经纪人操办的与转会/交流相关的事务签署的经纪合同中。对此，《中国足球协会球员代理人管理规定》第 10 条规定：“每一名球员在一个代理协议有效期周期内只能委托一名代理人办理相关转会工作，在与另一名代理人建立委托关系之前应当解除前一名代理人的委托关系。在三年内委托代理人的数额总数最多不能超过三名代理人。代理人应具有中国足协注册代理人资质，代理授权有效期最长为两年。如期间代理人未能通过中国足协代理人考核并完成注册，代理授权则自动失效。球员同时授权多名代理人的，一经核实，将提交纪律委员会进行严肃处理。”《中国篮球协会经纪活动管理办法（试行）》第 75 条亦规定：“除本办法另有规定者外，球员和俱乐部违反本办法行为还包括：……（二）球员同一时期就交流活动授权多名经纪人（包括经纪公司）从事同一事项和/或标的之经纪活动……”

除了上述法定的独家合作条款外，其他经纪合同中的独家合作条款都是约定的，一般应为相对独家合作条款，即独家合作条款对你的限制，仅限于不得允许其他经纪人为你提供经纪服务，除此之外，你仍然可以自行接洽业务，且自行接洽的业务的收入应全部为你所有，经纪人不得对相关收入进行分成。

2. 谨慎同意绝对独家合作条款

你必须极其慎重地考虑签署带有绝对独家合作条款的经纪合同。别忘了，若经纪合同中设置了绝对独家合作条款，那么除了不得允许其他经纪人为你服务外，也不得自行接洽合作。简言之，你必须要保证经纪人从所有和你有关的业务上赚到钱，无论其是否曾经为该业务出力。如果经纪人享受到了这样“旱涝保收”的待遇，那么这一情况显然对你是不公平的——即使是对初出茅庐的文体产业从业者而言，欲合作方直接联系其本人寻求合作的情况，也绝不是天方夜谭，更不要说随着名声的增长，这种“主动上门”的合作出现的可能性将进一步扩大，而你没有任何理由同意经纪人在此情况下“躺着收钱”。此外，经纪人还可能满足于可以在你这“躺着收钱”的现状，从而把更多资源向其他其正在“孵化”的新人倾斜。

因此，请你极其慎重地同意绝对独家合作条款。仅在以下情况发生时，你方才可以考虑与对方签署拥有绝对独家合作条款的经纪合同：

(1)经纪人为你制定了系统、完整的培训条款，且你愿意接受该等培训条款的；

(2)经纪人承诺你每月可以获得一定金额的保底收益的，如果经纪人无法通过承揽业务帮助你获得前述的保底收益的，则经纪人应当自掏腰包为你补足前述收入。

此外，笔者仅建议那些完全没有自己的曝光渠道或宣传资源的文体产业从业者，才要考虑与经纪人进行绝对独家的合作，对于自身有天然的曝光渠道（典例是运动员），或已经有了运营成熟的自媒体账号等宣传工具的文体产业从业者，则没必要签署含绝对独家合作条款的经纪条款。毕竟，对这部分文体产业从业者而言，只要能赛出好成绩、创作出好作品，仅靠媒体的曝光或创作平台的流量，就可以获得相应的合作机会，而不需要对经纪人或其能提供的资源“唯命是从”。

3. 独家合作的范围

别忘了，独家合作条款仅能适用于宣传服务、业务洽谈与商业开发服务、活动承办服务、培训服务（具体适用在哪几项服务上，则取决于对方究竟需要根据合同为你提供哪些服务）以及相应的收益分成上，在任何情况下，独家合作条款都不可适用于法律、财会服务。

（七）禁止私自收酬条款

所有从由经纪人负责引介、接洽、谈判的合作业务中获得的收入，都应当由经纪人和文体产业从业者一起按经纪合同的规定“分钱”，这是经纪合同双方缔结经纪合同的基础。但是，如果交易款经纪合同任何一方，从经纪人负责引介、接洽、谈判的业务的合作方处，在其根据合作合同正常支付的交易价款外，额外、私下收受报酬，那么相当于有一部分合作方支付的相应合作费用，没有按经纪合同的规定由双方分成，而是全部进了一方的腰包。这样的情况，不但会导致经纪合同中没能“私自收酬”的一方总收入下降，而且还会极大乃至根本性地破坏经纪合同双方彼此之间的信任感。因此，任何一份经纪合同，都会明确规定，经纪合同的任何一方均不得私自收酬。

针对禁止私自收酬条款，需要注意两点，首先，经纪人和文体产业从业者都需要承担该条款规定的义务。笔者曾经注意到，有的公示的免费经纪合同中，“禁止私自收酬”条款会仅被设定为文体产业从业者一方的义务，这样的规定显然对文体产业从业者不公平。其次，该条款仅针对经纪人负责引介、接洽、谈判的合作业务中获得的收入设置，与文体产业从业者自营的业务完全无关，文体产业从业者自营业务的全部收入，仍然应当归文体产业从业者本人所有。

（八）经纪人合作人数限制条款

要求一名经纪人像针对文体产业从业者的独家合作条款一样，仅仅为一名客户服务是不合适的，如果经纪人真的这么做，其结果大概率是失业或转职。但如果经纪人旗下有太多客户，那么其因为“精力不够”“忙不过来”从而导致服务质量下降，乃至在不同客户之间“厚此薄彼”，或因为过多的工作日程导致工作出现失误的可能性都会增大，所以，你有权利要求，经纪人旗下的客户数不得超过一定的人数，一般情况下，一名经纪人（无论是独立的经纪人还是经纪公司指派的服务型经纪人）旗下的艺人客户应以 3 ~ 5 人为限，运动员（限于非转会/交流相关服务）和创意工作者客户数可以稍稍放宽（前提是经纪人旗下没有艺人客户），但总人数也不宜超过两位数。

（九）“违法失德艺人”服务关联条款

与在各种演艺工作相关业务中不同，在经纪业务中，要求经纪人不得同时为自己和违法失德艺人提供经纪服务，既不大合理，也不符合合法合规的要求。原因在于，即使如国家广播电视总局《关于加强网络秀场直播和电商直播管理的通知》，也只是规定了，“不为违法失德艺人提供公开出镜发声机会”，即不允许违法失德艺人继续在镁光灯下轻松省事地赚“快钱”，可不是说，违法失德艺人从此以后就不能改过自新，若通过经营生意、参加工作等活动，自力更生养活自己，经纪人当然可以合法合理地为改过自新的违法失德艺人，在前述的活动中提供帮助。

但是，有一种情况除外，那就是经纪人强行将自己与违法失德艺人“绑定”，在公开场合声称违法失德艺人之前违反法律或社会公德的行为“无关紧要”，同时仍然不断通过各种渠道，为违法失德艺人寻求公开发声机会的。如果经纪人情况如此，那么你理应有权在称赞其“忠诚”的同时，单方与其解除经纪合同。

（十）行为规范条款

还记得“演艺工作篇”中的“行为规范条款”吗？在经纪合同中也需要设置这一条款，内容与代言合同中的行为规范条款相似：

1. 如果你是运动员，你需要履行“不得从事任何可能对身体健康造成风险，并损害其作为专业运动员的能力和技能的高危活动”“不得从事任何可能对个人生命安全造成风险的活动”“不得从事任何严重违法或犯罪活动”“不得有任何家庭关系、婚恋关系中的越轨行为”的义务。如果你不是运动员，则无须履行“不得从事任何可能对身体健康造成风险，并损害其作为专业运动员的能力和技能的高危活动”的行为规范。

2. 如果你的经纪人是自然人，其需要履行“不得从事任何可能对个人生命安全造成风险的活动”“不得从事任何严重违法或犯罪活动”“不得有任何家庭关系、婚恋关系中的越轨行为”的行为规范。

3. 如果你的经纪人是经纪公司的，则其需要履行“合法经营，不得从事任何严重违法或犯罪活动”的行为规范，其为你指派的经纪人需要履行和独立自然人经纪人一样的行为规范。

当经纪公司的某位股东或高管，与该经纪公司在宣传、身份属性等方面具有高度一致性/相似性的情况下，该股东或高管同样应履行“不得从事任何可能对代言人生命安全造成风险的活动”“不得从事任何严重违法或犯罪活动”“不得有任何家庭关系、婚恋关系中的越轨行为”等行为规范。经纪公司为你指派的经纪人也应履行相同的义务。

（十一）佣金条款

1. 普通合作

经纪合作实际上是合作双方先携手赚钱，再一起“分钱”的过程，所以，文体产业从业者仅须按比例，从经纪人负责引介、接洽、谈判的合作业务中获得的、经过纳税的收入，分出部分给经纪人即可。需要注意的是，经纪人仅可就前述的税后收入进行分成，你应当拒绝经纪人要求在前述税后收入中先“扣除经纪人提供服务所消耗的成本”，再对“净利润”进行分配的要求，哪怕在经纪人的建议中，经纪人从“净利润”中分得的佣金占比更低。谁知道分钱之前，某些无良经纪人会拿出多少发票让你“报销”，会不会把自家小孩的保姆钱都算成所谓的“服务成本”。

此外，任何一笔经纪合同外第三方支付的交易款，都不大可能按经纪合同约定的比例，分别支付给经纪人和文体产业从业者，正常情况下，交易款都会一次性打入经纪人或文体产业从业者其中一方的账户，再由双方进行分配。因此，在佣金条款中，务必约定每月的佣金结算日。如果交易款被合作方打入经纪人账户的，那么你还应当在合同中规定，自己享有对经纪人账户或相关收益的独立审计权。

2. 仅有宣传服务的合作

在仅有宣传服务的合作中，经纪人与其说是文体产业从业者的经纪人，还不如说是宣传服务的提供者，如果你确定自己只需要经纪人向你提供宣传服务，那么经纪人将失去分得佣金的可能，你将需要向经纪人支付宣传服务费，像所有费用条款一样，你需要明确服务费用金额如何、何时支付、怎样支付等。

（十二）违约条款

以下的行为可被视为演艺合同中的特殊的严重违约行为：

1. 文体产业从业者违反独家合作条款，经经纪人劝说、提示后仍不改正的。

2. 任何一方违反禁止私自收酬条款的。

3. 经纪人违反最终决定权条款，私自以文体产业从业者名义缔约达到一定次数的，或文体产业从业者拒绝履行相应合同后，经纪人拒绝解除合同、自行承担损失，并强行要求文体产业从业者履行该合同的。

4. 经纪合同中的收款方在收到任何应当由合同各方进行分成的款项后，有故意瞒报部分或全部对方应收的分成的。

5. 任何一方违反其应当履行、遵守的行为规范条款，达到一定次数的（该次数可以是一次）。其中，无论是经纪人还是与经纪人具有高度一致性/相似性的股东/高管违反其应当履行、遵守的行为规范条款的，经纪人均对演艺工作者构成严重违约。请注意，若与你缔约的是一家经纪公司，而其为你指派的自然人经纪人违反其应当履行、遵守的行为规范条款，且经纪公司拒绝为你更换自然人经纪人的，那么经纪公司同样对你构成严重违约。

第十二章

劳　　动

恭喜你！当你翻开这一章的时候，想必有一家公司已经向你开出了一份Offer，邀请你加入他们的团队，成为他们的正式员工。拿到面试邀请甚至是Offer的你或许正处在“幸福的烦恼”中：如果你是一位自由文体产业从业者，你将不得不在继续当前自由但收入不稳的生活和获得一份有保障的稳定工作但从此与“自由自在”挥手告别二者之间做出选择；如果你是一位有正式工作的兼职文体产业从业者，你大概会在继续坚持本职工作，还是全身心投入独立自由的从业中苦恼；而如果你之前已经是一名“打工人”，那你需要游移不定的大概就是在新老东家之间如何选择了。

无论如何，拿到一份新Offer一定是一件让人高兴的事，但问题也会接踵而来——劳动争议大概是日常生活中，出现最为频繁的法律争议，甚至没有之一，欠薪、劳累、休假、作品被工作单位“窃取”……任何一项问题，都可能导致作为劳动者的你与用人单位“撕破脸皮”，而每日为薪水、作品归属等所困的文体产业从业者们，想要创作出更多更好的作品，无异于难上加难。而其中大部分的争议，都来自于不合理的劳动合同规定。

一、业务了解与风险防控

（一）不签劳动合同？别被正确的普法误导！

如果有一家准备雇佣你的公司告诉你：“我们很想让你成为我们的员工，但我们不能和你签劳动合同，你放心，你的待遇……”那么不用犹豫，你没有任何理由成为他们团队的一员，看过了“信条四 · 签一份纸质合同，这很重要！”后，你应该能了解，在任何你完全可以签署劳动合同的情况下，不与你签署书面形式的劳动合同的欲合作方，都完全不值得信赖。

然而，一些不会在著作权使用许可合同、经纪合同等类型的合同上犯下“不签合同就合作”的错误的文体产业从业者，却会在劳动合同上“栽跟头”，原因竟然是因为他们看过一些来自人社局网站或法制节目的普法。之前笔者就曾被询问过这样的问题：“我觉得不签劳动合同没事啊，我看过普法节目，上面说过，劳动合同法有规定，如果对方一开始不和我签劳动合同，那只要我熬过一段时间，就可以要求他们和我签无固定期限合同了呢。这样‘旱涝保收’岂不是更好？”

理论上，这种说法没有错，《劳动合同法》中也确实有这样的规定（《劳动合同法》第 14 条），只是，想通过这种方式“将计就计”算计对方一把的文体产业从业者们却忽视了一个问题：如何证明你与对方之间是劳动关系，而不是其他？

要知道，你不是建筑工人，不是办公室文员，不是厨师……你向对方交付过稿件，或你按对方的要求设计过作品的大纲等，完全无法构成你与对方成立劳动关系的充要条件。在文体产业这个特殊的行业中，有太多的合作方式可以得到使用，著作权使用许可、针对单一项目的委托创作，或者是经纪，都可能会被法院界定为你与对方间实际发生的法律关系——如果对方早就想算计你一下，将所有与劳动有关的内容都含糊其辞或干脆口头谈判，然后在其网站上公开说明通过某一特殊邮箱投稿的文体产业从业者与该公司都是委托创作的关系，在这种情况下，已经通过该邮件向对方交了不少稿子的你如何证明自己实际上是对方的员工，而非把作品卖了几个小钱的商业合作对象？

因此，正如“信条十 · 公平公开公正地进行合作，以诚待人”中，笔者一直强调的那样，待人以诚，人亦以诚待我，不要被对方算计，但也不要随随便便“将计就计”算计对方，以免“聪明反被聪明误”，签一份书面合同，这很重要！

（二）劳动合同的特殊性

在本书提及的所有合同中，劳动合同是最特殊的，没有之一，这是因为，制定劳动合同的法律法规基础，并不像本书其他章节中的合同一样是《民法典》或《著作权法》，而是《劳动合同法》，只有在《劳动合同法》确实没有相应规定的情况下，双方才可参考《民法典》或《著作权法》的规定制定合同相关条款。

（三）简陋不一定危险，复杂不一定安全

在笔者见过的各类合同中，劳动合同大概是最“容易”制作，甚至是一个没有接受过任何法律培训的文员都可以轻松“凑合”出的一类合同，其之所以如此“易于”制作，原因无他，网络上，特别是政府机构和全国性社会团体制定、提供的劳动合同范本实在是太多，任何企业只需要下载使用即可，而这种“便捷”也正是诸多企业根本不聘请律师或雇佣专业法务工作者撰写劳动合同的主要原因——“劳动合同什么的，去网上下一个不就好了？”

这种政府机构或全国性社会团体制定、提供的格式文本化的劳动合同一般在两千字上下，其规定的内容一般也都比较简单，你可以从以下网址下载到一些此类标准格式的劳动合同，观察并记录一下其中的具体规定：

北京市：http://www.acftu.org/upload/files/1172813640241.doc（中华全国总工会网站）；

广州市：http://www.mohrss.gov.cn/ldgxs/LDGXhetong/ldht/201011/t20101124_86687.html（中华人民共和国人力资源和社会保障部网站）；

深圳市：http://www.szpsq.gov.cn/ztfw/jyfw/ldqy/ldgtfb/（深圳市坪山区人民政府网站）；

……

如果准备与你建立劳动关系的公司递给你的真是这样一份从人社局网站上下载下来、带着“某市人力资源与社会保障局监制”字样，不但全无修改，甚至连人社局的网站地址都没有删除的合同，那你大致可以把悬着的心放下来一点——他们至少从技术上没有太多坑你的办法，即使企业真的想坑你，受限于这类格式合同通俗易懂的条款，大多数“陷阱”也实在掩盖不住自己准备“诱捕”你“落坑”的痕迹（不过请注意本章“业务合同审核”一节有关“工作内容”的表述，对于“工作内容”，切不可简单规定了事）。

你真正需要谨慎对待的，是那些动辄数十页、内容复杂无比甚至每个条款都要写好几段的劳动合同，往往在这种看似“复杂”“周全”的劳动合同中，作为劳动者的文体产业从业者，权益更容易被侵害。当然，即使对方递给你的确实是一份人保局网站上下载的格式文本，你也应该要求其添加必要的补充内容，以保护自己的合法利益。

有问必答

为什么简陋的劳动合同比复杂的劳动合同更“安全”?

你可能会疑惑:“之前书里面不是说了,写合同要‘事无巨细’吗?那岂不是说越复杂的合同更好?为何这里又说简陋的格式文本会比复杂的‘精装’合同更加安全呢?”

这一不同,正是由于上文提到的劳动合同与一般合同的不同,以及作为劳动合同制定时的法律基础的《劳动合同法》和作为制定其他类型的合同的法律基础的《民法典》的基本原则不同使然。《民法典》调整的是“平等主体的自然人、法人和非法人组织之间的人身关系和财产关系”(《民法典》第2条),对于此类合同的签订方而言,任何一方当事人,都能成为“合同当事人”,因此《民法典》对于任何一方当事人的保护大致是相同的。且此类合同遵循“意思自治”原则,即除了极少数限制外,依据《民法典》制定的合同文本中的大多数的条款,只要写在合同里并由双方“签字画押”,当事人就不得不履行这些条款,即使这些条款可能对自己有所不公。

但《劳动合同法》则不然。《劳动合同法》的法律原则是“保护劳动者的合法权益,构建和发展和谐稳定的劳动关系”,与《民法典》显著不同的是,《劳动合同法》侧重保护的是劳动合同签订双方中的一方当事人,即劳动者。《劳动合同法》当然不是不保护用人单位的利益,但相对于保护劳动者,其保护用人单位的力度是有差距的。

这就导致了,对于一份普通的著作权使用许可合同或经纪合同而言,如果其约定不明时,需要依照《民法典》的规定确定具体的履行方式,而《民法典》对于双方的保护是平等的,这种法律的平等会导致事实上的不平等,因为手握资本、舆论的合作企业显然要比一无所有的文体产业从业者更为强大,因此,对于合作企业而言,如果不能把著作权使用许可合同写成“霸王条款”,那么其会愿意将合同尽可能“简单化”,再通过其律师或法务钻“交易习惯”(《民法典》第510条:“合同生效后,当事人就质量、价款或者报酬、履行地点等内容没有约定或者约定不明确的,可以协议补充;不能达成补充协议的,按照合同相关条款或者交易习惯确定”)之类的空子。

但对于一份劳动合同而言,如果其约定不明,则合同双方需要依照《劳动合同法》的规定确定具体的履行方式,而《劳动合同法》整体上是偏向于保护劳动者的,在约定不明的情况下参照《劳动合同法》履行合同,必然会对用人单位不利,也会抵消掉用人单位在资本、舆论方面的优势。因此,对于用人单位而言,将劳动合同“含糊其辞”地进行规定,将会遭到《劳动合同法》保护劳动者基本原则的“当头一棒”,反而会得不偿失。

当然,前述的这些“严谨”“复杂”的劳动合同中的条款,往往会与《劳动合同法》的规定相冲突,但读过之前的章节,想必你也知道了,这些违反《劳动合同法》规定的合同条款,不是用来在诉讼中获得法院支持的,而是用来吓唬对法律一无所知的新人文体产业从业者的。

(四)谨防作品被窃夺

又到了回忆前文的时候了,还记得“信条三·不要让任何人夺走你的作品”里的内容吗(说实话,从开篇回忆到最后一章确实挺不容易的):“代笔是居心不良的从业者最常见的窃夺他人作品、为自身‘输血’的手段,但绝不是唯一的,有些从业者的行为甚至比尚且需要沟通交流和双方同意的代笔更恶劣,他们会省略掉代笔中尚且存在的协商和交流的过程,直接对自己企业里的新人创作者的作品坑蒙拐骗乃至强取豪夺,这也导致劳动业务往往成为窃夺作品的重灾区。”现在到了我们正式谈论这一段的时候了。

在本章提到的其他业务中,合作方想要窃夺合作的文体产业从业者的作品,既非必要也不容易——在遵守《著作权法》规定的情况下,合作方只需要获得必要的许可,便足以产生、维系足够的利益,何必要吃力不讨好,连作者的名字都抹掉?况且,想要窃夺作品,法律上也实属不易。《著作权法》第10条规定:“著作权人可以全部或者部分转让本条第一款第五项至第十七项规定的权利,并依照约定或者本法有关规定获得报酬。”人身属性的著作权,如署名权并不在可转让的范围中,而该法第14条明确规定“两人以上合作创作的作品,著作权由合作作者共同享有。没有参加创作的人,不能成为合作作者”。这两条规定几乎给除了劳动业务外,其他业务中想要窃夺他人作品的居心不良者上了一道“枷锁”。

但《著作权法》对于文体产业从业者的保护,在劳动业务中,可就没那么好发挥作用了。原因在于,《著作权法》对于原创的保护,防备的是“对人身属性的著作权进行转让”“未参与创作者仅因支付了钱款就可以获得著作权”等必须以著作权相关合同设置的“陷阱”和“埋伏”，而在劳动业务中，想要窃夺文体产业从业者作品的居心不良者——也就是通常所谓的“恶老板”——可完全不需要这么麻烦，他们可以直接让劳动者在作品正式公开发表前（劳动者可以证明这部作品是自己创作的重要条件），以开除、不升级、不续约、调岗等威胁，直接把劳动者的作品抢过来自己第一个发表。不仅如此，恶老板们本身也有窃夺旗下劳动者作品、连署名权都不给劳动者留的现实需要，因为恶老板很可能和旗下的劳动者是纯粹的同行，在此情况下，将旗下劳动者的作品原封未动抢过来，再署上自己的大名，不但可以进一步扩大或维持自己的声名，还能制造自己“创作等身”“宝刀未老”的假象，实在是一举多得的“好事”——当然，这对恶老板有多好，对劳动者就有多糟。

恶老板们窃夺劳动者作品的方式一般包括两种，“坑蒙拐骗”和“强取豪夺”。关于“坑蒙拐骗”，我们将在本章“非创作型岗位——远离‘分工不明’陷阱！”一节中详细讲述，本节中我们仅将讲述“强取豪夺”。

“强取豪夺”指那些最恶劣的窃夺文体产业从业者作品的行径，即恶老板利用双方地位的不对等，直接威胁劳动者“要么把作品给我，要么滚蛋”，直接要求获得劳动者创作的作品的著作权。而文体产业者出于失去工作的恐惧，不得不委曲求全，在自己的作品上同时署上甚至只署上恶老板的名字，而一部作品自发表之日起，就成了别人的了，文体产业从业者要花多大的代价才能证明，这部作品其实是自己而不是恶老板创作的？

不要说文体产业从业者，笔者身为一名经常需要出面替人维护利益的律师，自己的作品都被别人动过歪心思。笔者在尚未独立时于之前的律所工作的时候，曾针对一个热点议题，在律所里的公众号上发了一篇“豆腐块”，没想到，“豆腐块”发出去没多久，一位假合伙人（之所以称为假合伙人，是因为此人虽靠着他人荫庇，取得了以“合伙人”身份对工薪律师张牙舞爪的权力，但其并未能创造正常成为合伙人的业绩），在未和笔者以及笔者的主管合伙人、笔者的部门合伙人有任何商量的情况下，直接扔给笔者一条微信语音：“你把你这个文章的作者改成我手下的某某某。”

笔者当然不干，甚至一度做好了准备，如果谁逼笔者把笔者文章的作者改成某某某，那笔者立马辞职。当然，这事最终没有发生——笔者工作的律所在几位优秀的合伙人的主导下，建设了良好的知识产权保护制度，所有需要更改已经发表文章中核心信息的行为，都需要向律所管理委员会报批，大概是知道自己想夺人文章的行径不可能得到管理委员会支持(毕竟管理委员会的几位合伙人可是连内部共享的资料都要说明是谁参与撰写的，无论工薪律师还是实习生都会署名，更不用说公开发表的文章)，假合伙人最终放弃了抢夺笔者文章著作权的想法。

但如果以下条件缺少任何一个，可能笔者的文章就不会属于自己了：

(1)笔者本人的性格。如果笔者是一个初出茅庐且胆小怕事的新人，恐怕早就会因怕自己“得罪”了“合伙人”而把作品交出去了。

(2)笔者是一名工作了几年、可以随时辞职独立的律师，且笔者工作的律所的公司制管理体制，使任何一名“合伙人”都不可能对工薪律师形成控制；且假合伙人与笔者无任何工作上的管理与被管理关系。如果笔者彼时不幸身处于一家像陈凯歌导演的《霸王别姬》中的戏班子一样的“师徒制”律所，身份不是律师而是一名实习生，且假合伙人掌握了在笔者的实习手册和实习申请(申请律师执业的必要文件)上签字的大权的话，那恐怕别说那篇文章，连本书都得是假合伙人或者假合伙人手下的某某某当作者了。

(3)笔者工作的律所尊重青年律师作品知识产权的基本工作原则。如果没有这一点，恐怕笔者刚说个“不”字，就会有可以威胁到笔者职业生涯的“大佬”来帮假合伙人威胁笔者了。

而在现实生活中，文体产业从业者，特别是新人从业者面对的真实情况，恐怕要比笔者当时面对的情况险恶得多——是不是像笔者一样有“又硬又臭”的脾气以及敢随时辞职的“莽”在所不论，文体产业新人们恐怕是很难碰到像笔者之前工作的律所那样有着严格的知识产权保护工作原则的公司的；不仅如此，其甚至会直接碰到那些最可怕的“一言堂”——公司的一切由身为大股东或创始人的某位“知名文体产业从业者”说了算，似乎连劳动者的身家性命，都得掌握在此人手中。

如果你真的碰到了这种情况，请谨记“信条一·‘文体产业的寒冬’≠‘自我保护的寒冬’”和“信条三·不要让任何人夺走你的作品”。无论世态如何“炎凉”，世界上仍然有无数的工作可以做，但对于文体产业从业者，特别是会被侵夺作品的创意工作者而言，作品几乎就是你职业生涯的一切，在作品著作权归属的问题上，永远不要向“恶老板”低头！

(五)涉诉情况和相关资质查询

在签署劳动合同前,你当然还应当对对方的涉诉情况进行查询,应注意,在查询涉诉情况的过程中,你除了应当关注对方的劳动争议外,还应当关注对方有无拖欠账款等方面的争议,因为这些争议可能导致对方无法及时支付工资和缴纳社保。

二、业务合同审核

劳动业务中的核心业务合同当然是劳动合同。虽然我们在上文说过,劳动合同不同于本章中任何一种合同,其具有鲜明的保护一方当事人即劳动者的特征。且《劳动合同法》中有诸多的法律条文,可以为你在审核具体条款过程中的不细致,进行所谓的"兜底"或挽救。但即使如此,对于某些条款,例如职务作品归属、薪酬等,如果审核不细致的话,《劳动合同法》中也不会有相应的条款来"救"你。

根据《劳动合同法》第 17 条的规定,劳动合同应当具备以下条款:"(一)用人单位的名称、住所和法定代表人或者主要负责人;(二)劳动者的姓名、住址和居民身份证或者其他有效身份证件号码;(三)劳动合同期限;(四)工作内容和工作地点;(五)工作时间和休息休假;(六)劳动报酬;(七)社会保险;(八)劳动保护、劳动条件和职业危害防护;(九)法律、法规规定应当纳入劳动合同的其他事项。"

劳动合同除前款规定的必备条款外,用人单位与劳动者可以约定试用期、培训、保守秘密、补充保险和福利待遇等其他事项。

在此,笔者无意对那些普法节目已经讲了又讲的劳动合同常见问题再做赘述,而是将关注的焦点集中在那些可能仅在文体产业存在,或在文体产业体现得特别明显,或与一般的"法律常识"相悖的特殊风险之上。

在讲述劳动合同内容时,如无特殊说明,你将被称为"劳动者",而对方将被称为"用人单位"。

(一)工作内容/工作岗位条款

当你拿到劳动合同后,往往会看到合同正文部分第 1 条或第 2 条条款中有以下的规定:"根据用人单位(对方)工作需要,特聘用劳动者(你)担任______工作,工作地点位于＿＿＿＿＿＿＿＿＿＿＿＿。劳动者具体负责的工作包括:(1)＿＿＿＿＿＿＿＿＿＿;(2)＿＿＿＿＿＿＿＿＿＿;(3)＿＿＿＿＿＿＿＿＿＿;(4)其他根据劳动者职务内容和公司法、劳动法等法律的精神应该由劳动者履行的职责。”

在有些情况下,特别是面试你的用人单位是一家较小规模的文体产业企业时,当拿到劳动合同之后,你可能会发现,劳动合同中对工作内容条款的规定非常简单,用人单位会在“＿＿＿工作”那里简单地手写一个工作名称了事,后面的“劳动者具体负责的工作包括……”等分项内容也不见了踪影。你大概会觉得,这样的条款没什么不正常的,毕竟很多格式文本的劳动合同在此的规定也与之类似,所以便草草地一概而过。殊不知,不少文体产业从业者正是因为这“草草一过”而落入了大大的陷阱。

对于文体产业从业者而言,具体的文体产业工作可分为三类:(1)非创作型岗位;(2)按需创作型岗位;(3)自由创作型岗位。这三类工作在“工作内容”上各自的风险不同,但有一点是共通的——如果不写明具体的“工作内容”,以及相应的限制条款,日后必将“祸患无穷”。

1.非创作型岗位——远离“分工不明”陷阱!

在曾经与笔者有过交流的新人文体产业从业者中,有人向笔者反映过如下的问题:“我不是编辑吗?为什么还要参加选题会给老板新作品的创作出主意啊?”“说了我是做产品的啊,为什么还要我写剧本?”

与笔者交流者,在文体产业企业中从事的工作,大抵都是“编辑”“产品经理”之类在业内人士看起来与创作没有任何关系的职业,即上述的“非创作型岗位”。但现实工作中,工作单位却在审核作品、推销产品这样的本职工作之外,让他们从事创作方面的工作,或者参加所谓“新作品选题会”之类的活动,要求其提供“点子”,并称这也是工作的一部分。而鉴于合同没有规定详细,他们往往又不好开口反驳,最后,为了完成所谓的“考核指标”,文体产业从业者们只能交出自己本来准备用在自己的作品创作中的“点子”,甚至还要亲自参与创作。当然,最后用人单位用了他们的“点子”甚至仰仗他们的笔触创作出的作品,和他们一点关系都没有,无论是署名权还是稿费。

而这些要求明明从事着非创作型岗位的劳动者“自掏创意”参与各种创作型的工作的行为,正是上文中提到的“坑蒙拐骗”。正常情况下,创作型岗位的劳动者，由于有直接可以化为商品的工作成果产出，可以给用人单位带来更多的直接收益，所以工资都会高一些。也正因为不愿意支付这些数额较高的工资，居心不良的用人单位才会动起歪脑筋，把本来该干创作型岗位的劳动者放在非创作型岗位上工作，然后像对待创作型岗位的劳动者一样，从非创作岗位上的劳动者处，挤出“点子”甚至是作品来，而相对于雇佣一位创作型岗位劳动者所要花费的代价，向非创作型岗位劳动者支付的工资可是要低多了。

有问必答

政府、全国性社团也会坑人？

面对上述的窘境，文体产业从业者们也往往“有苦难言”——“我感觉自己的创意被用人单位‘偷’走了，可我明明看过很多政府、全国性社团网站上的劳动合同格式文本，人家上面写的就是这样简单啊！如果说这样的条款有问题，为什么政府还会把这样的合同贴在网上？这不是坑人吗？”

文体产业从业者们心里有委屈可以理解，但贴出这样简单的劳动合同格式文本的政府网站等，并没有成心想要坑害文体产业从业者们，只是他们没有考虑到作为文体产业工作者的工作特殊性而已。

政府网站上刊登的劳动合同格式文本，主要针对的是传统行业，而传统行业的重要特点便在于专业性强，分工明确，一名水暖工，或一名电工，或一名保洁员，他们各自应该做什么工作，法官、劳动仲裁人员乃至普通大众，都有着相当清晰的理解。此外，传统行业不同种类的工作之间存在清晰的“技术壁垒”。例如，一家家政服务公司，不太可能让水暖工人去兼职做保洁员的工作，因为这将导致同样工作时间可以产生更多收益的水暖工人在工作上的“贬值”；另外，家政公司也不会去让保洁员做水暖工人的工作，因为对没有接受过专业培训的保洁员而言，从事水暖维修这样的工作实在是“心有余而力不足”。对于这样传统的工作而言，在劳动合同文本上写明是“水暖工”或“保洁员”即可准确地阐明劳动者的全部工作内容，不需要再一一叙述劳动者具体应当从事的工作，毕竟不会有劳动仲裁机构或法院认为，一名水暖工的工作包中，除了扳手、钳子、铁丝外，还需要带上抹布、拖把、洗布，或一名保洁员必须得有能力修复爆裂的水管才能上岗从业。

因此，对于一名传统行业的劳动者而言，其劳动合同上没有必要特别注明具体的工作内容是什么。毕竟,谁都知道水暖工、电工或保洁员该干什么。

然而文体产业从业者则不然,由于这个行业实在是太过“新潮”,绝大多数职业的具体工作内容还没有形成“惯例”,对于“文化产品编辑”“文化产品经理”等职业,也没有一种较为普遍的公众认知,可以确定这些职业的从业者具体该从事哪些工作,并明确将“创作作品”从这些职业的工作内容中剔除出去。

更重要的是,文体产业中的非创作型职业,与创作之间,并不存在太强的技术壁垒,特别是很多从事这些工作的文体产业从业者本身就是艺术院校毕业,属于既能创作作品又能做产品、搞评审的全能人才,这就进一步增加了文体产业企业“窃取”从事非创作型职业的文体产业从业者创意的欲望。不同于家政公司不敢把保洁员当水暖工用,律师事务所不敢把行政当律师用,或注册会计师事务所不敢让文秘在审计报告上签字等,对于一家居心不良的文体产业企业而言,提供一个工资远低于创作型岗位(如全职画手等)的非创作型岗位工作机会,与文体产业从业者签下劳动合同,再利用未写明具体工作内容的合同“空子”,要求文体产业从业者为该文体产业企业提供创意,甚至直接进行创作,可谓是毫无风险和压力。而文体产业从业者们则有苦难言,想拿出合同寻求法律支持时,却发现自己的主张在合同上毫无踪迹,而有些法官或劳动仲裁员,也可能难以在合同没规定的情况下,说清楚“文化产品编辑”或“文化产品经理”具体应该干什么,以及“创作作品”究竟属不属于一名文化产品编辑正常的工作范围内的工作。

正是文体产业这种“具体工作内容不甚明确”“创作岗位与非创作岗位之间工作技术壁垒较低”的特点,使“工作内容”的规定对文体产业从业者而言尤为重要。因此,当作为文体产业从业者的你拿到第一份劳动合同时,必须明确,你的工作内容是什么。

以下“工作内容”条款供你参考。

(1)非创作型岗位:文化产品编辑(包括文学编辑、动漫编辑等)

如果你是文化产品编辑,可以这样规定自己的工作职责:

对用人单位提交的作品进行审核,并根据本用人单位作品的基本风格、创作要求等,对此类作品提出改进意见。

(2)非创作型岗位:文化产品经理

如果你是文化产品经理,可以这样协定自己的工作职责:

把握文化产品市场的发展趋势,根据用户需求及本用人单位业务发展,及时发现市场对文化产品创作的现实需求,向本工作单位及第三方画手提出创作需求。向潜在的文化产品平台、合作企业推荐本用人单位作品,就本用人单位作品的对外商务开发、营销等事宜与合同外第三方进行沟通、交流,必要时,作为被授权人代表本用人单位与第三方合作企业签署合同。

(3)"禁止事项"

切记,如果你的工作岗位是非创作型岗位的,你的工作内容中绝对不能有"完成作品"、"进行创作"或"辅助某某完成创作项目"(即使注明有"辅助"字样也不可)之类与创作有关的字样,如果有"辅助某某完成项目"之类含糊其辞的规定,请一定要与对方核实,"项目"是什么项目,你在"完成"该"项目"过程中需要做的工作是什么!

(4)"兜底条款"的修改

当然,一般的劳动合同中,都会针对工作内容设置一条"兜底条款",规定劳动者需要从事"其他用人单位要求的工作",其他行业的劳动者并不需要对这样的条款太过谨慎,但作为文体产业从业者的你就要注意了——这倒不是说你作为文体产业从业者就要"凡尘不染"而绝不碰任何基本工作外的其他工作,而是说,用人单位通过这一条款把你从非创作岗位推上创作岗位的可能性是完全存在的,因此,你可以为用人单位提供的"其他工作"的范围应当是有限的,换言之,你可以为用人单位临时充当前台,你可以为用人单位布置展台,你甚至可以为用人单位端茶倒水(当然,这不是说这些额外的工作对你来说是必须的,也不是说做这些合同外的工作越多对你越好),但你绝不能因为这一规定被迫进行创作。因此,如果你的劳动合同中有这样一条条款,笔者建议你参考如下内容对该条款进行修改:

将"其他用人单位要求劳动者完成的工作"改为"其他用人单位要求劳动者完成的行政辅助工作,前述工作不包括任何涉及具体进行作品创作的工作内容"。

2. 创作型岗位→永远不做代笔作家!

在"信条三·不要让任何人夺走你的作品"中,我们已经反复强调,由于充当"代笔作家"对文体产业从业者的职业生涯有百害而无一利,因此,你绝不应当冒着风险放弃自己的署名权，充当居于人后的“代笔作家”，在此我们不再多表。

3. 谨防“无记录办公”

事实上，即使你根本无心当代笔作家并签署“代笔”劳动合同，某些居心不良的用人单位也会绞尽脑汁，把你变成“代笔作家”。

如果你入职一家用人单位后，发现这家公司采用了如下的工作方式对待包括你在内的创作型岗位工作者，你可就得当心了：这家公司所有针对创作者的工作要求都使用口头传递，而创作者在完成了创作任务后，必须以移动存储设备而非网络提交工作成果，整个过程中，任何可能被留下记录的个人通讯工具，包括但不限于微信、QQ、邮箱等，都被禁止使用，用人单位还会美其名曰“保密要求”……

以上即为现实生活中不良用人单位将不知情的新人文体产业从业者变成代笔作家的常见手段——“无记录办公”。在不良用人单位的“设计”下，不明所以的文体产业从业者们根本无法留下自己进行了创作的任何证据，也就无法证明自己才是某部作品的原创者。当文体产业从业者要求对作品行使署名权时，由于无法提交对应的证据，相关的要求也很难得到法院的支持。

因此，如果你真的碰到了如此做法的用人单位，请你务必留神——在21世纪20年代的今日，还在使用如此“古朴”的工作方式，所处的行业还是以新潮而著称的文体产业的企业，除了“别有用心”外，恐怕很难想象是什么驱使这家企业用如此效率低下的方式工作的。

除此以外，有的企业会要求工作过程中全程使用企业邮箱传达信息、提交工作成果，这样的要求倒没有不妥之处，但请注意，由于企业邮箱的控制权掌握在用人单位手里，离职或与用人单位闹僵了的员工是无法继续使用企业邮箱收集有利于自己的证据的，因此，为了避免最糟糕的结果发生，如果你碰到了要求工作过程中全程使用企业邮箱传达信息、提交工作成果的企业，请你务必不嫌麻烦地将所有包含了工作要求、双方意见交流、你提交的工作成果的邮件进行截图存档，以备不时之需。

4. 职责拎清，要求署名

即使对于那些不需要你提供创意、进行直接创作的工作，你也应当根据自己具体的工作内容，对通过你工作产生的作品行使署名权，包括但不限于墨线、审校、校对等。

5. 早提要求，合同应对

请记住，在还没入职商谈待遇时，你就要将一旦用人单位要求你进行创作，则你必须行使署名权的要求向对方进行坦明，并将其写入合同，可别等到正式入职后才向用人单位主张行使署名权的事。在劳动合同中，你只需增加这样三条条款，就可以避免自己变成别人的“代笔作家”。

（1）“劳动者有权就其参与创作的任何作品，根据其在创作中承担的具体工作职责行使署名权，用人单位应保障劳动者对其创作的作品的署名权，无论该作品的财产性著作权归属于用人单位或合同外第三方。”

你既可以以真名，也可以以笔名行使署名权，但要记得“信条七·努力打造个人姓名影响力”，行使署名权的方式和内容一定要长期一致，可不要之前一时兴起使用了一个笔名，之后又“幡然大悟”使用了另一个笔名或真名，这种前后不一会让外界无法清晰知晓你的身份，甚至会误认为前后作品并非一人所创作。

（2）“若劳动者独立完成了任何一部作品中的一项或多项工作，用人单位不应允许其他任何合同外第三方（包括任何用人单位的其他员工）对作品就劳动者独立完成的工作行使与劳动者相同的署名权。”

（3）“劳动者可选择使用笔名或真名行使署名权，用人单位应尊重并落实劳动者的个人选择。”

当然，就署名权的行使，你应当与用人单位实现共赢，如果用人单位在保证了你对署名权的正常行使后，你没有理由拒绝用人单位同时展示你属于用人单位劳动者身份的要求，例如，如果用人单位希望你在行使作品署名权时使用如下的格式，你可以如下的文字行使自己的署名权：

“原著（也可以是原画、编剧、墨线……）：某某公司（用人单位名称）某某（你的姓名或笔名）。”

（二）劳动合同期限

根据劳动合同期限性质的不同，劳动合同可分为两类，固定期限合同和无固定期限合同。顾名思义，前者指的是用人单位与劳动者约定合同终止时间的劳动合同，而后者指的是用人单位与劳动者约定无确定合同终止时间的劳动合同。

无固定期限合同相对于固定期限合同而言主要优势在于裁员时可以获得优先留用的权利，相当于握有半个“铁饭碗”。应当注意，在以下情形下，可以与用人单位订立无固定期限劳动合同：[①]连续订立两次固定期限劳动合同，且没有《劳动合同法》第39条和第40条第1项、第2项规定的情形[②]，续订劳动合同的。

此外，还请你注意“用人单位需要支付补偿金的情况”一节，如果合同期限到期，用人单位有义务主动按原工资标准或提高标准与你续约，否则，其需要向你支付补偿金！

（三）职务作品条款

“职务作品”是除了和创意相关的产业外，大多数其他劳动合同中提都不会提到的内容，几乎没有政府制定的劳动合同范本将该概念列入标准条款中，甚至连《劳动合同法》中都没有提及这一概念，但在以创意作为重要谋生工具乃至立足根基的文体产业中，“职务作品”却是一项众多居心不良的用人单位用来剥削劳动者合法权益的得力工具，其可能对文体产业从业者造成的影响不亚于用人单位在工作内容条款中设置的各种陷阱，甚至有的用人单位会将职务作品条款与工作内容条款结合，“双管齐下”窃占劳动者的权益。因此，仅次于工作内容，有关职务作品的规定是文体产业劳动合同中你第二需要关注的内容。

1. 什么是职务作品？职务作品理应归谁所有？

要了解居心不良的用人单位可能会怎样使用职务作品条款来“戕害”你，你首先需要了解什么是“职务作品”。“职务作品”这一概念来自《著作权法》第18条，即所谓“自然人为完成法人或者非法人组织工作任务所创作的作品是职务作品”，其一般具有以下特征[③]：(1)完成作品的作者与所在的工作机构应当具有劳动关系；(2)创作的作品属于作者的职责范围；(3)对作品的使用

① 还有一种情形，即“用人单位初次实行劳动合同制度或者国有企业改制重新订立劳动合同时，劳动者在该用人单位连续工作满十年且距法定退休年龄不足十年的”，劳动者可以签订无固定期限劳动合同。但该情形与文体产业现状不相符合，也不适用于绝大多数新人文体产业从业者，故在此不作深入讨论。

② 包括各种违纪行为，以及无法胜任工作，或患病/非因工负伤不能从事原工作的。

③ 参见刘春田主编：《知识产权法》，中国人民大学出版社2009年版，第95页。

应当属于作者所在单位的正常工作任务或业务范围之内。在文体产业，通俗来讲，文体产业从业者为了完成用人单位提出的明确、合理的工作要求所创作的作品均为职务作品。

根据《著作权法》第 18 条的规定，职务作品的著作权的归属主要有以下两种情况：

(1)当职务作品属于“主要是利用法人或者非法人组织的物质技术条件创作，并由法人或者非法人组织承担责任的工程设计图、产品设计图、地图、示意图、计算机软件等职务作品；报社、期刊社、通讯社、广播电台、电视台的工作人员创作的职务作品；法律、行政法规规定或者合同约定著作权由法人或者非法人组织享有的职务作品”时，作者享有署名权，著作权的其他权利由法人或者非法人组织享有，法人或者非法人组织可以给予作者奖励。

(2)除了第(1)项规定的情况之外，其他职务作品的著作权由作者(劳动者)享有，但法人或者非法人组织有权在其业务范围内优先使用。作品完成两年内，未经单位同意，作者不得许可第三人以与单位使用的相同方式使用该作品。

而在现实生活中，用人单位往往会在劳动合同中直接约定，所有文体产业从业者创作的职务作品的财产性著作权均归用人单位所有，这样的约定无可厚非。毕竟，对于一部属于职务作品的作品而言，用人单位不但要在作品创作完成的前后向文体产业从业者支付工资，还要承担所有与该作品商业开发有关的风险，包括但不限于“卖不出去”“没有人看”“出版被卡”等(当文体产业从业者以个人身份创作作品时，没有人会向文体产业从业者支付工资)，在这种情况下，如果文体产业从业者本人还要要求保留作品的财产性著作权，则这种要求未免对用人单位过于严苛，也不会有思维正常的用人单位会接受这种要求——在此可以类比一下，试想，如果一名厨师去饭店应聘，其要求饭店不但要向其支付工资，还要饭店承诺，所有其炒出来的菜的所有权都要归其所有，那么恐怕没有一家饭店敢敞开自家的“小庙”接纳这尊“大佛”。

当然，不要忘了，用人单位享有的仅仅是职务作品的财产性著作权，你仍然保留对作品的署名权。

2. 不良用人单位如何通过“职务作品”来窃占劳动者的利益

读完上面一段，你恐怕会感到疑惑：“既然职务作品的财产性著作权属于用人单位本身是无可厚非的，那用人单位还怎么能通过职务作品窃取劳动者的利益？对我来说，最差的结果也就是作品的财产性著作权归用人单位。除此之外，他还能怎么窃占我的利益？要是他让我一边创作作品一边倒贴钱，这样的工作我也不会干啊！"

我们还是回到上面那个通俗易懂的"厨师应聘"的例子。如果应聘的厨师告诉饭店："所有我炒的菜都该归我所有。"那显然无论是饭店，还是围观的群众都会笑掉大牙。但如果反过来，饭店告诉厨师："你炒的所有菜都归我所有，无论是你上班时间炒的还是下班时间自己回家炒的菜。"此时若你是厨师，你会作何反应？想必你的答案会是"饭店疯了吧？我自己下班后自己掏钱买菜炒好也归他"？

这种"下班炒的菜也归我"的说法对于厨师来说可能很荒谬，但如果同样的场景发生在文体产业企业，恐怕劳动者，特别是新人从业者，就不会那么容易地反应过来了。事实上，在如今的文体产业内，用人单位在合同中，将劳动者创作的所有作品（无论创作时间，无论创作初衷，无论是否由用人单位提出了明确的创作要求）一概定义为"职务作品"，然后在合同中规定其知识产权均归用人单位所有，从而将劳动者业余自主创作的作品据为己有的现象并不罕见。对于某些居心叵测的用人单位而言，强行向劳动者讨要作品的知识产权可能会造成劳动者的抵触心理，但换个名目，将劳动者本人的作品"指鹿为马"为职务作品，并援引《著作权法》和业内惯例为自己的主张"张目"，不但使窃占劳动者作品的可能性大很多，劳动者也不容易产生逆反心理。

而在具体"窃占"的过程中，用人单位也有两种常见的手段，一种是纯粹的欺骗，另一种则是在"工作内容"条款中布设陷阱。

3. 不良用人单位如何利用"职务作品"概念欺骗劳动者

单纯的欺骗是不良用人单位利用"职务作品"概念窃占劳动者利益的最常见手段，欺骗的"好处"在于不需要费力地研究合同条款，只需要混淆概念、扭曲法律条款即可，因此其对于不良用人单位而言，不会产生法务工作上的成本（此类不良用人单位一般也没有多余的预算来聘请律师或招聘法务）。有些有"法律意识"的用人单位还会诱导劳动者签署著作权无偿转让合同，从而合法获得作品的财产性著作权。

使用欺骗手段的不良用人单位的下手目标，往往是刚毕业或未毕业求职的新人从业者，不良用人单位会利用其社会经验的不足、对行情的不了解以及对“闹上法院”的恐惧，料定新人从业者们不敢在法庭上与自己对质，从而放心大胆地用最省时省力的方法窃占其作品。

不良单位会使用花样繁多的理由欺骗劳动者，这些理由大多荒诞不经，正常人哪怕仅凭直觉都能觉察到其“不对头”，但下面笔者提到的两类理由，对于不稔熟法律的新人劳动者而言颇具有迷惑性，你应当予以关注：

（1）声称劳动者使用了用人单位提供的物质技术条件。某些不良单位会告诉劳动者：“你所创作的作品是利用了公司提供的物质技术条件创作的，因为我给你支付了工资，这就是提供了物质条件。根据《著作权法》的规定，你创作的所有作品都应当属于职务作品，你可以去打听一下，职务作品的著作权都是归用人单位所有的。”而年轻的劳动者在查询了《著作权法》原文后，感觉条文似乎真是这个意思，于是便在创作完作品后拱手交出了自己的作品。

这种说法，属于歪曲解释《著作权法》第 18 条的规定。《著作权法》第 18 条原文规定如下：“主要是利用法人或者非法人组织的物质技术条件创作，并由法人或者非法人组织承担责任的工程设计图、产品设计图、地图、示意图、计算机软件等职务作品。”符合以上特征的作品的除署名权以外的著作权应属于用人单位所有，然而，该条款中的“主要是利用法人或者非法人组织的物质技术条件创作”，指的是创作所必须依赖的、现实生活中普通创作者难以获得或无法承担成本的物质技术条件，例如做生化实验的试剂，做物理实验用的仪器等，但其中并不包含也绝对不可能包含工资，你的工资是你的劳动所得，是你为用人单位提供其要求的工作服务所获的报酬，这些报酬和你自己创作的作品没有任何关系，更称不上什么“利用了用人单位的物质技术条件”！

（2）以“指导”“提供支持”为名谎称自己为作品的共同创作者。有些不良单位会大大方方地将《著作权法》摆在台面上，向劳动者声称自己为劳动者提供了某些职业培训，因此也就是为作品的创作提供了“指导”，因此自己毋庸置疑是作品著作权的共同所有者。在此，你一定要清楚，遑论对方究竟有无提供“指导”，哪怕真的提供了指导，指导也根本不是共同创作，为你提供了职业培训的用人单位也绝无权利对你在非工作时间自主创作的作品主张任何权利。对此，你可以想象一下，如果“指导”就是“共同创作”，那么任何一位美术学院的老师，都可以在学生毕业后对学生作品著作权共有，从而“割学生的韭菜”，这样的情形岂是“荒唐”二字可以概括的？

4.拒绝不良习惯,切勿授人把柄

仅仅编出一些可笑的借口并不足以让不良用人单位窃占劳动者的作品,但如果劳动者自己在现实生活中有一些不良的习惯,那"机灵"的不良用人单位则完全可能从这些不良习惯中找到合法的理由侵吞劳动者的作品,甚至是那些本来没有对劳动者的作品动过脑筋的正常用人单位,也会因为劳动者存在的不良习惯,而转变想法对劳动者创作的非职务作品主张权利。这些"恼人"的不良习惯包括:

(1)利用工作单位的设备器材创作个人的作品。上文已经声明,用人单位向劳动者支付的工资,不是用人单位为劳动者创作个人作品"提供的物质技术条件",但这可不是说,用人单位"提供的物质技术条件"在任何情况下都不会存在,如果劳动者真的利用了所谓的"用人单位提供的物质技术条件",那其创作的作品的究竟会被视为个人作品还是职务作品,可就真不好说了。

例如,有的劳动者会为了省钱或省事,直接使用用人单位提供的数位板、高配置电脑、正版应用软件等创作自己的个人作品,而其本人又没有购置同样的数位板、高配置电脑、正版应用软件等。在这种情况下,由于劳动者本人确实是利用了用人单位提供的器材,而非本人所有的器材进行了创作,用人单位自然会认为,劳动者的个人作品完全是"利用单位提供的物质技术条件"后的所得,离开了单位提供的物质条件,劳动者根本无法完成这些作品,从而理所当然地主张劳动者个人创作的作品属于特殊职务作品,而法院也很有可能以劳动者没有用人单位提供的物质技术条件就无法完成作品的创作为理由,将劳动者的作品视为职务作品,其财产性著作权应归用人单位所有。

有些劳动者可能会质疑笔者,认为《著作权法》第18条中规定的"特殊职务作品",仅指"工程设计图、产品设计图、地图、示意图、计算机软件",像文字作品、美术作品等不被包括在其中,所以文字作品、美术作品等无法成为"特殊职务作品"。笔者在此必须指出,这种"抠字眼"的解读方式是不全面的。首先,《著作权法》第18条已经规定,所谓的特殊职务作品,包括"工程设计图、产品设计图、地图、示意图、计算机软件等职务作品",这个"等"字实际上已经否定了特殊职务作品有种类限制的说法;其次,也已有判决指出,只要作品"符合著作权法中关于特殊职务作品认定的法定要件,无论其是否属于已经罗列的工程设计图、产品设计图、地图或计算机软件作品，均应予以认定”。[①]

（2）向用人单位其他工作人员“请教”作品具体创作中的问题。有些新人劳动者在进行个人创作的过程中的另一个非常不好的习惯，是向所在用人单位其他工作人员“请教”，这种“请教”不仅包括创作作品的技巧、方法，还包括人物设定、情节走向等，甚至请求其同事直接为其代写文字、代画画稿。这样针对个人作品具体创作工作的“请教”，实际上是劳动者让其同事参加了个人作品的创作工作，并将同事变成了作品的创作者。在这种情况下，无论劳动者的同事以个人身份，还是以单位的身份，向劳动者主张作品的著作权的，都有可能获得法院的支持。

综上所述，在创作个人作品的过程中，“独善其身”是你最好的选择，不要使用用人单位购置的器材，不要邀请他人参与作品的创作（如果你实在需要“请教”，请将“请教”的范围限制在技术知识，而不是具体的创作中），一个人尽心尽力完成作品所有的创作工作，只有这样，你才能保证，你个人创作的作品，不会被作为职务作品而被分走一大杯羹！

（四）劳动报酬和社保条款

1. 劳动报酬条款

即使把“理想”“未来”等概念“说破大天”，任何人都无法否认，打工的最根本的目的是获得报酬。而为了保证自己及时获得劳动报酬，清晰明了地设置劳动报酬条款就非常必要。

和本书所有与“来钱”有关的条款一样，劳动报酬条款最重要的内容，是“写清楚”，你需要在合同中明确：

（1）自己的基本工资是多少钱（记得大写），并请明确基本工资的支付不应设置任何前提条件。

（2）自己每个月的工资应当什么时候发（下个月初，还是上个月末，具体在几日）。

（3）自己有无绩效工资、奖金等，如果有的话，用人单位支付这些收入的条件是什么，这些条件的实现与否，你个人能否监督、确认。例如，如果用人单位要求你创作的作品在第三方平台上或微信公众号上达到多少的阅读量，那么

---

① 上海市第一中级人民法院判决书，（2012）沪一中民五（知）终字第80号。

这种条件的实现与否是可以监督的,你可以同意;但如果用人单位要求你的作品“广泛被观众喜爱”,这种抽象的条件就不应被接受。

2. 社保条款

针对社保条款笔者没有过多可以叙述的,你只需要知道一点——只要你签署劳动合同,用人单位就必须为你支付社保,而你本人也没有权利“放弃交社保”。简言之,缴纳社保是你和用人单位共同的义务,任何一方都必须履行。

(五)违约条款

不同于普通合同中“只要法不禁止则一切皆可设置违约条款”的规定,针对劳动者的违约责任,《劳动合同法》的规定非常明确,只有在两种情况下,劳动者需要向用人单位支付违约金,一是由未满服务期的劳动者支付的培训费违约金,二是劳动者违反竞业限制义务的情况下支付的违约金,这两种违约金在具体情形、含涉内容方面都有着诸多的不同。

1. 培训费违约金

《劳动合同法》第 22 条规定,“用人单位为劳动者提供专项培训费用,对其进行专业技术培训的,可以与该劳动者订立协议,约定服务期”,而如果“劳动者违反服务期约定的”,则“应当按照约定向用人单位支付违约金”。这就是劳动合同中的第一种合法的由劳动者支付的违约金——培训费违约金,即劳动者在接受了用人单位提供的专业培训,但没等到劳动合同规定的服务期到期,就要求和用人单位解除劳动合同的,劳动者应当向用人单位支付违约金。

根据相关法律法规的规定,培训费违约金主要有如下几个特点:

(1)应在服务期未满而劳动者单方提出解约的情况下支付。接受过培训的劳动者需要在服务期未满就解约离职的情况下支付违约金,应当注意,此处的“服务期”,可不一定等于劳动合同的期限,其可能短于劳动合同期限,也可能长于劳动合同期限,如果服务期长于劳动合同期限,则劳动合同期满但服务期未满、劳动者单方提出解约时,根据《劳动合同法实施条例》第 17 条“劳动合同期满,但是用人单位与劳动者依照劳动合同法第二十二条的规定约定的服务期尚未到期的,劳动合同应当续延至服务期满”的规定,劳动者仍然处在服务期内,也就仍然需要支付违约金。

《劳动合同法》第37条明确规定："劳动者提前三十日以书面形式通知用人单位，可以解除劳动合同。"这一规定表明劳动者享有对用人单位的单方解除权，且无须因为解除合同向用人单位支付任何违约金。但如果合同中存在"服务期"条款，且劳动者提出解除合同时正处于服务期内，那么劳动者将可能因为不愿或无力支付违约金而不得不放弃自由解约的权利。

因此笔者建议，应当以具体的时间点来设置自己的服务期，尽量不要以时间不定的条件来对服务期进行规定。

例如，如果你的劳动合同规定，"接受培训后，劳动者的服务期限为______年____月____日至______年____月____日"或"劳动者的服务期限为自本合同签署之日起______年"，那这样的服务期条款就是清晰明确、可以接受的。

反之，除非你本人可以对服务期限条款中的条件有主导权，如你就是某部作品的主笔，否则笔者不建议你签署以条件为核心的服务期限条款，如劳动合同中出现"劳动者的服务期限为本合同签署之日起至某作品连载结束"，那这样的服务条款就是不应接受的。青山刚昌的《名侦探柯南》、尾田荣一郎的《海贼王》和富坚义博的《HUNTER × HUNTER》都已经连载了超过20年，如果你服务期限条款中的作品真是这样一部作品，你可能就只剩下一种选择——带着主动违约并支付违约金的历史走人。毕竟，即使是再"忠诚"的人，蹉跎自己的光阴和岁月，作为配角扑在一部可能永远也无法完成的作品上十年，二十年，也是不可想象的。

即使你对相关的条件有主导权，这种条件也应当越明确越好，例如，"劳动者的服务期限为本合同签署之日起至某作品连载结束，劳动者应至少完成________数量（字、格等）的作品的创作"，这样的条件就比较明确。但如果一项服务期限条款的规定是"劳动者的服务期限为本合同签署之日起至某作品及其他用人单位要求的同人、后传、外传作品连载结束"，那这样的条款就是不可接受的，例如，"蝙蝠侠"系列漫画诞生已超过七十年，其原创者比尔·芬格和鲍勃·凯恩均早已去世，现在流行的一系列"蝙蝠侠"作品实际是由弗兰克·米勒、吉姆·李、杰夫·洛布等后来者创作的。可如果前述的条款出现在芬格和凯恩两人的合同上，那显然二人活到现在都无法完成合同规定的服务期要求。

（2）"违约金"与"损害赔偿"的一致性。在本书"《民法典》视域下的合同基本知识和通用条款”一章中，笔者已经叙述了普通合同中，“损害赔偿”（赔偿性违约金）和“违约金”（惩罚性违约金）相互独立、交互并存的关系，但针对培训费违约金，“违约金”与“损害赔偿”却是一致的，即劳动者就培训费用向用人单位支付的违约金，只包括用人单位的实际损失，即用人单位实际支出的培训费用。《劳动合同法》第22条规定“违约金的数额不得超过用人单位提供的培训费用。用人单位要求劳动者支付的违约金不得超过服务期尚未履行部分所应分摊的培训费用”，因此，劳动者需要承担的违约金，只需要以“总培训费×（未服务的服务期÷全部服务期）”计算后按比例承担即可。

（3）培训费违约金只包括用人单位的直接损失，即其支付的直接的培训费。对此，《劳动合同法实施条例》第16条规定，“劳动合同法第二十二条第二款规定的培训费用，包括用人单位为了对劳动者进行专业技术培训而支付的有凭证的培训费用、培训期间的差旅费用以及因培训产生的用于该劳动者的其他直接费用”。

2.“竞业限制”违约金

《劳动合同法》第23条规定：“对负有保密义务的劳动者，用人单位可以在劳动合同或者保密协议中与劳动者约定竞业限制条款，并约定在解除或者终止劳动合同后，在竞业限制期限内按月给予劳动者经济补偿。劳动者违反竞业限制约定的，应当按照约定向用人单位支付违约金。”这即为劳动合同中的第二种合法的由劳动者支付的违约金——“竞业限制”违约金，即以支付竞业限制补偿金为前提，用人单位有权要求劳动者从本单位离职后，不得继续从事其在本单位从事的工作，否则，劳动者应当向用人单位支付违约金。

根据相关法律法规的规定，“竞业限制”违约金主要拥有以下几个特点：

（1）“竞业限制”违约金的支付以劳动者和用人单位签署了竞业限制合同，且用人单位按时按量根据竞业限制合同向劳动者支付补偿金为前提。反之，如果用人单位没有和劳动者签署竞业限制合同（向劳动者发放带有“竞业限制”内容的小册子之类的文件，不属于签署竞业限制合同），或虽然用人单位和劳动者签署了竞业限制合同，但未按合同约定按时按量向劳动者支付补偿金的，劳动者无须承担任何竞业限制责任及违约责任，也就无须因任何“违约行为”向用人单位支付违约金。

应当注意，此处的“竞业限制”补偿金，有数额上的要求。用人单位要求劳动者承担竞业限制义务，则意味着劳动者不能从被限制从事的职业赚取报酬，这必将影响劳动者的日常收益和生活水平，因此，用人单位必须向劳动者支付经济补偿，而此处的经济补偿，可不是“随便给俩钱”甚至免费就可以打发得了的。根据最高人民法院《关于审理劳动争议案件适用法律问题的解释（一）》第36条规定：“当事人在劳动合同或者保密协议中约定了竞业限制，但未约定解除或者终止劳动合同后给予劳动者经济补偿，劳动者履行了竞业限制义务，要求用人单位按照劳动者在劳动合同解除或者终止前十二个月平均工资的30%按月支付经济补偿的，人民法院应予支持。前款规定的月平均工资的30%低于劳动合同履行地最低工资标准的，按照劳动合同履行地最低工资标准支付。”这一规定表明如果双方未在竞业限制合同中约定补偿金数额，则每月经济补偿金一般不低于劳动者在劳动合同解除或者终止前十二个月平均工资的30%，也不得低于劳动合同履行地最低工资标准。

（2）“竞业限制”违约金的数额可以约定。不同于培训费违约金，针对“竞业限制”违约金的概念及数额，《劳动合同法》及相关司法解释、实施条例等都没有明确进行说明和解释。因此，对于“竞业限制”违约金金额的高低及赔偿方式，双方可以根据《民法典》第585条的规定“当事人可以约定一方违约时应当根据违约情况向对方支付一定数额的违约金，也可以约定因违约产生的损失赔偿额的计算方法。约定的违约金低于造成的损失的，人民法院或者仲裁机构可以根据当事人的请求予以增加；约定的违约金过分高于造成的损失的，人民法院或者仲裁机构可以根据当事人的请求予以适当减少。当事人就迟延履行约定违约金的，违约方支付违约金后，还应当履行债务”来进行自主约定。

用人单位可能要求，劳动者应对违反竞业限制义务而给用人单位造成的实际损失进行赔偿，相应的损失赔偿可能远高于竞业限制合同期限内劳动者可以获得的经济补偿总额，请你务必注意。虽然法院可能会根据现实情况酌情对具体的违约金进行一定的调整，但调整之后，其金额仍可能远高于竞业限制补偿金金额。[①] 所以，可不要以为违反了竞业限制义务后，作为劳动者的你仅需向用人单位退还已获得的竞业限制补偿金。相反，你可能因违约行为承

① 四川省高级人民法院民事裁定书，(2013)川民申字第2572号。

担高出竞业限制补偿金数倍的损失赔偿。

(3)用人单位解除“竞业限制”违约金条款,不是无条件的。对于广大劳动者而言,这大概是“竞业限制”违约金最为“神奇”的一点。

有的劳动者在签署了竞业限制合同后,不能从事自己想从事的工作,终日闷闷不乐,这时候之前的用人单位突然提出,要解除竞业限制合同,劳动者自然是大喜过望,问都不问就解除了合同。劳动者或许会认为,解除竞业限制合同,对自己有利,对用人单位是不利的,既然如此,用人单位当然无须向自己支付任何补偿。这样的想法,实际上让劳动者损失了必要的利益。要知道,解除竞业限制合同,实际上意味着用人单位不再需要支付相应的经济补偿,这实际上和用人单位主动提出“裁员”而与劳动者解除劳动合同无异,并不是说因为此时的解除合同符合劳动者所想所愿,所以用人单位就无须承担其他责任了。

根据最高人民法院《关于审理劳动争议案件适用法律问题的解释(一)》第 39 条的规定:“在竞业限制期限内,用人单位请求解除竞业限制协议的,人民法院应予支持。在解除竞业限制协议时,劳动者请求用人单位额外支付劳动者三个月的竞业限制经济补偿的,人民法院应予支持。”因此,如果用人单位提出解除竞业限制合同,你可以放心大胆地要求用人单位向你支付额外 3 个月的竞业限制经济补偿。

(4)竞业限制责任不一定因支付违约金而终止。如果你违反了竞业限制义务,向用人单位支付了损失赔偿或违约金,你支付损失赔偿的行为,可不意味着竞业限制责任从此就“一了百了”了。根据最高人民法院《关于审理劳动争议案件适用法律问题的解释(一)》第 40 条“劳动者违反竞业限制约定,向用人单位支付违约金后,用人单位要求劳动者按照约定继续履行竞业限制义务的,人民法院应予支持”的规定,劳动者因为违反了竞业限制义务,而向用人单位支付了“竞业限制”违约金后,劳动者很可能仍然需要在竞业限制期限内继续履行竞业限制义务。

(5)“竞业限制”应有时间、范围上的限制。针对竞业限制的范围,即用人单位不允许劳动者在离职后从事哪些工作,《劳动合同法》及相关法规没有明确的规定,双方可以自行协商。但请注意,可自行协商,不代表竞业限制的范围因此可以被无限地扩大化。简言之,你不应该被限制从事和在用人单位时的工作内容不同且没有相似性的工作。在协商的过程中,你一定要把住一条

“红线”,用人单位可以限制你从事的工作,但应以你在用人单位从事的原工作为限。例如,如果你之前在用人单位从事的是文化产品编辑的工作,那么竞业限制的范围就应以文化产品编辑为限,绝不应扩展到诸如创作型岗位之类的其他工作上。

此外,竞业限制有着明确的时间限制,根据《劳动合同法》第24条规定:“在解除或者终止劳动合同后,前款规定的人员到与本单位生产或者经营同类产品、从事同类业务的有竞争关系的其他用人单位,或者自己开业生产或者经营同类产品、从事同类业务的竞业限制期限,不得超过二年”,可没有人有权利仅仅因为支付了你一小笔补偿金,就能要求你五年十年不许搞创作!

3.“不设违约金”≠“可以肆意妄为”

《劳动合同法》第25条规定:“除本法第二十二条和第二十三条规定的情形外,用人单位不得与劳动者约定由劳动者承担违约金。”这是整个《劳动合同法》中保护劳动者利益的核心条款之一,由于本条款的存在,劳动者可以根据《劳动合同法》的规定,自主选择与用人单位续约或解约,而不必有支付莫名其妙的违约金的困扰。如果你的劳动合同中,有除了培训费违约金和“竞业限制”违约金之外的其他任何类型针对劳动者的违约金,你只需要放心大胆地将其删除即可。

请注意,《劳动合同法》第25条虽然很大程度上保护了劳动者的利益,但其并不是什么“免死金牌”,该规定只是在劳动合同的框架内免除了一大部分劳动者的违约责任,可没有免除其他民事、刑事责任。如果劳动者有诸如盗卖用人单位商业机密、假公济私挪用用人单位资金等行为,或直接对用人单位来一顿泄愤式的“打砸抢”时,虽然其不用支付《劳动合同法》中规定的劳动合同违约金,但仍要根据《民法典》甚至是《刑法》等法律法规的规定,承担相应的民事、刑事责任。因此,不要把“不允许设置针对劳动者的违约金”的规定,理解为劳动者有了“免罪金牌”,从此可以恣意妄为!

(六)劳动补偿金的支付条款

我国《劳动合同法》对劳动者的特殊保护还体现在劳动补偿金的支付上。所谓劳动补偿金,指的是用人单位根据法律法规的规定,在解除劳动合同或劳动合同终止时,需要支付给劳动者的补偿金。

根据我国《劳动合同法》的规定,除了因为明确的来自劳动者的过失导致的用人单位解除合同外，在其他情况下，无论是劳动合同自然终止，还是因劳动者非故意过错造成的解除合同，用人单位都需要向劳动者支付补偿金。

1. 用人单位需要支付补偿金的情况

在我国的《劳动合同法》中，用人单位在诸多甚至是某些听起来用人单位完全没有过错的情况下，均须向劳动者支付补偿金，这些情况包括：

(1)劳动者患病或者非因工负伤，在规定的医疗期满后不能从事原工作，也不能从事由用人单位另行安排的工作的。

(2)劳动者不能胜任工作，经过培训或者调整工作岗位，仍不能胜任工作的。

(3)劳动合同订立时所依据的客观情况发生重大变化，致使劳动合同无法履行，经用人单位与劳动者协商，未能就变更劳动合同内容达成合意的。

(4)劳动者依照《劳动合同法》第 38 条规定解除劳动合同的。这包括：①用人单位未按照劳动合同约定提供劳动保护或者劳动条件的。②用人单位未及时足额支付劳动报酬的。③用人单位未依法为劳动者缴纳社会保险费的。④用人单位的规章制度违反法律、法规的规定，损害劳动者权益的。⑤因《劳动合同法》第 26 条第 1 款规定的情形致使劳动合同无效的。[①] ⑥法律、行政法规规定劳动者可以解除劳动合同的其他情形。用人单位以暴力、威胁或者非法限制人身自由的手段强迫劳动者劳动的，或者用人单位违章指挥、强令冒险作业危及劳动者人身安全的，劳动者可以立即解除劳动合同，不需事先告知用人单位。

(5)用人单位依照《劳动合同法》第 36 条规定向劳动者提出解除劳动合同并与劳动者协商一致解除劳动合同的。

(6)用人单位依照《劳动合同法》第 40 条规定解除劳动合同的。包括：①劳动者患病或者非因工负伤，在规定的医疗期满后不能从事原工作，也不能从事由用人单位另行安排的工作的；②劳动者不能胜任工作，经过培训或者调整工作岗位，仍不能胜任工作的；③劳动合同订立时所依据的客观情况发生重

---

① 包括：(1)以欺诈、胁迫的手段或者乘人之危，使对方在违背真实意思的情况下订立或者变更劳动合同的；(2)用人单位免除自己的法定责任、排除劳动者权利的；(3)用人单位违反法律、行政法规强制性规定的。

大变化,致使劳动合同无法履行,经用人单位与劳动者协商,未能就变更劳动合同内容达成协议的。没错,“无法胜任工作”,并不被视为劳动者的主观过错,即使此情况出现,用人单位仍需要向劳动者支付补偿金。

(7)用人单位依照《劳动合同法》第 41 条第 1 款规定解除劳动合同的。①

(8)除用人单位维持或者提高劳动合同约定条件续订劳动合同,劳动者不同意续订的情形外,依照《劳动合同法》第 44 条第 1 项规定终止固定期限劳动合同的,即劳动合同哪怕是正常到期,除非你拒绝用人单位以原标准或提高的标准续约,否则,不愿续约的用人单位也需要向你支付补偿金。

(9)用人单位依照《劳动合同法》第 44 条第 4 项、第 5 项规定终止劳动合同的。包括:用人单位被依法宣告破产的;用人单位被吊销营业执照、责令关闭、撤销或者用人单位决定提前解散的。

2. 补偿金的支付标准

在任何“用人单位需要支付补偿金的情况”发生时,用人单位应当按如下标准向你支付补偿金:

(1)经济补偿按你在该单位工作的年限,每满 1 年支付 1 个月工资的标准向你支付。6 个月以上不满 1 年的,按 1 年计算;不满 6 个月的,用人单位应当向你支付半个月工资的经济补偿。

(2)如果你月工资高于用人单位所在直辖市、设区的市级人民政府公布的本地区上年度职工月平均工资 3 倍的,则支付经济补偿的标准按职工月平均工资 3 倍的数额支付,支付经济补偿的年限最高不超过 12 年。

(3)月工资是指劳动者在劳动合同解除或者终止前 12 个月的平均工资。

3. 用人单位无须支付补偿金的情形

只有在以下情况发生时,用人单位方才可以在解除劳动合同时不向劳动者支付补偿金:

---

① 发生经济性裁员,包括:(1)依照企业破产法规定进行重整的;(2)生产经营发生严重困难的;(3)企业转产、重大技术革新或者经营方式调整,经变更劳动合同后,仍需裁减人员的;(4)其他因劳动合同订立时所依据的客观经济情况发生重大变化,致使劳动合同无法履行的。裁减人员时,应当优先留用下列人员:(1)与本单位订立较长期限的固定期限劳动合同的;(2)与本单位订立无固定期限劳动合同的;(3)家庭无其他就业人员,有需要扶养的老人或者未成年人的。用人单位依照《劳动合同法》第 1 条第 1 款规定裁减人员,在 6 个月内重新招用人员的,应当通知被裁减的人员,并在同等条件下优先招用被裁减的人员。

(1)劳动者在试用期间被证明不符合录用条件的;

(2)劳动者严重违反用人单位的规章制度的;

(3)严重失职,营私舞弊,给用人单位造成重大损害的;

(4)劳动者同时与其他用人单位建立劳动关系,对完成本单位的工作任务造成严重影响,或者经用人单位提出,拒不改正的;

(5)因《劳动合同法》第26条第1款第1项规定的情形致使劳动合同无效的,即劳动者以欺诈、胁迫的手段或者乘人之危,使用人单位在违背真实意思的情况下订立或者变更劳动合同的;

(6)劳动者被依法追究刑事责任的。

(七)劳动争议的解决

劳动争议中的争议解决相对于其他争议的解决而言,风险要小一些。不同于可能“人地两隔”的其他类型的业务及其管辖地,在劳动合同中,劳动者需要到用人单位所在地工作,一般不存在“彼此分离”的情况,因此在管辖地的约定上不用特别注意,即使用人单位约定以用人单位所在地的劳动仲裁机构或法院管辖双方争议,也是可以接受的。

劳动争议的解决中需要重点关注的是劳动争议的仲裁时限问题。若希望申请劳动仲裁解决劳动争议,时效期间为1年,从你知道或者应当知道权利被侵害之日起计算,若你有过主张权利的行为(包括向有关部门请求过救济),或用人单位曾经向你履行过你主张的义务的,则相关时效发生中断,从中断时起重新计算。因拖欠劳动报酬发生争议时,你申请仲裁不受1年的仲裁时效期间的限制;但是,如果你和用人单位劳动关系终止的,应当自劳动关系终止之日起1年内向对方提出支付报酬的请求。

附　　录

业务合同范本

一、通用合同条款

通用合同条款
当事人信息条款 1. 对方是谁 2. 需要登记什么信息
独家合作/非独家合作条款
费用条款 1. “多少钱” 2. “何时付” 3. “怎么付”
通用承诺条款 1. 真实性承诺 合同任何一方均应承诺： (1)诚实地回答了对方提出的所有问题 (2)保证自己向对方提交的所有材料均是真实、合法的 (3)没有隐瞒任何对各方达成合作不利的情况 2. 合法性承诺 合同任何一方均应承诺： (1)在合同期间，各方应始终遵守《中华人民共和国宪法》，坚持维护中华人民共和国的主权统一和领土完整 (2)任何一方对合同的签署和履行，不会违反任何合同签订时已生效的法律法规的规定。该方在签订、履行合同的任何时间点或阶段，也不会有任何违反届时已生效的法律法规的违法行为，并尽力避免因本方消极行为和消极声名[包括但不限于犯罪、丑闻、(运动员或食品厂商)涉兴奋剂、越轨行为等]给对方造成不良影响 (3)各方应取得为履行合同所必要的法定资质，且此类资质应在合同有效期内始终有效 (4)各方为履行合同生产或提供的用于履行合同的商品应符合国家相应产品质量标准的要求 3. 权利完整性承诺 合同任何一方均应承诺： (1)其有权完全独立自主地签署并履行本合同 (2)其对本合同的履行不受合同外任何第三方或任何本方在本合同签订前已经签署的法律文书的制约和限制

续表

通用合同条款
(3)当事人任何一方为履行本合同所提交、使用的任何形式的智慧成果，不存在任何权利瑕疵(以知识产权瑕疵为甚)，也不会侵犯任何合同外第三方的合法权利 4. 权利限制承诺 合同任何一方均应承诺： (1)其通过合同对方所获得的权利，仅限于合同规定 (2)任何一方均未在合同规定及现行有效的法律法规规定外，向对方提出其他任何有关收入、权利、酬劳等的承诺或保证 (3)任何一方也不得以合同相对方的名义向合同外第三方提出任何承诺或保证 5. 有效的存续承诺 合同任何一方均应承诺： (1)作为合同当事方的自然人应身体健康，意识清楚，拥有完整的民事行为能力 (2)作为合同当事方的企业应在签署合同时有效存续，股本结构真实，且履行了签署本合同必须的决议、程序等 6. 以法律手段解决争议承诺(可选，仅限于有充足的法律服务资源时) 合同任何一方均应承诺： (1)当各方就合同产生争议和纠纷时，应以协商、调解、诉讼或仲裁等法律手段解决争议 (2)不应以在社交媒体上对对方发布消极评论、进行舆论压制等方式解决争议
保密条款 1. 保密方的基本保密义务 2. 保密义务承担人的范围 3. 保密信息范围(注意废稿问题) 4. 及时归还或销毁、删除保密资料的要求 5. 保密条款的长期有效性 6. 保密条款的双务性
反商业贿赂条款
知识产权条款 1. 知识产权所属 2. 严禁被许可方超许可范围行使权利 3. 禁止出质
合同的限制转让条款、合法变更及解除条款 1. 因不可抗力致使不能实现合同的目的各方 2. 在履行期限届满之前，一方明确表示或者以自己的行为表明不履行主要债务各方 3. 一方迟延履行主要义务，经催告后在合理期限内仍未履行各方 4. 一方迟延履行义务或者有其他违约行为致使不能实现合同目的各方 5. 作为法人及其他组织的一方停业或破产清算解散的各方 6. 作为法人及其他组织的一方控制权发生变更的各方 7. 法律规定或合同约定的其他情形

续表

通用合同条款
违约条款 1. 违约行为的列举 (1)严重违约 ①任何违反通用承诺条款的行为 ②违反保密条款的行为 ③违反反商业贿赂条款的行为 ④违反知识产权条款的行为 ⑤在违约的同时对守约方构成侵权的行为 ⑥以及上文提到的“在履行期限届满之前,一方明确表示或者以自己的行为表明不履行主要债务(特别是不付款)”的行为 ⑦“一方迟延履行主要义务,经催告后在合理期限内仍未履行”的行为 ⑧“一方迟延履行义务或者有其他违约行为致使不能实现合同目的”的行为等达到一定次数时 (2)一般违约(一般以延期违约为主) ①延期违约 ②兜底条款 2. 违约责任 (1)解除合同 (2)继续履行合同 (3)赔偿损失与支付惩罚性违约金 3. 违约行为和违约责任的结合 (1)严重违约 守约方可要求违约方: ①解除合同 ②要求对方赔偿自己的损失 ③支付(惩罚性)违约金中的一项或多项 (2)延期违约行为 守约方可要求违约方: ①继续履行合同 ②按延迟履行的日数支付违约金 (3)兜底条款
不可抗力条款 1. 不可抗力的概念范围 (1)雷电、地震、火山爆发、滑坡、水灾、暴雨、海啸、台风、龙卷风或旱灾 (2)流行病、瘟疫爆发 (3)战争行为、入侵、武装冲突或外敌行为、封锁或军事力量的使用,暴乱或恐怖行为 (4)全国性、地区性、城市性或行业性罢工 2. 不可因不可抗力免责的情形 3. 不可抗力≠不承担损失

续表

通用合同条款
争议解决和管辖地条款 1. 管辖地(公平原则选择) 2. 诉讼一般优于仲裁
其他条款 1. 合同成立和生效条款各方 2. 补充合同条款 3. 合同份数

二、广告代言合同

广告代言合同
当事人信息条款(通用合同条款)
基本合作内容条款 1. 广告代言人向广告主提供肖像许可使用 2. 广告代言人向广告主提供参加活动、拍摄广告等服务 3. 广告代言人对被代言产品进行展示、个人曝光,提高被代言产品的知名度
代言商品条款 写明代言商品全称与属性
肖像许可使用条款 1. 广告主仅可使用由广告代言人提供的摄影作品中的肖像 2. 广告主任何使用广告代言人肖像的宣传广告设计方案,都需要经过广告代言人的审核 3. 广告主具体的宣传广告成品,不应偏离广告代言人审核同意的方案原稿 4. 宣传广告成品中出现以下内容时,广告主应当根据广告代言人的意见进行修改 (1)宣传广告成品中存在明显违反广告法及其他法律法规的内容的 (2)宣传广告成品中无合理理由丑化广告代言人的肖像
广告拍摄条款(可选) 1. 拍摄内容 (1)广告代言人的审核权 (2)内容安全 2. 拍摄日程 (1)提前告知 (2)就近拍摄 (3)拍摄时长确定 (4)广告主安排交通、餐饮标准确定 3. 安全保障和隐私保护义务 (1)安全保障义务(运动员须特别关注反兴奋剂) (2)隐私保护义务 4. 广告代言人对广告成品的最终审核

续表

广告代言合同
代言商品展示和提供条款（可选） 1. 广告主必须向广告代言人提供足够数量的、可以用来穿戴的被代言商品 2. 广告代言人展示被代言商品的场合应仅限于公开场合，而且这些场合应当是具体、明确的 3. 广告代言人展示被代言商品应在“客观能为之”的情况下进行
其他活动参加条款（可选） 1. 推广活动出席（参考广告拍摄条款） 2. 自媒体配合 （1）内容合法性 （2）内容呈现方式
合作期限条款（肖像使用许可期限条款，注意广告主的“及时下架”义务）
合作地域条款（注意对广告主旗下危害中华人民共和国主权统一和领土完整的其他广告代言人的监督）
竞品条款（独家合作条款） 1. 竞品条款“排他”的范围，应仅限于与被代言商品拥有直接竞争关系的同类商品 2. 谨慎设定“企业排他”条款
为合同外第三方进行的权利保留条款（注意不可“听之任之”） 1. 出于服从管理义务的权利保留 2. 为参加各类活动设置的权利保留 3. 为其他广告主进行的权利保留 （1）针对已代言穿戴商品的权利保留 （2）针对联名商品推荐的权利保留
适当营销条款 1. 针对广告主的适当营销条款 2. 针对广告代言人的适当营销条款
广告内容合法性条款
行为规范条款（广告代言人） 1.（仅限于运动员）不得从事任何可能对身体健康造成风险，并损害其作为专业运动员的能力和技能的高危活动，如： （1）跳伞、悬挂滑翔、滑雪、野外攀岩、划水、漂流、水上摩托车、绳索垂降、蹦极、蹦床、山地自行车 （2）驾驶电动滑板车、悬滑板、摩托车等 （3）参加赛车运动 （4）驾驶飞机 （5）参加除本专业运动外的对抗性运动的 2. 不得从事任何可能对广告代言人生命安全造成风险的活动，如： （1）有意自伤、试图自杀的 （2）酗酒的

续表

广告代言合同
(3)滥用处方药或药物成瘾的 (4)参加涉及武器(火器、弓、弩、矛、开刃刀剑、战锤等)并存在对抗的活动的 3. 不得从事任何严重违法或犯罪活动,如: (1)有任何刑法规定的犯罪行为,并被判处刑罚的 (2)有任何违反《中华人民共和国治安管理处罚法》的行为,并被行政处罚的 (3)吸毒及使用其他违禁物质的 (4)偷税漏税的 4. 不得有任何家庭关系、婚恋关系中的越轨行为(如果此类越轨行为不构成犯罪或违反《中华人民共和国治安管理处罚法》的行为),如: (1)有虐待家庭成员的行为的 (2)有婚外情、非自愿的性虐待等行为的
行为规范条款(广告主) 1. 广告主应合法经营,不得从事任何严重违法或犯罪活动,如: (1)任何《刑法》规定的犯罪行为,并被判处刑罚的 (2)有任何违反与其所处的行业密切相关的行政法律法规的行为,并被行政处罚的 (3)偷税漏税的 2. 当广告主的某位股东或高管,与该广告主,在宣传、身份属性等方面具有高度一致性/相似性的情况下,该股东或高管同样应履行“不得从事任何可能对广告代言人生命安全造成风险的活动”“不得从事任何严重违法或犯罪活动”“不得有任何家庭关系、婚恋关系中的越轨行为”等行为规范
通用承诺条款(通用合同条款)
保密条款(通用合同条款)
反商业贿赂条款(通用合同条款)
知识产权条款(通用合同条款)
合同的限制转让条款、合法变更及解除条款(通用合同条款)
酬劳条款(代言费条款) 1. 基本酬劳(参考通用合同条款“费用条款”) 2. 对赌收益 (1)所有对赌收益条款必须“有奖有罚” (2)所属运动项目国家队或大赛参赛资格,属于由主教练征召,而非通过选拔赛比赛晋级的项目的运动员,应当极其谨慎同意对赌收益条款 (3)对赌收益条款中可以“扣款”的总额应当是有限的 (4)在广告代言人因伤病导致的无法参赛的情况下,广告主不可扣款
违约条款 1. 违约行为的列举 (1)严重违约(特别条款)

续表

广告代言合同
①广告代言人违反竞品条款（竞品条款）的规定，为和本合同规定的代言商品有竞争关系的商品做推荐，经广告主劝说、提示后仍不改正的 ②广告代言人或广告主违反适当营销条款的规定，且前述的违约行为达到一定次数的 ③（当广告代言人是运动员时）广告主的商品出现任何其含有该年度《禁用清单国际标准》的物质的新闻的 ④广告主未能尽到安全保障和隐私保护义务，导致演艺工作者遭受重大人身伤害或重要个人隐私泄露的 ⑤广告主在许可范围外使用演艺工作者肖像，或执意丑化演艺工作者肖像，经演艺工作者劝说、提示后，仍不改正的 ⑥任何一方违反其应当履行、遵守的行为规范条款，达到一定次数的，其中，无论是广告主还是与广告主企业具有高度一致性/相似性的股东/高管违反其应当履行、遵守的行为规范条款的，均构成对广告代言人的严重违约 （2）严重违约（通用合同条款） （3）一般违约（通用合同条款） 2. 违约责任（通用合同条款） 3. 违约行为和违约责任的结合（通用合同条款）
不可抗力条款（通用合同条款）
争议解决和管辖地条款（通用合同条款）
其他条款（通用合同条款）

三、演艺合同

演艺合同
当事人信息条款（除须注意通用合同条款要求外，还应特别注意，不要与“剧组”等签约）
演艺活动基本情况条款 1. 演艺活动名称、类型 （1）演出应登记演出活动的名称、属性、属于普通演出还是组台演出 （2）影视拍摄应登记影视作品的名称、具体的行使、播出渠道 2. 演艺活动的核心主创姓名，其在整个演艺活动中担任的职位 3. 演艺工作者个人在演艺活动中的身份和职位（应尽可能涵盖需要表演的主要内容） 4.（若需要表演虚构角色的）虚构角色的名称
表演要求条款 1. 建议制作方提出尽可能明确的演艺要求 2. 确定能否完成相应的要求 （1）拒绝一切违法要求 （2）客观、全面地考虑能否完成制作方的要求

续表

演艺合同
表演工作时间条款 1. 工作期限 2. 每个工作日内的工作时间
肖像许可使用条款 1. 演艺工作者许可制作方以发表、复制、发行、出租、展览等方式使用含有演艺工作者肖像的作品/录像制品(必须) 2. 演艺工作者许可制作方使用演艺工作者的肖像进行广告宣传 (1)制作方仅可使用从演艺工作者参加的演出或影视作品中截取的,或由演艺工作者本人提供的肖像 (2)演艺工作者的审核权 3. 演艺工作者许可制作方使用演艺工作者的肖像制作衍生商品 (1)制作方制作衍生商品时仅可使用从演艺工作者参加的演艺活动中截取的肖像(包括相应的发饰、服装等) (2)演艺工作者的审核权 (3)所有需要使用演艺工作者肖像制作的衍生商品,不得出现演艺工作者的姓名 (4)可以使用演艺工作者肖像制作的衍生商品的具体种类,应当提前予以明确
成片审核权条款
参展、获奖条款 1. 报送电影参展的合法性问题 2. 协商申报奖项 3. 参加相关活动的差旅费承担 4. 奖杯、证书、奖金归属
服从管理条款
安全保障和隐私保护条款
专职表演条款(独家合作条款)
拒绝与违法失德艺人共同表演条款
为广告主设置的权利保留条款
行为规范条款(参考《广告代言合同》,范围更小)
通用承诺条款(一般条款参考通用合同条款,注意权利完整性条款的强化)
保密条款(通用合同条款)
反商业贿赂条款(通用合同条款)
知识产权条款(通用合同条款)
合同的限制转让条款、合法变更及解除条款(通用合同条款)

续表

演艺合同
酬劳条款 1. 基本酬劳(参考通用合同条款"费用条款",注意分期付款日期) 2. 超时工作酬劳 3. 食宿交通待遇和保险
违约条款 1. 违约行为的列举 (1)严重违约(特别条款) ①制作方不接受演艺工作者建议,强行邀请违法失德艺人参加合同规定的演艺活动的 ②制作方将演艺活动的产品违规送往国外参展、评奖的 ③演艺工作者不遵守专职表演条款规定,经制作方劝说、提示后,仍不改正的 ④制作方未能尽到安全保障义务,导致演艺工作者遭受重大人身伤害或重要个人隐私泄露的 ⑤制作方在许可范围外使用演艺工作者肖像,或执意丑化演艺工作者肖像,经演艺工作者劝说、提示后,仍不改正的 ⑥任何一方违反其应当履行、遵守的行为规范条款,达到一定次数的,其中,无论是制作方还是与制作方具有高度一致性/相似性的股东/高管违反其应当履行、遵守的行为规范条款的,制作方均对演艺工作者构成严重违约 (2)严重违约(通用合同条款) (3)一般违约(通用合同条款) 2. 违约责任(通用合同条款) 3. 违约行为和违约责任的结合(通用合同条款)
不可抗力条款(通用合同条款)
争议解决和管辖地条款(通用合同条款)
其他条款(通用合同条款)

四、直播入驻合同(直播扶持合同)

直播入驻合同(直播扶持合同)
当事人信息条款(通用合同条款)
入驻平台条款(直播扶持合同不需要)
直播要求条款 1. 合同期限内的最低直播次数 2. 每次直播的最少直播时间 3. 主要直播内容,以及直播内容的脚本是否需要双方确认 4. 直播中的服从管理、隐私保护 5. 直播使用的设备

续表

直播入驻合同(直播扶持合同)
技术保障条款
政策告知条款
活动出席条款(可选。若有则参考《广告代言合同》和《演艺合同》类似条款,注意活动出席应被界定为权利还是义务)
肖像许可使用条款(可选) 运营方仅可将主播的肖像用于对主播自己的宣传
独家直播条款(独家合作条款) 1. 仅在运营方给予了包括但不限于金钱、扶持政策等一系列特殊待遇后方可签署独家直播条款 2. 运营方的"直接竞争对手"应受限制 (1)主播仅不得与其运营者所运营的直播平台属于同类直播平台的直播平台合作 (2)主播仅不得在其他类型的直播平台上直播本直播合同中规定的主要直播内容
行为规范条款(参考《演艺合同》)
通用承诺条款(一般条款参考通用合同条款,注意权利限制承诺的强化)
保密条款(通用合同条款)
反商业贿赂条款(通用合同条款)
知识产权条款(通用合同条款)
合同的限制转让条款、合法变更及解除条款(通用合同条款)
酬劳条款 1. 金钱酬劳(参考通用合同条款"费用条款") 2. 非金钱酬劳 (1)可接受的扶持政策类型 ①更高比例的打赏金额分成 ②每次直播时,在直播平台固定位置对主播直播窗口的曝光 ③向主播直播业务相关的领域的全部关注用户所进行的定向推送 (2)拒绝"随机曝光" (3)拒绝运营方对扶持政策"漫天定价"
违约条款 1. 违约行为的列举 (1)严重违约(特别条款) ①运营方不接受直播主播建议,强行邀请违法失德艺人参加合同规定的活动的 ②直播主播不遵守独家直播条款规定,经运营方劝说、提示后,仍不改正的 ③运营方未能在活动中尽到安全保障和隐私保护义务,导致直播主播遭受重大人身伤害或重要个人隐私泄露的 ④运营方在授权范围外使用直播主播肖像,或执意丑化直播主播肖像,经直播主播劝说、提示后,仍不改正的

续表

直播入驻合同(直播扶持合同)
⑤任何一方违反其应当履行、遵守的行为规范条款,达到一定次数的,其中,无论是运营方还是与运营方具有高度一致性/相似性的股东/高管违反其应当履行、遵守的行为规范条款的,运营方均对直播主播构成严重违约 (2)严重违约(通用合同条款) (3)一般违约(通用合同条款) 2. 违约责任(通用合同条款) 3. 违约行为和违约责任的结合(通用合同条款)
不可抗力条款(通用合同条款)
争议解决和管辖地条款(通用合同条款)
其他条款(通用合同条款)

五、著作权许可使用合同(原始使用)

著作权许可使用合同(原始使用)
当事人信息条款(通用合同条款)
作品登记条款 1. 作品新旧性 2. 作品内容完整性
许可使用内容与许可使用权利条款
(当作品为创作中作品时)连载交稿条款(已创作完成作品只需确定一次性的交稿时间和方式) 1. 更新时间及频率 2. 每次更新作品的数量 (1)文字作品 (2)美术作品 ①格——最佳量词 ②提交分镜稿 ③特殊画格/特殊分镜的格数计算 3. 创作作品的其他要求 4. 提交作品的基本要求
(被许可方的)审核条款 1. 作者的修改权 2. 被许可方应给出书面的修改意见 3. 拒绝重复修改和实质修改 4. 审核范围

续表

著作权许可使用合同(原始使用)
著作权许可期限、地域条款 1. 许可期限 2. 许可使用地域(仅限于 App、网站等) 3. 本条款特殊性
著作权许可使用传播平台条款
署名权条款
专有使用权/非专有使用权条款(独家合作/非独家合作条款)
通用承诺条款(通用合同条款)
保密条款(通用合同条款)
反商业贿赂条款(通用合同条款)
知识产权条款(通用合同条款)
合同的限制转让条款、合法变更及解除条款(通用合同条款)
酬劳条款 1. 基本酬劳(参考通用合同条款“费用条款”) (1)对于基本酬劳的支付,绝不应当附带任何附加条件 (2)按月付酬 2. 奖励酬劳
违约条款 1. 违约行为的列举 (1)严重违约(特别条款) ①被许可人违反著作权许可使用期间、地域条款规定,超期、超地域使用作者的作品,达到一定次数的 ②被许可方违反著作权许可使用传播平台条款,超范围使用作者的作品,或将作品许可给合同外第三方使用,且经作者劝说、提示后仍不改正的 ③(若双方签署了专有使用权条款的)作者在违反专有使用权条款的规定后,又将被许可方享有专有使用权的作品著作权赋予其他合同外第三方行使,且经被许可方劝说、提示后仍不改正的 (2)严重违约(通用合同条款) (3)一般违约(通用合同条款) 2. 违约责任(通用合同条款) 3. 违约行为和违约责任的结合(通用合同条款)
不可抗力条款(通用合同条款)
争议解决和管辖地条款(通用合同条款)
其他条款(通用合同条款)

六、著作权许可使用合同(衍生使用)

著作权许可使用合同(衍生使用)
当事人信息条款(通用合同条款)
作品登记条款(参考《著作权许可使用合同(衍生使用)》)
许可使用内容与许可使用权利条款(参考《著作权许可使用合同(衍生使用)》,注意音乐作品衍生使用的特殊性)
衍生作品条款 1. 衍生作品的形式 2. 衍生作品的数量
著作权使用许可期限、使用地域条款 1. 使用许可期限长度 2. 使用许可期限到期后的后果 3. 使用地域
衍生创作限制/保护原始作品完整权条款
其他工作条款
署名权条款
专有使用权条款(一般没有非专有使用权条款)
通用承诺条款(通用合同条款)
保密条款(通用合同条款)
反商业贿赂条款(通用合同条款)
知识产权条款(通用合同条款)
合同的限制转让条款、合法变更及解除条款(通用合同条款)
酬劳条款(参考《著作权许可使用合同(衍生使用)》)
违约条款 1. 违约行为的列举 (1)严重违约(特别条款) 被许可方违反保护作品完整权条款规定,损害作品完整权,且经作者劝说、提示后仍不改正的 其他严重违约(特别条款)参考《著作权许可使用合同(衍生使用)》 (2)严重违约(通用合同条款) (3)一般违约(通用合同条款) 2. 违约责任(通用合同条款) 3. 违约行为和违约责任的结合(通用合同条款)

续表

著作权许可使用合同(衍生使用)
不可抗力条款(通用合同条款)
争议解决和管辖地条款(通用合同条款)
其他条款(通用合同条款)

七、出版合同

出版合同
当事人信息条款(通用合同条款)
许可使用内容、许可使用权利条款 应注意电子书出版的特殊要求
装帧条款 1. 规格用料 (1)简繁 (2)开本 (3)纸张 (4)装订方式 2. 设计条款 (1)谁来负责设计 (2)几套设计文案,几张图片 (3)何时完成设计 3. 审核条款 4. 印刷前义务条款(打样条款)
出版日期条款
专有出版权条款(独家合作条款)
通用承诺条款(通用合同条款,注意权利保留条款)
保密条款(通用合同条款)
反商业贿赂条款(通用合同条款)
知识产权条款(通用合同条款)
合同的限制转让条款、合法变更及解除条款(通用合同条款)
酬劳条款 1. 书籍零售价 2. 酬劳比率(版税率) 3. 印数 4. 总酬劳数额和酬劳支付时间 5. 赠书条款和廉价购书条款

续表

出版合同
违约条款 1. 违约行为的列举 (1)严重违约(特别条款) 作者在合同期限内许可其他出版机构出版作品的 (2)严重违约(通用合同条款) (3)一般违约(通用合同条款) 2. 违约责任(通用合同条款) 3. 违约行为和违约责任的结合(通用合同条款)
不可抗力条款(通用合同条款)
争议解决和管辖地条款(通用合同条款)
其他条款(通用合同条款)

八、衍生品开发合同(定作加工)

衍生品开发合同(定作加工)
当事人信息条款(通用合同条款)
定作商品条款 1. 名称(包括定作者个人为该商品起的名字以及其通用名称) 2. 数量
规格用料条款 1. 各部分用材料 2. 尺寸 3. 形状 4. 按国标生产
设计条款
打样条款 1. 样品生产 2. 样品审核 3. 生产条款
发货/运输条款
验收条款
质保责任条款
通用承诺条款(通用合同条款)

续表

衍生品开发合同(定作加工)
保密条款(通用合同条款)
反商业贿赂条款(通用合同条款)
知识产权条款(通用合同条款)
合同的限制转让条款、合法变更及解除条款(通用合同条款)
付款条款 1. 先开发票 2. 分批次付款
违约条款 1. 违约行为的列举 (1)严重违约(特别条款) ①承揽人生产的最终成品无法通过定作人审核,根本无法实现进行售卖或作为礼品赠予的基本目的,且通过返工加工等补救手段无法进行修复的 ②承揽人生产过程中使用了违反国家标准的材料,或以低于国家标准的方式生产,导致定作人在工商检查中遭受处罚的 ③承揽人在没有经过定作人书面许可的情况下,使用定作人作品的著作权,进行包括但不限于商品设计的 ④定作人提供的设计图案涉及任何形式的侵权,并造成第三方向承揽人请求侵权损害赔偿的 ⑤定作人在无任何理由的情况下,拒绝支付费用的 (2)严重违约(通用合同条款) (3)一般违约(通用合同条款) 2. 违约责任(通用合同条款) 3. 违约行为和违约责任的结合(通用合同条款)
不可抗力条款(通用合同条款)
争议解决和管辖地条款(通用合同条款)
其他条款(通用合同条款)

九、衍生商品开发合同(著作权许可使用)

衍生商品开发合同(著作权许可使用)
当事人信息条款(通用合同条款)
衍生商品条款(参考《广告代言合同》"代言商品条款")
许可使用内容与许可使用权利条款(参考《广告代言合同》"肖像使用许可条款") 1. 许可使用内容

续表

衍生商品开发合同(著作权许可使用)
2. 被许可使用权利 3. 修改限制 4. 审核权
衍生作品条款(参考《著作权许可使用合同(衍生使用)》)
著作权使用许可期限、使用地域条款(参考《著作权许可使用合同(原始使用)》和《著作权许可使用合同(衍生使用)》,也可参考《广告代言合同》)
专有使用权条款(独家合作条款)(参考《著作权许可使用合同(原始使用)》和《著作权许可使用合同(衍生使用)》,也可参考《广告代言合同》"合作期限条款"和"合作地域条款")
适当营销条款(参考《广告代言合同》)
广告内容合法性条款(参考《广告代言合同》)
通用承诺条款(通用合同条款)
保密条款(通用合同条款)
反商业贿赂条款(通用合同条款)
知识产权条款(通用合同条款)
合同的限制转让条款、合法变更及解除条款(通用合同条款)
酬劳条款(参考《广告代言合同》)
违约条款 1. 违约行为的列举 (1)严重违约(特别条款) ①许可方违反专有使用权条款的规定,向与衍生商品拥有直接竞争关系的同类商品的生产销售厂家,许可相同种类著作权的使用权,经被许可方劝说、提示后仍不改正的 ②被许可方在专有使用权条款之外,使用其他许可方未通过合同许可被许可方使用的权利的 ③许可方或被许可方违反适当营销条款的规定,且前述的违约行为达到一定次数的 其他可参考《著作权许可使用合同(原始使用)》、《著作权许可使用合同(衍生使用)》和《广告代言合同》 (2)严重违约(通用合同条款) (3)一般违约(通用合同条款) 2. 违约责任(通用合同条款) 3. 违约行为和违约责任的结合(通用合同条款)
不可抗力条款(通用合同条款)
争议解决和管辖地条款(通用合同条款)
其他条款(通用合同条款)

十、经纪合同

经纪合同
当事人信息条款(通用合同条款)
基本合作条款(合作期限条款一般包含在其中,每项服务的具体合作期限可以不同) 1. 宣传服务 (1)宣传资源 (2)宣传服务方案 2. 业务洽谈与商业开发服务 一定要拟定详细的工作清单: ①欲合作业务合法性 ②宣传信息的发布方式 ③从业建议的提供 3. 演出活动承办服务 4. 法律、财会服务
(仅针对艺人的)培训条款
(文体产业从业者的)最终决定权条款
即时通信条款
合作地域条款
独家合作条款 1. 独家合作的类型 2. 谨慎同意绝对独家合作条款 3. 独家合作的范围
禁止私自收酬条款
经纪人合作人数限制条款
"违法失德艺人"服务关联条款
行为规范条款
通用承诺条款(通用合同条款)
保密条款(通用合同条款)
反商业贿赂条款(通用合同条款)
知识产权条款(通用合同条款)
合同的限制转让条款、合法变更及解除条款(通用合同条款)
佣金条款

续表

经纪合同
违约条款 1. 违约行为的列举 (1)严重违约(特别条款) ①文体产业从业者违反独家合作条款,经经纪人劝说、提示后仍不改正的 ②任何一方违反禁止私自收酬条款的 ③经纪人违反最终决定权条款,私自以文体产业从业者名义缔约达到一定次数的,或文体产业从业者拒绝履行相应合同后,经纪人拒绝解除合同、自行承担损失,并强行要求文体产业从业者履行该合同的 ④经纪合同中的收款方在收到任何应当由合同各方进行分成的款项后,有故意瞒报部分或全部对方应收的分成的 ⑤任何一方违反其应当履行、遵守的行为规范条款,达到一定次数的。其中,无论是经纪人还是与经纪人具有高度一致性/相似性的股东/高管违反其应当履行、遵守的行为规范条款的,经纪人均对演艺工作者构成严重违约——请注意,若经纪公司为文体产业从业者指派的经纪人违反其应当履行、遵守的行为规范条款,且经纪公司拒绝更换经纪人的,那么经纪公司同样构成严重违约 (2)严重违约(通用合同条款) (3)一般违约(通用合同条款) 2. 违约责任(通用合同条款) 3. 违约行为和违约责任的结合(通用合同条款)
不可抗力条款(通用合同条款)
争议解决和管辖地条款(通用合同条款)
其他条款(通用合同条款)

十一、劳动合同

劳动合同
用人单位的名称、住所和法定代表人或者主要负责人 劳动者的姓名、住址和居民身份证或者其他有效身份证件号码 (参考通用合同条款"当事人信息条款")
工作内容/工作岗位条款 1. 非创作型岗位——远离"分工不明"陷阱 2. 创作型岗位→永远不做代笔作家 3. 谨防"无记录办公" 4. 职责拎清,要求署名 5. 早提要求,合同应对

续表

劳动合同
劳动合同期限
工作时间和休息休假
劳动保护、劳动条件和职业危害防护
职务作品条款(谨防欺骗!)
劳动报酬和社保条款 1. 劳动报酬条款 2. 社保条款
违约条款 1. 培训费违约金 2. “竞业限制”违约金 3. “不设违约金”≠“可以肆意妄为”
劳动补偿金的支付条款 1. 用人单位需要支付补偿金的情况 2. 补偿金的支付标准 3. 用人单位无须支付补偿金的情形
争议解决和管辖地条款(重点关注劳动争议的仲裁时限问题)
其他条款(通用合同条款)

相关法律法规及规范性文件

本书尽可能地使用了中华人民共和国最新的法律法规中的具体规定，这些法律法规的法律效力状态的最后核查/访问日期为2021年6月15日，其实施日期及于2021年6月15日的时效性如下：

（1）根本法

《中华人民共和国宪法》，简称《宪法》，2018年3月11日实施，现行有效。

（2）基本法律

①《中华人民共和国民法典》，简称《民法典》，2021年1月1日实施，现行有效；

②《中华人民共和国著作权法》，简称《著作权法》，2021年6月1日实施，现行有效；

③《中华人民共和国劳动合同法》，简称《劳动合同法》，2013年7月1日实施，现行有效；

④《中华人民共和国广告法》，简称《广告法》，2021年4月29日实施，现行有效；

⑤《中华人民共和国体育法》，简称《体育法》，2016年11月7日实施，现行有效；

⑥《中华人民共和国反不正当竞争法》，简称《反不正当竞争法》，2019年4月23日实施，现行有效；

⑦《中华人民共和国电影产业促进法》，简称《电影产业促进法》，2017年3月1日实施，现行有效；

⑧《中华人民共和国食品安全法》，简称《食品安全法》，2021年4月29日实施，现行有效；

⑨《中华人民共和国消费者权益保护法》，简称《消费者权益保护法》，2014

年 3 月 15 日实施，现行有效；

⑩《中华人民共和国刑法》，简称《刑法》，2021 年 3 月 1 日实施，现行有效；

⑪《中华人民共和国治安管理处罚法》，简称《治安管理处罚法》，2013 年 1 月 1 日实施，现行有效。

(3)行政法规

①《营业性演出管理条例》，2020 年 11 月 29 日实施，现行有效；

②《大型群众性活动安全管理条例》，2007 年 10 月 1 日实施，现行有效；

③《电影管理条例》，2002 年 2 月 1 日实施，现行有效；

④《化妆品监督管理条例》，2021 年 1 月 1 日实施，现行有效；

⑤《出版管理条例》，2020 年 11 月 29 日实施，现行有效；

⑥《劳动合同法实施条例》，2008 年 9 月 18 日实施，现行有效。

(4)部门规章

①《营业性演出管理条例实施细则》，2017 年 12 月 15 日实施，现行有效；

②建设部《关于印发城镇供热、城市污水处理特许经营协议示范文本的通知》，2006 年 5 月 22 日实施，现行有效；

③国家食品药品监督管理局《关于印发抗氧化功能评价方法等 9 个保健功能评价方法的通知》，2012 年 5 月 1 日实施，现行有效；

④《报纸出版管理规定》，2005 年 12 月 1 日实施，现行有效；

⑤《期刊出版管理规定》，2017 年 12 月 11 日实施，现行有效；

⑥《音像制品出版管理规定》，2017 年 12 月 11 日实施，现行有效；

⑦《图书出版管理规定》，2015 年 8 月 28 日实施，现行有效；

⑧《电子出版物出版管理规定》，2015 年 8 月 28 日实施，现行有效；

⑨国家广播电视总局《关于进一步加强广播电视和网络视听文艺节目管理的通知》，2018 年 10 月 31 日实施，现行有效；

⑩国家广播电视总局《关于加强网络秀场直播和电商直播管理的通知》，2020 年 11 月 12 日实施，现行有效；

⑪《互联网直播服务管理规定》，2016 年 12 月 1 日实施，现行有效；

⑫《演出经纪人员管理办法》，2013 年 3 月 1 日实施，现行有效。

(5)司法解释

①最高人民法院《关于审理劳动争议案件适用法律问题的解释(一)》，

2021 年 1 月 1 日实施，现行有效；

②《全国法院贯彻实施民法典工作会议纪要》，2021 年 4 月 6 日实施，现行有效。

（6）行业自律规定

①《中国足球协会教练员培训管理规定》，2019 年 6 月 25 日实施，现行有效；

②《中国足球协会球员代理人管理规定》，2018 年 2 月 1 日实施，现行有效；

③《中国篮球协会经纪活动管理办法（试行）》，2019 年 11 月 13 日实施，现行有效；

④世界反兴奋剂机构《禁用物质清单》（The Prohibited List），2021 年 1 月 1 日实施，现行有效；

⑤《NBA 劳资协议》（Collective Bargaining Agreement），2017 年 1 月 19 日实施，现行有效；

⑥《NBA 球员工会经纪人管理办法》（NBPA Regulations Governing Player Agents），2019 年 6 月 30 日实施，现行有效。

如无特殊说明或相关法律、行政法规条文有明确规定外，本书提及“法律法规”时，均包含法律、行政法规、部门规章和行业自律规定等，文体产业从业者若有违反，可能引致消极后果的强制性文件。本书使用的法律法规有效性的最后一次查证日期为 2021 年 6 月 15 日。

我国并非判例法国家，本书中引用的任何案例，仅能反映现实司法审判的已存在结果及可能的司法审判趋势，这些已存在结果或可能的趋势在未来可能发生改变。

若无特殊说明，本书中引用的有关电影、电视剧的信息（包括但不限于其主创人员、获奖记录、票房数额等），均来自 IMDb 电影网（imdb. com）。

若本书读者对本书内容或文体产业从业相关法律知识有任何问题的，欢迎随时与作者交流。

作者电话：13260129837（微信同号）

电子邮箱：liheng@ cbasports. net

michelialee@ outlook. com（长期使用）

致　谢

本书的成功付梓出版，特别要感谢：

1. 笔者父母、叔叔、导师及其他亲朋好友对笔者创作本书始终如一的鼓励、关心、支持和指点。

2. 本书出版机构法律出版社，特别是出版社工作人员薛晗老师、肖越老师为本书出版提供的高质量的专业服务。

3. 笔者进入律师行业以来，曾向笔者提供悉心的专业指导的律师界前辈，和曾与笔者共同工作、成长的律师界同仁：

北京天达共和律师事务所：白念恩律师、宫晓燕律师、张佳春律师、陈烽律师、张璇律师、邢冬梅律师、崔红伟律师、宋晓燕律师、管冰律师、石小羽律师、何传标律师、陈燕律师、张晋超律师、罗霓律师、康楚英律师、吴乾江律师。

北京植德律师事务所：龙海涛律师、吴旸律师、李凯伦律师、徐畅律师。